두뇌 계발 및
재설계를 위한

Neuro

Linguistic

Programming

Wendy Jago 저

신재한·신승훈 역

박영story

감사의 글

부모님이나 학교 및 대학교의 많은 교사들처럼 NLP 자체가 만들어지기 훨씬 전에 제가 생각하는 것을 진정으로 도와준 분들을 포함하여 많은 사람들이 제가 NLP를 연구하는 것에 기여했습니다.

저의 NLP의 근간은 최면술과 심리치료에 있었고, 아마도 가장 큰 빚은 Bandler와 Grinder의 초기 저서들을 제게 처음 소개해 준 교수님께 있습니다. 슬프게도, 저는 지금 그분의 성함을 작성할 수 없지만, 만약 이 책을 읽는다면, 진심으로 감사를 전합니다.

운이 좋게도 저에게는 NLP 관련 교사, 동료 및 코치들이 있었는데, 이들은 각각 다른 방식으로 NLP 정신의 일부와 탐구자 및 탐험가의 지속적인 NLP 공동체를 느낄 수 있도록 도와주었습니다.

특별히, 저는 원고의 연속적인 초안을 참을성 있고 열심히 읽어 시작했을 때보다 더 나은 결과물을 만들어 준 Jan Pye, Su Reid 및 남편 Leo에게 큰 감사를 드립니다.

저는 이 책을 의뢰한 Gill Bailey가 제게 보여준 자신감과 Claudia Dyer와 Jan Cutler의 편집적 강점, 그리고 제 책의 대부분을 세련되고 훌륭하게 다듬은 Paul Saunders의 디자인 기술에 감사드리며, 그리고 그렇게 함으로써 제 책들이 기능적이면서도 아름답게 만들어졌다는 것을 매우 소중하게 생각합니다.

메시지에 생명을 불어 넣는 것은 그것이 말하는 이야기입니다. 저의 코칭(coaching) 내담자들 중 일부는 그들의 이야기를 들려주고, 그들의 말을 인용하는 것에 관대하게 동의했고, 저는 매우 감사하게 생각합니다. 다른 사람들(개인 및 조직)은 신원을 밝히지 않는 것을 원하였으며, 그들의 이야기는 일부 수정되었지만 그럼에도 불구하고 감사드립니다.

여러분 모두에게 진심으로 감사드립니다. 이 책은 모두의 도움 없이는 불가능했을 것입니다.

목차

도입

우리는 인류 역사상 그 어느 때보다도 모든 것이 빠르게 변화하고 있는 시대에 살고 있다. 이 시대는 탐색하기에 매우 까다롭고 어려운 세계이며, 적응성은 그것을 관리하는 열쇠다.

당신은 이 책이 담고 있는 정보를 사용하는 기술을 개발하기 위해 부, 지위, 또는 학위가 필요하지 않다. 왜냐하면 그것은 당신의 뇌를 과거보다 더 완전하게 잘 사용하는 것과 관련이 있기 때문이다. 사회적, 개인적, 그리고 경제적 측면에서 급격한 변화가 일어나는 시기에 유연하게 생각할 수 있는 능력은 당신이 개발할 수 있는 기술이며, 변화하고 도전적인 세상에서 창의적이고 적절하게 대응할 수 있도록 도와준다. 이러한 능력 개발에 있어, 우리의 뇌는 최고의 자산이다.

이 책은 뇌의 능력과 효과를 키우는 책이다. 당신은 굳이 노력하지 않아도 된다. 당신은 지치거나 고통을 느낄 필요가 없으며, 추위에 떨고, 땀을 흠뻑 흘리거나 숨을 헐떡일 필요도 없다. 이것은 흥미로울 수 있고, 당신이 재미를 느낄 수 있을 것이라고 약속한다!

우리는 우리의 몸과 마찬가지로 뇌에도 친숙함을 느낀다. 우리는 그들이 무엇을 할 수 있는지, 무엇을 할 수 없는지 잘 알고 있다고 생각한다. 사실, 우리는 스스로를 과소평가하는데, 이것이 이 책의 시작점이다. 보디빌딩(body building)에 대해 생각해보자. 당신은 운동이나 스포츠를 규칙적으로 한 적이 없다면, 운동이나 스포츠를 하는 사람들을 부러워할 때가 있을 수 있다. 당신이 지속적으로 활동적이었다면, 이러한 경험은 당신으로 하여금 자신이 더 건강해졌음을 상기시켜 줄 것이다. 지속성은 또한 당신을 더 능숙하고 더 많은 것을 할 수 있게 만든다. 운동과 노하우(know-how)는 단순한 신체적 건강 이상의 무언가를 더한다. 이것은 자신이 할 수 있다고 생각했던 것보다 더 큰 능력의 수준이다.

비록 모든 사람들이 그들이 더 많은 지식 및 전보를 얻을 수 있다는 것을 알고 있지만, 대부분의 사람들은 그들의 뇌가 실제로 작동하는 방식에 대해 조금이라도 생각한다면, 그것이 어떤 식으로든 내장되어 있고 바꿀 수 없다고 생각한다. 하지만 현재 NLP(신경 언어 프로그래밍, Neurolinguistic Programming)로 알려진 분야의 초기 개발자들이 발견했듯이, 이것은 사실이 아니다.

1 NLP란 무엇인가?

NLP는 사고(thinking)의 구성 요소들과 일상생활에서 그것들을 어떻게 사용하는지 설명하기 때문에 '뇌 사용자 매뉴얼'이라고도 불린다. 이미 자신에게 적합한 사용 패턴을 발견했으면 미래에 다시 사용하거나 다른 사람에게 가르칠 수 있다. 실용적이거나 지적이든, 협력을 하거나 혼자 하든, 국내를 무대로 하거나 세계를 무대로 하든, 자신이 하는 일에 특히 능숙한 사람을 보면 그들의 업적에 감탄할 수 있다. 하지만 '매뉴얼(manual)'이 없으면 그것을 모방할 수 없다. 그러나 사용에 대한 자세한 설명과 지침으로 당신은 시작할 수 있다. 연습하면, 당신은 심지어 훌륭해질 수도 있다! NLP는 이러한 설명과 지침을 제공한다.

1970년대에 NLP의 미국 공동창립자인 Bandler와 Grinder는 그들과 함께 사람들이 생각하고 소통하는 방법을 이해하기 위해 주위에 뛰어난 젊은 사람들을 모았다. 그들의 배경은 사이버네틱스(cybernetics)와 심리학이었으며, 그들의 목표는 '다른 실무자들이 배우고 분명한 형태로 사용할 수 있는 강력한 심리치료사의 마법 기술'을 만드는 것이었다. 그들과 초기 조사 그룹의 다른 구성원 모두 연구, 쓰기 및 교육을 통해 NLP의 이해와 훈련 잠재력을 지속적으로 개발해 왔다. 가장 뛰어난 사람 중에는 Robert Dilts, Leslie Cameron-Bandler, Steve와 Connirae Andreas가 있다.

초기 그룹은 의사소통의 '심층 구조'를 찾아서 조사를 수행했다. 그들은 매우 상세하게 관찰했고, 목적과 효과에 대한 탐색적인 질문을 했으며, 근본적인 원칙을 세우려고 노력했다. 대부분의 형태의 심리학 및 사회학이 우리에게 본질적으로 입증할 수 없는 이론을 제공하는 곳에서, NLP는 매일 실제 경험에 의해 시험되고 검증될 수 있는 설명을 제공한다.

1970년대에 시작한 작업은 신경 언어 프로그래밍(NLP)으로 성장했다. 원래 연구의 대상이었던 치료사들은 각기 다른 배경을 가지고 있었고, 분명히 다른 기술을 사용했다. 그러나 그들 모두는 내담자가 강력하게 변화하고 성장할 수 있도록 도왔다. 조사자들은 치료사들이 자신이 하는 일에 대해 다른 설명을 가지고 있지만 실제로는 행동과 사고가 비슷하다는 것을 깨닫기 시작했다. 그래서 그들은 그들이 공부하고 있는 기술의 기초가 되는 기본 구조를 찾고, 그것을 설명하고 다른 사람들에게 가르치기 위해 노력했다.

② '어떻게(How)?' 이해하기 ─────────

'*어떻게(how)?*'는 NLP의 특징적인 질문이다. 사실, 인생에서 가장 유용한 질문의 대부분은 발견, 증명, 공유, 학습 및 개선될 수 있는 모든 것(과정, 단계, 기술 및 순서 등)에 관심을 유도하기 때문에 이 단어로 시작한다. '어떻게?'는 우리가 목표로 하는 최고의 구조를 드러내고, 우리가 피하고 싶은 최악의 구조를 없애도록 도와준다. 이것이 바로 '어떻게?'가 NLP의 특징적인 질문인 이유다.

오늘날 NLP는 교육자, 트레이너(trainer), 운동선수, 마케팅(marketing) 담당자, 비즈니스 관리자(business manager), 건강 전문가, 협상가 또는 창의적인 공연을 하는 예술가든 상관없이 많은 분야의 실무자들이 자신이 하는 모든 일에서 더 나은 사람이 될 수 있도록 한다. 수천 명, 어쩌면 지금까지 수백만 명의 사람들이 사생활에서 사용하듯이 모두가 NLP 기술을 사용한다.

③ 두뇌 성장시키기 ─────────

당신의 뇌를 훈련하는 것은 뇌를 만드는 데 정말 도움이 된다! 런던의 블랙캡(Black Cab, 영국의 전통적인 택시) 운전사의 뇌 스캔은 기억을 다루는 뇌의 일부인 해마가 실제로 블랙캡 운전사가 아닌 일반 사람들의 뇌보다 더 크고 고도로 발달되어 있음을 보여준다. 왜 그럴까? 왜냐하면 블랙캡 운전사가 되려면 모든 거리, 골목, 기념비, 주요 기관, 일방통행 거리 등에 관한 런던의 체계적인 지도를 암기해야 하기 때문이다.

이에 비해 이 책을 읽으면서 할 수 있는 마음 개발(mind-building)은 덜 힘들지만 중요한 측면에서 훨씬 더 포괄적이다. 그것은 단지 암기하는 것이 아니기 때문이다. 대신, 당신은 당신의 마음이 정보를 필터링 및 저장하는 방법을 터득하고, 완전히 새로운 수준의 정신 건강과 유연성을 얻기 위한 규칙적인 훈련을 통해 스스로를 코칭하는 법을 배운다.

④ 모두를 위한 유용한 도구 ─────────

치료사, 트레이너, 코치, 그리고 작가로서 수백 명의 사람들과 함께 일하면서, 나는 NLP의 '매뉴얼'이 인간 두뇌의 기능을 이해하는 가장 유용한 방법임을 알았고, 패턴 기반 기술의 NLP '도구 상자(tool box)'가 우리가 가장 자주 접하는 것임을 발견했다. 나는 그것이 내담자들과 우리 모두에게 도움이 될 것이라고 확신한다.

나의 내담자들 중에는 주부들과 사업가들, 어른들과 아이들, 과거의 트라우마(trauma) 및 현재의 문제들, 그리고 미래에 대한 꿈을 가진 사람들이 포함되어 있다. 우리는 개인적인 문제, 직업 선택과 가능성, 직장과 가정에서의 관계 관리, 그리고 정신적, 육체적 행복에 대한 도전에 대해 함께 해왔다. 우리는 마음과 몸은 분리되어 있는 것이 아니라 서로 깊이 연결되어 있으며, '표출된 문제(presenting problem)'가 항상 우리가 다루어야 하는 것은 아니라는 것을 알고 있었다.

❺ 메타 프로그램(Meta-programme) 소개 ─────────

NLP는 두뇌의 작동에 대한 광범위한 정보를 제공하며, 변화와 발전을 위한 많은 유용한 도구를 제공한다. 이 책에서 나는 단지 한 세트(set)의 정신적인 패턴에 집중하지만, 그것의 중요성과 유용성에도 불구하고, 일상적인 비전문적인 독자들에게는 아직 설명되지 않은 것이다. 그것은 NLP에서 메타 프로그래밍(meta-programming)으로 알려진 패턴이다.

정신 건강의 핵심은 외부 세계와 자신의 기억, 상상력 및 학습의 작업에서 오는 엄청난 양의 정보를 구성하고 이해하는 능력이다. 훌륭한 생각하는 사람(thinker)들은 전문적인 선별자이자 훌륭한 정보 관리자이기도 하다. 다르게 사용하지만, 우리 모두는 이것을 수행하기 위해 동일한 필수적인 정신적 여과(mental filtering) 기제를 가지고 있다. NLP는 이것을 메타 프로그램이라 부르며, 이 책은 더 많은 인식과 유연성을 위해 이를 사용하는 방법을 보여준다. 정보의 종류에 따라 다른 필터를 필요로 하기 때문에 여러 메타 프로그램들이 있다. 이 책에서는 가장 중요한 것들을 소개하고 자신과 주변 사람들의 선호를 인식하는 방법을 보여줄 것이다.

❻ 이 책이 어떻게 도움이 될 수 있을까? ─────────

메타 프로그램이 일상적인 환경에서 어떻게 사용되는지 이해하면, 모든 사람, 심지어 어린이에게도 도움이 될 수 있다. 이것은 파트너, 부모, 아이들 모두가 그들의 가족을 더 잘 이해하고 조화를 더 잘 이루도록 도울 수 있다. 또한, 이것은 사람들이 그들의 사회생활과 직장에서의 정치적인 문제들에서 오는 스트레스를 헤쳐 나가도록 도울 수 있다. 메타 프로그램을 이해하는 것은 다른 사람들이 상황에 접근하고 대처하는 방법을 이해할 수 있도록 타인을 이해하는 데 도움이 되며, 직장이나 팀원들과 함께 일하는 곳에서 특히 중요하다.

 ## 이 책의 활용 방법 ─────────────────────

NLP 브레인 빌더에서 다음을 찾을 수 있다:

1. 메타 프로그램이 작동하는 방식에 대한 설명
2. 당신의 메타 프로그램을 통해 당신과 다른 사람들이 세계를 발견하는 방법과 이것이 가정과 직장에서 미치는 영향에 대한 이해
3. 현재 작업 방식을 다양화할 경우 어떤 일이 발생하는지 탐색을 하는 데 도움이 되는 방법: 어떤 새로운 결과가 가능할까? 필터를 다르게 사용하면 다른 결과가 발생한다. 이해와 재능을 가지고 사용하면 당신과 주변 사람들에게 풍부하고 생산적으로 다른 결과를 얻을 수 있다.
4. 자신을 코치하는 방법: 자신을 관찰하고 그 관점을 사용하여 행동에 대한 완전한 가능성을 창출하는 내적 대화를 하는 방법

이 책은 다음과 같이 두 부분으로 나뉜다.

1부

1부에서는 메타 프로그램을 설명 및 소개하고, 이를 사용하는 데 있어 유연성을 높이기 위한 두뇌 계발(brain-building) 활동을 포함한다. 1부에 대한 장은 순서에 상관없이 읽을 수 있다. 1부의 마지막 장에서는 예시를 통해 다른 사람들을 배우고 영향을 주는 데 사용할 수 있는 모델링 기법을 소개한다.

2부

2부는 1부에서 발견한 모든 것을 가정과 직장 등 실제 일상 세계에 적용하는 데 도움을 주며, 우리 모두가 직면하는 몇 가지 일반적인 상황과 과제에 초점을 맞춘다.

8 당신의 기술을 확산할 수 있는 방법

이 질문에 답하기 위해 우리는 우리 자신과 다른 사람들이 더 유연해지고 잠재적으로 더 적응할 수 있도록 돕는다.

만약 당신이 직장에서의 효율성을 향상하기 위한 목적으로 이 책을 읽고 있다면, 당신은 궁극적으로 가정에서도 일이 더 잘된다는 것을 알게 될 것이다. 만약 당신이 파트너링 (partnering)이나 육아 기술에 도움을 주기 위해 이 책을 읽고 있다면, 당신의 영향력이 늘어나고 직장에서의 성공 또한 성취될 수 있음을 놀라지 마라. 주변 사람들이 당신의 변화를 파악하고 당신의 행동을 모델링하기 시작하더라도 놀라지 마라.

생존하는 것은 가장 강한 종이나 가장 지적인 종이 아니라 변화에 가장 민감하게 반응하는 종이다.

Charles Darwin

NLP는 우리가 서로를 이해하고, 행복하게 살고, 스트레스를 줄이고, 효과적으로 일할 수 있도록 가능한 한 최선의 방법으로 우리의 마음을 사용하는 방법을 보여준다. 이것은 매혹적인 발견의 여정이며, 당신이 자신과 다른 사람들과의 새롭고 다른 관계로부터 혜택을 받기 시작할 때 즐기기를 바란다.

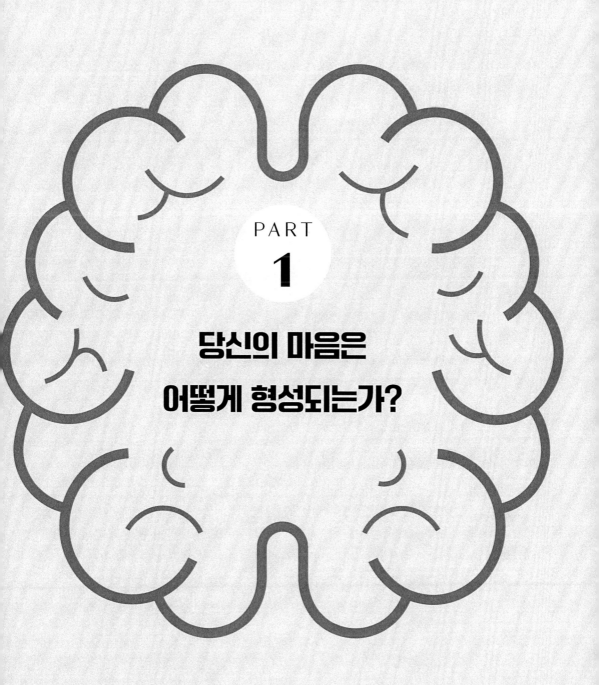

PART

1

당신의 마음은

어떻게 형성되는가?

1부에서는 메타 프로그램과 메타 프로그램의 작동 방식을 소개한다. 이것의 목적은 당신이 자신과 다른 사람들을 더 명확하게 이해하도록 돕는 것이다. 당신은 자신의 습관적인 사고 패턴을 이해했을 때, 이것이 일과 가정에서의 일상생활에서 당신을 어떻게 돕거나 방해하는지 알아낼 수 있다. 이러한 과정을 더 잘 인식하는 법을 배운다는 것은 효과가 있는 것은 더 많이 할 수 있고 그렇지 않은 것은 덜 할 수 있다는 것을 의미한다.

① 일을 다르게 수행하는 것

우리는 종종 다른 사람들이 그들이 하는 방식으로 특정한 일을 수행하는 이유나 가장 논리적이거나 효과적이라고 생각하는 방식으로 그들이 일을 수행하지 않는 이유를 궁금해한다. 메타 프로그램을 이해하면 다른 사람의 작동 방식을 알 수 있다. 당신은 상상력을 발휘하여 그들의 입장이 되어 봄으로써 그들이 어디에서 왔는지 더 잘 이해할 수 있을 것이다.

우리 자신과 타인 사이의 이러한 차이는 각자가 생각하는 방식의 결과이기 때문에, 그들에 대해 이해하기 위해서 우리는 또한 그들 뒤에 있는 가치와 판단을 인식할 필요가 있다. 그러기 위해서 우리는 정신적인 근육을 키워야 하고, 이는 1부의 각 장에 포함된 훈련을 통해 수행할 수 있다. 1장은 왜 당신이 자신에게 이러한 몰입을 하고 싶어 하는지, 그리고 그것을 할 가치가 있는 이유를 설명한다. 이런 종류의 활동은 실제로 쉽고 재미있을 수 있다.

2장에서는 메타 프로그램이 무엇인지 설명하고, 3~11장에서는 순서와 관계없이 읽을 수 있는 9가지 주요 유형에 대한 내용을 다룬다.

② 우리는 부분의 합이다

일상생활에서 우리는 자연스럽게 서로 연결되고 상호 작용하는 여러 메타 프로그램을 동시에 '실행'한다. 12장은 직장과 가정에서 자기 자신과 관계를 관리할 때 이러한 '더미(stacks)'또는 메타 프로그램 번들(bundle)을 활용하는 데 도움이 된다.

13장에서는 모델링의 NLP 도구를 사용하여 모든 종류의 '모범 사례'를 발견 및 사용하고 다른 사람들에게 미묘하고 효과적인 예시를 제시하는 방법을 설명한다. 한편, 2부는 1부에서 학습한 내용을 일상적인 상황에서 활용하는 데 도움이 되도록 설계되었다.

Chapter 01

왜 도전해야 하는가?

당신은 무엇인가를, 특히 자신을 바꾸는 것이 너무 힘들다고 느낀 적이 있는가? 도입에서 두뇌 계발 및 재설계 활동에 대해 언급했다: 그것을 읽었을 때, '*나는 활동적인 사람이 아니야.*'라고 생각을 하였는가? 만약 당신은 도전함으로써 잘되지 않았던 것들을 개선하기 시작하는 것 이상으로 해낼 수 있다는 것을 안다면 어떻게 느끼겠는가? 당신은 더 많은 기술을 습득하고 더 효과적으로 다른 사람들과 관계를 형성할 것이며, 더 자신감을 느끼고 당신이 가능하다고 생각했던 것보다 당신에게 더 많은 것이 있음을 발견하게 될 것이다.

이것들은 당신이 모든 일을 스스로 해냈다는 것을 아는 추가적인 만족과 함께 코치가 원하는 존중하고, 탐구적이며, 도전 및 지지하는 방식에 참여함으로써 얻을 수 있는 몇 가지 이점들이다.

하루는 내 딸이 어렸을 때, 나와 말다툼을 했다. 우리는 모두 답답했고 나도 그녀처럼 단호했다. 남편은 결국 나를 한쪽으로 데려가 딸을 이해해야 한다고 말했다. "왜? 나는 그녀만큼 잘못하지 않았어." 나는 항의했다. "왜냐하면 자기는 더 많은 선택권을 가졌잖아."가 그의 대답이었다.

① 당신은 자신을 바꿀 수 있다 ─────────────

그때 남편이 한 말은 받아들이기 힘들었다. 하지만 그것은 좋은 교훈이었다. '선택권 (options)'이라는 단어가 핵심이었다. 그 단어는 내가 '선택'한 그간의 동일한 방식의 행동에 갇혀 있었다는 것을 상기시켜 주었다. 그 순간 나는 비록 내가 다른 사람들을 직접적으로 변화시킬 수는 없지만, 내가 가장 필요로 할 때 항상 도전할 수 있고 나를 변화시킬 수 있다는 것을 기억했다. 그날의 쟁점은 누가 정말로 옳은지를 증명하는 말다툼에서 져서 물러나는 것이 아니라 다른 사람을 희생시키면서 내가 옳아야 하는 것에 대한 필요성이었다. 그것은 '미안해'라고 말하고 앞으로 다르게 행동해야 하는 것을 이해할 수 있다는 자신감에 관한 것이었다. 쉽지는 않았지만 변화가 힘들 때도 그것은 자유롭고 고무적일 수 있다. 또한, 그것은 오래된 행동의 껍데기를 부수거나 낡은 사고방식을 깨고, 보다 자유롭고 강력한 무언가가 나타나도록 하는 것과 같은 흥미진진한 일이 될 수도 있다.

⚫ 우리는 실제로 얼마나 바꿀 수 있는가?

성장을 수반하는 도전과 변화는 일반적으로 매력적으로 보이지만, 어려움이나 한계를 극복할 가능성에 직면하면 우리는 처음에는 방어적인 태도를 보이고 부적절하다고 느낄 수 있다. 이 시간은 우리가 자신을 받아들이지 않기를 원할 때이다. 많은 노력이 필요한 것처럼 보일 수도 있고, 어쨌든 우리가 변화를 만들 수 있을지 확신할 수 없을지도 모른다.

성격은 마치 고정된 것처럼 당연시되는 경우가 많으며, 이는 불가능하지는 않더라도 근본적인 변화를 만드는 것이 어렵다는 가정으로 이어진다. 보통 직장에서 자신의 성격에 대한 프로필(profile)을 형성한 사람들은 때때로 그들의 '결과(형성한 성격에 대한 프로필의 결과)'가 그들을 '비둘기 구멍'(pigeonhole, 서로 다른 독립체를 소수의 동일한 범주로 분류하려는 과정)에 빠뜨렸다고 느낀다.

당신의 메타 프로그램 선호도의 합이 당신의 성격은 아니다. 사실, '성격'이 무엇인지 정의하는 것은 어렵거나 그리 도움이 되지 않을 수도 있다. 메타 프로그램 선호도는 모두 합쳐져서 정보를 이해하기 위한 일련의 정신적인 습관이 되며, 습관은 바뀔 수 있다. 습관화된 정신적인 전략을 바꾸는 것은 우리가 어떻게 지내는지에 대한 것이 아니라 우리가 어떻게 생각하고 무엇을 하느냐에 대한 것이다. 일단 우리가 이 사실을 깨닫고 나면, 어떠한 위협 의식도 없앨 수 있고 놀라운 공간과 기회를 열 수 있다.

메타 프로그램 선택권에는 실험, 확장 및 성장을 위한 다양한 범위가 있다. 우리의 기본적인 습관을 이해하는 것은 시작에 불과하다. 만약 우리가 다른 분류의 과정과 필터링 방법을 실험함으로써 자기 자신에게 도전한다면, 각 메타 프로그램의 다양한 가능성을 탐구하는 것은 새로운 이해 및 행동에 대한 문을 열 수 있으며, 자신과 다른 사람들과의 창의적인 연결을 만들 수 있다. 또한, 조금 다른 것을 시도하면서 확장 및 성장을 한다면, 우리는 정신력을 기를 수 있고 동시에 정신적인 민첩성을 높일 수 있다.

❷ 셀프 코칭의 힘

나는 당신이 메타 프로그램의 유연성을 높이기 위한 코칭을 시작하기를 바란다. 이 책의 부제에서 알 수 있듯이, 셀프 코칭(self coaching)은 당신이 압박과 스트레스, 도전의 시기에서 살아남는 것뿐만 아니라 번창을 위한 강력한 전략을 제공한다. 이러한 전략은 외부에서 자신을 바라보고 자신에게 질문을 하기 시작하는 즉시 도움이 된다. 그러면, 당신은 자신만의 조사자, 탐구자, 교사 및 지지자가 된다. 당신은 가능한 가장 도움이 되는 파트너십 중 하나와 함께할 것이다: 바로 자신과 함께 할 수 있는 파트너십을!

좋은 시작을 위한 모든 코칭의 두 가지 핵심 가정이 있다. 첫째, 우리는 자신과 삶을 관리하는 데 필요한 모든 자원을 이미 가지고 있다. 둘째, 우리가 무엇을 하는 데 본질적으로 잘못된 방법은 없다.

⬤ 지금부터 시작

당신의 출발점은 당신이 현재 생각하고, 느끼고, 행하는 것이다. 발달을 위한 기준은 당신이 얼마나 더 할 수 있는가에 대한 것이다. 당신의 성취는 당신이 격차를 좁힐 수 있는 정도다. 당신은 당신의 목표와 속도를 설정하는 사람이다. 또한, 당신은 다른 사람들로부터 받은 피드백과 자신의 직감과 사려 깊은 성찰에서 얻은 피드백을 모니터링(monitoring)하는 사람이다.

코칭은 당신이 더 자각할 수 있다고 가정한다. 이것은 자기 자신과 타인과의 상호작용을 관리하는 방법을 변경하는 데 필수적인 기준을 형성한다. 당신이 필요로 하는 정보는 당신 안에 있지만, 많은 사람들은 종종 자기 행동의 동기 때문에 직감과 스트레스를 받거나 지친 몸의 메시지를 무시하는 법을 배웠다. 하지만 당신이 '이기적'이라는 뜻은 아니다. 사실 코칭은 자신 인식을 함양하고, 자신의 요구, 욕구, 에너지 수준, 선호도 및 비선호도를 인식하는 것을 배우는 데 기반을 두고 있으므로, 당신은 그것들을 어떻게 그리고 언제 우선시할 필요가 있는지 배울 수 있다. 아무리 이유라도 그것들을 무시한다는 것은 단지 당신이 중요한 정보를 차단하고 있다는 것을 의미한다.

③ 훨씬 더 나아지는 것

변화가 문제를 해결하는 것이라고 가정하는 일반적인 함정에 빠지지 말자. 자신에게 도전하지 않는 이유는 당신이 편안하고, 어쩌면 자랑스럽기 때문일지도 모른다. 그럼, 왜 변화할까? 왜냐하면 당신은 더 나아질 수 있기 때문이다!

자신의 정신적인 강점에 대해 더 많이 알게 되면, 당신은 정신적인 강점을 더 안정적으로 사용할 수 있고, 새로운 상황이나 다른 상황에 적응시킬 수 있다. 자신과 함께 무엇인가를 하면 습관적인 기본 반응에 의해 통제 및 제한되는 대신 정보에 입각한 선택을 할 수 있다. 이것은 당신을 확장지대(stretch zone)로 이끌어준다.

확장지대(Stretch zone)

확장지대는 안전지대(comfort zone)보다는 더 도전적인 방식으로 당신을 참여하게 하지만, 공포지대(panic zone)보다는 덜 도전적인 방식으로 당신을 참여시키는 활동 또는 생각하는 영역이다. 확장지대는 성장과 학습이 이루어지는 곳이다. 안전지대에 있는 경우 발달 및 성장에 대한 메시지가 표시되지 않으며, 공포지대에 있는 경우에는 어려움과 공포로 인해 발달 및 성장이 불가능하다.

④ 셀프 코칭의 특별한 점

셀프 코칭은 자신의 강점을 이해하고, 자신이 가질 수 있는 약점이나 한계를 파악하여 자신과의 관계를 더욱 활성화함으로써 작동한다. 그것은 자신과의 양질의 대화로 이어지고, 단순히 좋은 것을 넘어서 뛰어난 사람이 될 수 있음을 발견하도록 도와준다. 이것의 목표는 자신이 좋아하지 않거나 문제를 일으키는 부분을 없애는 것이 아니다: 오히려 그것들을 인식 및 관리하고, 때로는 부담을 덜어주는 법을 배우는 것이다. 비록 이것이 자신에게 더 관대해지는 데 확실히 도움이 될 수 있지만, 그것은 쉬운 자기수용(self-acceptance)에 대한 것도 아니다.

다른 메타 프로그램에 대한 습관적인 '기본 위치'를 발견하면, 당신은 어떤 일이 일어나고 어떻게 그것이 일어나는지 알게 될 것이다. 각각의 메타 프로그램과 함께 소개되는 두뇌 계발 및 재설계 활동은 반대되는 사고방식으로 접근하여 활용 가능한 선택권을 늘리는 데 도움이 되도록 설계되었다.

 ## 특별한 코칭 공간 만들기

이러한 공간은 당신이 자신과 대화를 할 수 있는 시간을 비워두는 데 도움이 된다. 이것은 눈을 감거나 주변을 바라보기가 비교적 쉬운 대중교통으로 출퇴근할 때처럼 매일 규칙적인 시간이 될 수도 있다. 또한, 샤워를 하거나 산책을 할 때의 시간을 사용할 수 있다. 또는, 마트 계산대 줄을 기다리는 시간, 설거지를 하는 시간 등, 셀프 코칭 대화를 위해 '그 순간을 포착'하는 것을 선호할 수 있다. 당신은 셀프 코칭 대화를 위해 특정 공간을 선택할 수도 있으며, 신체적으로 어디에 있든지 자신의 정신적인 코칭 공간에서 일어나는 성찰적이고 탐구적인 시간을 생각할 수도 있다.

5 시작 ─────────────────────

무엇을 도전하는 것은 힘들기도 하고 쉬울 수도 있다. 이런 식으로 스스로 도전하기 위한 기준은 겸손한 탐구와 장난기 있는 실험 중 하나다. 당신은 익숙하지 않은 정보 전체를 배울 필요는 없다. 당신이 하고 있는 것은 당신이 어릴 때부터 경험해 온 것과 삶의 모든 맥락에서 마주치는 것에 라벨(label)을 붙이는 것이다. 자신의 속도에 따라 이미 하고 있는 일에 대해 더 많은 것을 인식하고 더 유연해질 수 있다.

도전하는 것은 가장 쉽게 다가오는 것에서부터 시작하는데, 이것은 단지 하나의 메타 프로그램 유형일 수도 있고, 당신을 흥미롭게 하거나, 웃게 하거나, 좌절하게 할 수도 있다. 이것은 언어를 배우거나 자동차를 운전하는 것과는 다르다. 당신은 어디서든 시작할 수 있으며, 따라야 할 순서도 없다.

이 책을 읽으면서 발견의 여정을 더욱 보람 있고 즐겁게 만드는 새로운 방법을 알게 되기를 바란다.

Chapter 02

정보를 어떻게 필터링(Filtering)하는가?

물리적 세계를 돌아다니기 위해서는 안내가 필요하다. 우리는 상황에 따라 다양한 종류의 지도가 필요하다. 지도는 현실에서 추상화된 것이며, 누군가의 조사, 사고(thinking) 및 의사결정의 결과이기도 하다. 그것은 그것이 나타내는 '현실'이 아니다. 이와 같이 물리적 특징을 나타내는 지도와 추상적 데이터를 나타내는 지도도 서로 다르다. 또한, 우리는 신체적 풍경이 아니라 우리 자신의 정신적 풍경을 나타내는 정신적인 지도로 살아간다. 이 지도는 우리 삶의 모든 측면을 탐색하는 데 도움이 되는 수십억 개의 정보를 단순화하고 선택한다.

 ## 지도의 의미

모든 사람의 마음은 자신만의 고유한 지도를 만들고, 이를 탐색 가능한 '현실'로 취급한다. 개념들이 추상적(예: 인간관계, 환경문제, 경제 및 재무구조, 역사적 사건의 의미 등)이거나 개인적으로 더 중요한 문제일수록 정신적인 '지도'는 더 특이하게 만들어지는 경향이 있다. 몇 가지 측면에서만 외부적으로 입증 가능한 '현실'을 반영한다.

일반의미론(general semantics)의 창시자인 Alfred Korzybski는 '지도는 영토가 아니다.'라고 말했다. 우리는 정신적인 지도가 신뢰할 수 있는 가이드(guide)인 것처럼 행동하는 경향이 있다. 그러나 지형에 대한 지리적 지도에 대한 가정은 다소 사실적으로 정확해야 하는 반면,

당신의 마음이 내리는 가정은 실제로 당신이 여행하는 개인 영역을 형성할 것이다.

◉ 타인의 지도 및 나의 지도

성별, 국가, 정부, 이익 및 수익성과 같은 문제에 대한 '지도'를 기반으로 한 개인, 조직 및 국가의 가정은 영토의 분명히 실행가능한 여러 지도가 동시에 활성화되었기 때문에 큰 문제를 야기했다. 만약 당신의 지도에서의 '고속도로'가 나의 지도에서는 '골짜기'일 때, 둘 다 개인 지도에 따라 행동한다면 우리는 서로를 오해할 가능성이 높다.

매핑(mapping) 문제는 개인 간의 문제뿐만 아니라 개인 내에서도 문제를 일으킬 수 있다. 우리는 지도 없이는 기능할 수 없지만, 그것을 이해해야 한다. 첫째, 우리는 지도가 영토와 동일하지 않다는 것을 인식할 필요가 있다. 둘째, 우리는 가정, 가치 및 태도로 인해 스스로 만든 지도를 탐색하고 있으므로 효율성을 제한하거나 실제 어려움을 야기할 수 있다.

◉ 지도에 영향을 미치는 정보 필터링 방식

물리적 환경의 지도를 작성하는 경우 특정 필터를 사용하게 된다. 한 유형의 건물(예: 호텔)이 다른 유형의 건물(예: 아파트)과 다르다는 것을 표시하고, 두 건물 간의 유사성 때문에 같은 개념(예: 해발 높이)을 다르게 연결하도록 선택할 수 있다. 즉, 정보를 필터링하는 방법에 따라 '현실' 지도에 표시되는 내용이 결정된다.

② 메타 프로그램 필터링 메커니즘 ─────────

정보 과부하를 피하기 위해 우리는 정보를 필터링 및 이해하기 위한 자체 시스템을 사용한다: 일련의 정신 프로그램으로 각각은 특정 종류의 정보를 허용하고 다른 정보를 차단하는 일종의 템플릿(template)을 제공한다.

만약 당신이 한 녹화 토론에 참여한 뒤 나중에 오디오로 토론 내용을 들으려고 한다면, 그 당시에는 충분히 잘 들리는 것 같았지만 제대로 듣기 위해 걸러내야 했던 토론과 관련 없는 소리가 얼마나 많은지에 감탄했을 것이다. 오디오는 토론을 기록한다. 그러나 그것은 또한 사람들이 기침하거나 의자를 뒤로 밀거나 종이를 섞는 소리뿐만 아니라 외부의 교통 소음, 건물의 다른 곳에서 들리는 소리, 멀리 있는 전화 등을 기록한다. 그러나 당신은 토론 당시에는 정보를 필터링하는 중이기 때문에 이러한 소음이 들리지 않았다. 당신은 당신이 들어야 할 것을 선별하고 있었다.

당신은 다른 방법으로 정보를 필터링했을 수도 있다. 당신은 당신에게 중요하다고 미리 결정한 것을 들었을 것이다. 당신은 누군가가 당신의 의견에 동의하거나 동의하지 않을 때 알아차렸을지도 모른다. 당신은 누군가가 토론과는 무관한 방식으로 토론을 중단하려고 했을 때 짜증을 냈을 수 있다. 당신은 당신이 관심 있어 하는 것을 들었다. 해석과 심지어 기억도 필터링 과정의 영향을 받는다.

◯ 우리의 필터 작동 방식

상황에 발생할 때, 우리는 이미 우리의 정신적 여과와 선택적 템플릿(또는 메타 프로그램)을 작동하고 있는데, 이것은 우리가 사전 선택된 정보와 달리 원시 데이터를 수집하는 경우는 거의 없다는 것을 의미한다. 우리가 매일 사용하는 정신적 선별 템플릿과 필터는 습관적이며 종종 무의식적이다. NLP에서는 이를 '메타 프로그램(meta-programmes)'이라고 부른다. 그것들은 낮은 수준에서 많은 양의 자료를 정리하기 위해 높은 수준(메타) 방식으로 작동하고 개인적으로 우리에게 습관화되기(프로그래밍) 때문이다. 그것들은 컴퓨터를 관리하는 운영 체제처럼 작동하며, 화면에서 보는 것은 아니지만 컴퓨터를 작동시키는 데 필수적이다. 그것이 당신의 뇌 안에 메타 프로그램이 얼마나 근본적이고 얼마나 필수적인가 하는 것이다. 각 메타 프로그램은 우리가 특정 유형의 정보를 처리하는 데 도움이 된다.

1부에서는 메타 프로그램, 작동 방식 및 관리하는 정보의 종류에 대해 설명한다. 당신은 당신이 그것들을 사용하는 방법이 당신을 제한하고 활성화시킬 수 있다는 것을 알게 될 것이다.

◎ 메타 프로그램(Meta-programmes)

메타 프로그램은 보다 구체적인 정보의 청크(chunk)를 조직하기 위해 높은 수준의 일반성으로 작동하는 정신 구조. 그것들은 특정 종류의 정보는 통과하고 다른 정보는 차단하는 템플릿 또는 필터 역할을 하는 효과가 있다.

◯ 개괄적 vs 세부적

각 메타 프로그램 템플릿은 가능한 설정 범위를 따라 밝고 어둡거나 고온이거나 저온 사이의 모든 위치에서 정지할 수 있는 조광기 제어와 같이 두 극단 사이의 가능 범위를 제공한다. 어떤 하나의 메타 프로그램에서 대부분의 사람들은 자연스럽게 어떤 극단적 가능

'성 또는 다른 극단적 가능성에서 너 가깝게 삭농하는 경향이 있다.

누구나 무의식적으로 선호하는 습관적인 '기본 설정(default setting)'을 갖게 된다. 한 사람은 개괄적인 부분(큰 청크)을 선호하는 반면 다른 사람은 세부적인 부분(작은 청크)을 선호한다. 어떤 사람은 고장난 것을 고치려고 할 때 자연스럽게 사용 매뉴얼에서 지침을 찾는다. 이것은 '절차적(procedural)' 접근 방식이다. 또 다른 사람은 그것을 고칠 방법을 찾을 때까지 고장난 것을 가지고 장난치는 것을 매우 좋아한다. 이것이 '창조적(inventive)' 접근 방식이다.

특정 메타 프로그램에 대한 자연스러운 기본 설정을 알고 나면 어떤 상황에서 유용하거나 제한적인지 알아낼 수 있다. 또한, 다른 입장을 취하면 어떤 모습일지, 그리고 이것이 어떤 장단점이 있을지 상상할 수 있다. 즉, 지식은 삶에서 더 많은 선택과 더 큰 즐거움 또는 효과의 가능성을 가져온다. 만약 당신이 중요한 개념이나 원칙(큰 청크)을 중시하는 사람이라면, 당신의 가족이나 팀의 세부적인 것(작은 청크)을 중시하는 구성원에 대해 짜증이 날 것이다. 당신이 어떻게 생각하는지 알고, 다른 사람이 어떻게 생각하는지 이해하기 위한 노력을 하고, 그들의 방식을 그 자체로 똑같이 타당한 것으로 존중하는 법을 배우는 것은 당신이 그들과 함께 덜 스트레스를 받으면서 그들과 함께 지낼 수 있고, 서로 상이한 접근법이 각각 기여할 수 있는 유용한 점이 있음을 발견하도록 해준다.

◉ 기본 설정에서 벗어나기

기본 설정을 알고 다른 사람의 설정을 인식하는 방법을 배우면 더 나은 지도를 만들 수 있다. 그러나 우리는 기본 설정이 이끄는 위치에 만족할 필요가 없으며, 그에 의해 제한을 받을 필요도 없다. 우리는 필터링 옵션을 수정할 수 있으며, 정신적 근육은 더 유연해지고 강화될 수 있다. 이러한 사실을 통해 본 책에 있는 두뇌 개발 운동을 시작할 수 있다. 그것들을 연습하는 것은 흥미롭고, 격렬하고, 영감을 줄 수 있다! 익숙하지 않은 방식으로 두뇌를 운동함으로써 새로운 연결 고리(한 세포에서 다른 세포로 뻗어나가는 새로운 수상돌기 개발)를 만드는 데 도움이 될 것이다. 두뇌에 익숙하지 않은 길을 탐색함으로써 새로운 신경 경로를 만든다. 정신적 근육을 확장하면 두뇌의 능력을 키울 수 있다.

Chapter 03

당신의 청크(Chunk)는 얼마나 큰가?

당신은 한 번에 얼마나 많은 정보를 처리할 수 있는가? 어떤 사람들은 전반적인 개요 또는 더 큰 그림으로 시작하면 정보가 더 의미가 있다고 생각한다. 다른 사람들은 세부적인 것에서 시작하는 것을 선호한다. 극단적으로 어떤 사람들은 세부적인 것을 다루기 어려워하고, 다른 사람들은 아무것도 없이 처리하는 것을 가장 행복해한다! NLP에서 이러한 접근 방식을 '큰 청크(large-chunk)' 및 '작은 청크(small-chunk)'라고 한다.

1 큰 청크 vs 작은 청크

언젠가 상공 30,000피트 위 비행기 조종실에서 밖을 내다보면서 처음으로 자연의 곡률을 본 적이 있다. "나는 이 모습을 보는 것이 너무 예뻐서 전혀 질리지 않아."라고 조종사 친구가 말했다(전체적인 항공의 여정을 바라보는 것: 큰 청크). 같은 비행에서 나는 반대의 접근 방식을 확인했다. 즉, 비행의 성능과 안전에 대한 기본적인 세부사항을 확인하는 것이었다. 연료, 복귀 지점까지의 거리, 높이 및 공기 속도는 모두 부조종사에 의해 정해진 간격으로 계산 및 재계산되었으며, 항공기 계기판에 표시되었다(세부 중요사항을 확인하는 것: 작은 청크).

우리는 한 관제탑에서 다른 관제탑으로 이동하였고, 우리의 비행기는 지상과 공중에서 지속적으로 모니터링되었다. 승객들은 여정이 안심할 수 있고 안전하다고 느꼈고, 우리의 비행 상황에 대한 전체 범위의 한 가지 접근과 계산 및 안전 점검 뒤에 있는 세밀하고 세부

직인 접근 사이의 자이를 알 세 뇌었냐. 자세한 점검은 여정의 전반적인 방향과 안전을 위해 필수적이었다. 반면에 여정의 목적은 세부사항에 목적과 의미를 부여한 것이다. 우리는 그 당시 같은 정보를 관리하는 두 가지 방법을 실제로 시연하고 있었다.

◎ 둘 다 중요한 이유

큰 청크와 작은 청크 선별은 우리가 정보를 관리하고, 맥락화하며, 구체적으로 명시하는 방식을 조절한다. 그것들은 또한 종종 서로를 보완한다. 세부적인 것은 더 큰 그림의 일부가 됨으로써 의미를 얻고, 큰 그림은 포함된 세부사항에 의해 생생하고 의미 있게 만들어진다. 삶의 어떤 점에서는, 우리는 넓은 시야를 가질 필요가 있고, 또 다른 점에서는 세부적으로 다가갈 필요가 있다.

② 큰 청크 정보 처리자(Large-chunk processor) ──────

큰 청크 정보 처리자(Large-chunk processor)는 전반적인 상황이나 각 상황의 상태를 파악할 수 있을 때 가장 편안함을 느낀다. 그들은 큰 범주나 정보의 분류를 선호하며, 그것들 안에 세부사항을 두는 것을 추구한다. 그들은 중요성, 의도, 목적 및 성취를 나타내는 일반적이고 종종 추상적인 라벨(label) 및 개념을 찾는다. 그들에게는 세부사항이 이 중 하나로 요약될 수 있을 때만 의미가 있다.

◎ 장점

당신이 만약 큰 청크 정보 처리자인 경우 자연스럽게 상황에 대한 개요를 제공하므로 계획, 평가 및 관리에 도움이 될 수 있다. 당신은 브레인스토밍(brainstorming)이나 비전 형성(큰 그림 형성)에 능숙할 것이다. 큰 청크 정보 처리자는 종종 창의적이다. 또한, 상황을 잘 파악하고, 정보가 상황과의 적합 여부를 파악하는 데 능숙하다.

◎ 단점

큰 청크 정보 처리의 약점은 실제로 사용하기에는 너무 광범위할 수 있다는 것이다. 일단 당신이 웅장한 아이디어를 떠오르면 그것을 구체화하거나 정리해 달라는 요청에 짜증을 내고, 이를 실현하는 데 도움이 될 세부 정보를 제공하도록 요청하는 다른 사람들에게 참을성이 없을 수 있다. 당신은 또한 큰 작업에 의해 위축될 수 있다. 왜냐하면 자연스럽게 '대규모 작업'을 하고 전체 작업의 아이디어를 파악하더라도 작업을 완료할 특정 단계를 계획하기가 어려울 수 있기 때문이다. 당신은 또한 자연스럽게 큰 청크로 정보를 처리한다면 일을 끝내는 데 걸리는 시간에 대해 쉽게 조급해질 수 있다.

❸ 작은 청크 정보 처리자(Small-chunk processor) ─────

작은 청크 정보 처리자(Small-chunk processor)는 세부적인 것에 가장 만족한다. 실제로 그들은 그것을 아주 잘할 수 있으며, 경험의 각 세부사항을 저장했기 때문에 뛰어난 기억력을 가질 수 있어 모든 복잡성과 풍부함을 보존하는 데 도움이 된다. 이런 이유로 쉽게 경험을 기억하고 재현할 수 있다. 만약 그들이 누군가에게 무언가를 설명하고 있다면, 이야기를 듣는 사람은 설명의 풍부함에 감사하게 될 수도 있고, 많은 세부사항으로 인해 이야기의 핵심을 놓칠 수도 있다. 왜냐하면 듣는 사람에게는 그것이 전체적인 이야기와 관련이 없는 것처럼 보일 수 있기 때문이다.

⭕ 장점

만약 당신의 초점이 세부적이라면, 당신은 정확성을 요구하는 어떤 것에라도 적성을 보일 가능성이 있다. 수치를 관리하거나 복잡한 프로세스를 처리하는 것을 즐길 수 있다. 당신은 또한 과학을 잘하고 IT에 쉽게 적응할 수 있다. 당신은 각각의 작은 청크가 각각의 속도를 지시하도록 하는 것에 만족할 것이기 때문에 인내심은 아마도 당신의 미덕 중 하나가 될 것이다. 또한, 문제가 해결될 때까지 단계별로 문제에 접근한다. 작은 청크 정보 처리자가 되는 것은 종종 체계적이고 철저하며, 심지어는 완벽주의자일 수도 있다.

⭕ 단점

작은 청크 정보 처리자로서 당신은 더 큰 그림을 이해하거나, 당신이 말하고 있는 이야기나 말하려는 요점을 다른 사람에게 유도하는 데 덜 능숙할 수 있다. 왜냐하면 단서를 주는 것은 당신이 듣고 있는 사람에게 당신이 어디로 가는지 알려주는 '헤드라인(headline)'이나 '이정표'를 제공해야 하기 때문이다. 당신에게는 이것들이 필요하지 않다. 하지만 만약 당신이 큰 청크 정보 처리자와 이야기를 한다면, 이러한 단서들은 당신이 그들에게 말하려고 하는 것을 이해하도록 도와주는 필수적인 틀이 될 수도 있다. 표제 없이, 그들은 당신을

'싱세한 부분에 **따라갈 수** 있을 뿐인네, 이때 그늘은 좌절감을 느끼거나 심지어 짜증이 날 수도 있다. 회의에서 사람들은 당신이 핵심을 파악하지 못했기 때문에 이를 참기 어려울 수 있다. 친구와 가족은 때때로 당신이 방황하고 있다고 느낄 수 있다.

또한, 필요한 것보다 더 자세하게 수행하기 때문에 작업에 필요한 것보다 더 많은 시간을 할애할 수 있다. 동료들은 당신이 일을 진행하는 방식에 있어 일방적이고 융통성이 없다고 생각할 수 있다. 당신은 모든 일에 대한 각각의 장점에 상관없이 당신의 시간과 관심을 똑같이 부여한다.

 ## 당신의 기본 설정은 무엇인가?

핵심이 무엇인지 알 수 없는 업무 회의에 참석해 본 적이 있는가? 아마도 많은 사람들이 어떤 세부적인 것에 대해 너무 강하게 느꼈기 때문에 그것에만 집중했을 것이다. 이것은 아마도 다른 사람에게 똑같이 세부적인 것에 초점 맞추도록 유도했을 것이고, 곧 모든 사람들이 '세부사항의 바다'에서 허우적거릴 것이다. 그들은 그것을 의미 있게 믿드는 요짐, 맥락, 전체적인 틀을 잃어버렸다. 즉, 정보에 대해 큰 청크 및 작은 청크로 초점을 맞추는 관점이 모두 필요한데, 메타 프로그램의 유연성은 균형을 조정하고 재조정하는 데 도움이 되기 때문이다.

한편, 다른 회의는 반대 방식으로 어려움을 겪을 수 있다. 대부분의 사람들은 원칙과 추상적인 생각에 사로잡혀 있는 반면, 적어도 한 사람은 그룹 어딘가에서 '*어떻게 시작해야 할까?*'라고 생각한다.

이는 물론 직장 밖에서도 일어난다. 나의 딸이 어렸을 때, 그리고 내가 NLP 메타 프로그램에 대해 알기 전에, 우리 가족은 서로에게 '오늘은 어땠니?'라고 묻는 공통 질문이 있었다. 남편과 딸은 그들이 한 일에 대한 전체적인 사항을 곧바로 이야기하는 경향이 있었는데, 이것은 나를 참을 수 없게 만들었다. 왜냐하면 나는 그들의 하루하루가 어떠했는지에 대한 세부적인 것을 알고 싶었기 때문이다. 나는 그들이 다음과 같은 말로 시작하기를 원했다: '좋은 하루를 보냈어요. 왜냐하면...' / '끔찍한 하루를 보냈어요. 왜냐하면...' / '오늘은 달랐고 흥미로웠어요. 왜냐하면...'

나는 맥락에서 따라야 할 것을 설정하는 '이정표'가 필요했다. '이정표'와 '문맥'이라는 단어는 내가 자연스럽게 큰 청크 설정을 더 선호한다는 것을 말해주고, 뒤에 나오는 세부사항을 의미 있게 설명해 준다.

자연스러운 선호도 찾기

인간은 넓은 초점과 좁은 초점 사이, 큰 그림과 세부사항 사이의 연속체에서 가능한 많은 휴식 장소를 가지고 있다. 일상적인 말투에서 사용되는 구절은 당신의 자연스러운 선호도와 다른 사람들의 선호도에 대한 생각을 제공한다.

큰 청크	작은 청크
당신은 '개요(overview)'를 중시하는 사람인가?	당신은 '세부사항(detail)'이 더 편안한가?
당신은 선견지명이 있는 '아이디어(visionary ideas)'에 능한가?	당신은 사물에 대해 '직접적으로 접근(home in)'하는 것을 좋아하는가?
당신은 '큰 그림(the big picture)'을 좋아하는가?	당신은 '자세히 들여다보는 것(close-up)'을 좋아하는가?
당신은 이상과 목표를 묘사하는 '개괄적인 (broad brush)' 사람인가?	당신은 '타이트한 브리핑(tight brief)'을 좋아하는가?
당신의 '직소 조각(piece of the jigsaw)'이 나머지 부분과 어떻게 어울리는지 알고 싶은가?	당신은 '나무를 보기 위해 숲을 먼저 보는 것 (see the wood for the trees)'이 어려운가?

❺ 두 가지 관점의 상호 연관성

　카메라의 렌즈를 통해 촬영할 때 수동 또는 자동 중 어느 것을 사용하느냐에 관계없이 선택한 이미지의 적합성에 따라 결과 사진의 성공 여부가 결정된다. 크고 작은 청크 선별을 모두 최상으로 활용하는 것은 확대 및 축소를 사용하여 자신과 피사체에 모두 적합한 사진을 얻는 것과 같다.

　만약 당신이 한 뷰(view)의 스냅샷(snapshot)을 찍으려고 했다면, 나중에 찍은 사진을 봤을 때, 그 이미지의 의미와 세부사항이 부족하다는 것을 알고 실망했을 것이다. 당신의 삶에서, 당신의 눈은 빠르고, 종종 눈에 띄지 않는, 집중력의 변화를 통해 의미와 세부사항을 제공한다. 왜냐하면 당신이 나중에 실망한 전체 사진을 얻기 위해 스스로 이러한 조정을 하고 있다는 것을 인식하지 못했기 때문이다. 반면에 특정 물체를 촬영하기 위해 정말 가까이 다가가면 나중에 문맥이 제공하는 의미가 부족하다는 것을 알게 될 수 있다. 물체에 정말 가까이 다가간 경우 사신을 통해 그 물체가 어떤 크기인지, 심지어 어떤 물건인지 구별하기가 어려울 수도 있다! 각 상황에서 중요한 것은 상황과 필요한 결과에 대해 더 큰 개념과 세부사항 간의 관계를 파악하는 것이다.

◉ 기본 설정을 아는 것의 이점

자신의 '기본 설정'을 인식하는 것은 자연스러운 선호도로 작업하는 동시에 반대되는 기본 설정을 체크하고, 서로 균형을 맞출 수 있다는 것을 의미하기 때문에 더욱 긍정적인 효과를 얻기 위한 첫 번째 단계다. 다음은 직장과 가정생활의 몇 가지 예시다:

1. 다른 사람과 관련된 목표가 있는 경우 세부사항부터 큰 청크의 결과까지 작업할 수 있다. 또는 전체 목표에서 이를 실현하는 세부사항까지 작업할 수 있다. 예를 들어, 부서 시스템을 다시 구성하라는 요청을 받았다고 가정해 보자.

작은 청크 정보 처리자	큰 청크 정보 처리자
당신은 아마 새로운 시스템의 세부적인 작업을 즐길 것이다.	당신은 전체적으로 효율성을 높이는 데 도움이 된다는 생각에 편안함을 느낄 수 있다.
명심하기 프로젝트의 목적은 주문의 역추적 속도를 높이거나 수익성·손실에 대한 보다 명확하고 빠른 액세스를 제공하는 것과 같은 더 큰 문제와 관련이 있다.	**명심하기** 이는 기존 시스템의 원칙뿐만 아니라 세부사항을 올바르게 변경해야만 달성할 수 있다.

2. 당신은 가족 휴가를 계획 중이며, 이전에 방문한 적이 없는 나라에서 시간을 최대한 활용하고 싶을 수 있다. 당신은 포함하고자 하는 구체적인 경험에서 벗어나거나 '이상적인 휴일'에 대한 전반적인 비전을 통해 내적으로 작업함으로써 좋은 결과를 얻을 수 있다.

작은 청크 정보 처리자	큰 청크 정보 처리자
일정에 포함하고 싶은 활동과 여행이 많이 있을 수 있다.	'장소의 역사 즐기기' 또는 '다른 관습 체험'과 같은 결과를 기대할 것이다.
명심하기 하루 동안의 활동이 어떻게 누적이 될지를 살펴봐야 한다: 가족이 피곤해하거나 지루해할까? 그들은 아무 계획도 없는 날을 원할까?	**명심하기** 이러한 문제는 우연히 발생할 수 있지만 가능성을 높이기 위해 더 자세한 사전 계획을 수행할 수도 있다. 가족 구성원 각각이 무엇을 좋아하는지 미리 확인하고 무엇이 가능한지에 대한 자세한 조사에 시간을 할애한다(예약할 수 있는 여행, 집을 떠나기 전에 구매할 수 있는 패스 및 티켓 포함). 이와 같은 구체적인 전략은 당신의 희망이 실제로 현실이 되도록 보장할 수 있다.

두뇌 계발 및 재설계 활동(1)

| 활동1 | 줌 인 & 줌 아웃

큰 청크 처리와 작은 청크 처리 사이에서 유연성을 높이고 확대 및 축소를 쉽게 하는 것을 목표로 한다. 확대 및 축소를 조정하는 기능은 상황을 이해하고, 상황에 맞게 설정하고, 새로운 정보를 이미 알고 있는 것에 동화시키고, 실제로 실현될 수 있는 목표를 계획, 전략화 및 공식화하는 데 매우 귀중한 도구다. 큰 청크와 작은 청크는 서로를 보완한다.

저녁 식사를 하면서 가족에게 오늘 있었던 일화를 말하거나 직장에서 제안서나 계획을 개략적으로 설명하고 싶다고 상상해보자. 다음은 이를 효과적으로 수행하는 데 도움이 되는 단계다.

1 이야기의 요점에 대해 질문하기(전체)

당신은 당신의 주제 및 계획과 관련된 아이디어를 통해 달성하고자 하는 것의 핵심을 찾고 있다. 예를 들어 Milton의 장편 서사시 '실낙원(Paradise Lost)'은 첫마디로 그 시의 주제가 무엇인지 우리에게 말해준다.

인간의 첫 번째 불복종과 그 열매는
그 금지된 나무에서...

이는 아담과 이브가 에덴동산에서 사과를 먹은 결과에 관한 것이다. 당신의 이야기는 무엇에 관한 것인가?

2 세부사항에 대해 질문하기(세부)

만약 당신이 당신의 근본적인 주제나 요점을 즉시 파악하기가 어렵다면, 그것은 당신이 자연스럽게 작은 청크로 생각하기 때문일 것이다. 그렇다면, 몇 가지 세부사항을 가지고 다음과 같이 자신에게 물어보라.

- 세부사항들의 공통점이 무엇인가?
- 세부사항들은 무엇에 관한 것인가?

③ 대표 단어 및 구절 찾기

당신은 당신의 특별한 예시를 수용하는 더 큰 개념을 강조하는 하나의 단어나 짧은 구절을 찾는 것이 도움이 된다.

④ 듣는 사람의 입장되기

일단 의사소통을 하고 싶은 것에 대해 자신의 마음이 분명해지면, 당신의 이야기를 듣는 사람의 입장이 되어 보라. 당신은 그들에게 이정표나 라벨을 줄 것이다. 그들에게 당신의 이야기나 계획의 핵심 아이디어를 알려주었으면, 그들의 상상력을 사로잡거나 핵심 아이디어가 실제로 어떻게 작동하는지 보여줄 수 있는 세부사항 혹은 예시를 제공할 수 있는가? 그들이 생각하는 방식에 대해 이미 알고 있는 것을 사용하여 올바른 대화를 할 수 있도록 한다.

청크 크기와 관련하여 가족 구성원들의 기본 위치가 당신과 같다는 점을 안다면, 당신은 집에서 가장 자연스러운 방식으로 가장 효과적으로 대화할 수 있다. 만약, 기본 설정이 당신과 다르다는 것을 안다면, 보다 개괄적인 아이디어로 '주제'를 표현하거나 그들과 세부사항을 공유할 수 있다.

활동 2 **과제를 처리하는 충분한 시기가 언제인가?**

청크 정보 처리자들은 모두 과제를 처리하는 충분한 시기가 언제인지 아는 데 문제가 있을 수 있다. 큰 청크 정보 처리자는 작업에서 뭔가 빠진 것 같은 느낌이 들 수도 있고, 일을 처리하는 데 있어 대충 했다고 생각할 수도 있다. 또한, 과거의 경험을 통해 때때로 자신이 멍청하다고 생각할 수 있다. 작은 청크 정보 처리자는 프로젝트를 진행하는 데 시간이 너무 오래 걸리거나 불필요한 양의 세부사항에서 길을 잃었다는 비판을 받았을 수 있다.

① 스스로 물어봄으로써 상대방 이해하기

당신이 같이 일하고 싶은 사람 또는 의사소통을 하고 싶은 사람으로부터 가장 먼저 알아내야 할 것은 다음과 같다.

- 그들이 해야 할 적절한 임무는 무엇인가?
- 그들은 논의를 위해 당신이 몇 가지 아이디어를 제시하기를 원하는가?
- 그들은 그들의 생각을 떠올리기 위해 당신으로부터 '당장 머리에 떠오르는' 몇 가지 의견을 원하는가?
- 그들은 당신이 조심스럽고 정확한 세부사항을 처리하기를 원하는가?

② 상대방에게 미리 물어보기

다시 말하면, 언제가 충분한지를 알기 위해서는 '충분함(enough)'의 의미가 무엇인지, 그리고 당신의 듣는 사람 또는 고객이 적절하다고 느낄 수 있는 것에 대한 당신의 추정치를 모두 따져봐야 한다. 이를 바로잡는 아주 간단한 방법은 미리 그들에게 물어보는 것이다. 추측하는 것은 거의 이점이 없다. '성공을 위한 레시피'를 그들로부터 미리 받으면 만족스러운 결과를 더 많이 얻을 수 있을 뿐만 아니라 다양한 허용 오차를 적용하여 자신의 유연성을 발휘 및 개발할 수 있다.

뼈와 살(Skeleton and flesh)

이 활동은 프레젠테이션을 분석하여 이점을 이끌어내는 데 도움이 될 수 있다. 또한, 당신이 무언가를 쓰거나 발표할 때 그것을 조리 있고 경제적으로 결합할 수 있도록 보장할 수 있다.

① 요점 파악하기

먼저 다른 사람의 주장을 분석해야 한다. 이를 위해서는 메모지와 펜이 필요하다. 필요한 만큼 시간이 걸릴 수 있으므로 서면 자료를 분석하는 것이 더 쉬울 수 있다. 들을 때, 당신은 말하는 사람을 따라가야 하는 필요성에 더 많은 부담을 느끼기 쉽기 때문이다. 읽으면서 스스로에게 '요점은 무엇인가?'라고 계속해서 질문한다. 요점에 해당하는 문구나 간단한 문장을 찾을 때마다 종이로 작업하는 경우 밑줄을 긋고, 듣고 있는 경우 적는다. 세부 사항은 넘어가고 우선 중요한 요점을 확인한다. 당신은 '뼈(skeleton)'라는 전체적인 틀을 찾는 것이다. 이와 같이 가치 있는 것으로 보이는 목록들을 작성한다.

_____

_____

_____

_____

② 요점 목록 분석하기

작성을 다 하였으면 적어 놓은 요점을 살펴본다. 그것들은 모두 같은 가치를 지니고 있는가? 아니면 그들 중 일부는 다른 것들에 대한 의견이나 예시인가? 일부 항목이 이와 같은 경우 해당 사항을 표시하기 위해 보조 요점을 나타내는 목록을 들여쓰기로 다시 작성한다. 이제 목록이 다음과 같이 보일 수 있다.

_____

_____

_____

_____

③ 전반적인 개요 작성하기

제목을 상단에 결론은 하단에 작성한다. 읽은 내용에 대한 개요와 관련된 계획은 다음과 같다.

제목(Title) _____

요점 1(Point 1) _____

　　보조 요점(Sub-point) _____

요점 2(Point 2) _____

　　보조 요점(Sub-point) _____

결론(Conclusion) _____

④ 세부사항 작성하기

이제 전체적인 틀이 생겼다. 이것은 당신이 뼈대와 유추, 예시, 사실, 그리고 그것과 관련된 일반적인 내용에 관한 '살(flesh)' 사이의 관계를 볼 수 있도록 도와줄 것이다. 예시나 묘사가 적합한가? 그것들은 요점을 설명 및 증명하는 데 도움이 되는가?

활동을 통해, 당신은 이것을 매우 빠르게 할 수 있고, 구두 프레젠테이션을 분석하기 위해 같은 전략을 사용할 수 있다고 자신할 수 있다. 자신의 서면 또는 구두 프레젠테이션을 계획할 때 동일한 방법을 사용할 수 있다. 그것은 당신이 작은 청크 처리자든 큰 청크 처리자든 상관없이 당신을 도울 것이다.

사례　Fiona Davenport(헬스 서비스 관리자)

나는 자연스럽게 세부적인 것을 중시하는 사람이었다. 이로 인해 때때로 글을 쓸 때 너무 많은 양을 작성하여 작성하는 데 많은 시간을 소비한다는 평가를 받았다. 이를 극복하기 위해 나는 중요 항목에 대한 보고서를 작성하기 위해 청크의 크기를 바꾸는 아이디어를 사용했으며, 각각에 대해 몇 개의 주요 문장을 작성했다. 나의 매니저는 이것이 그녀에게 충분히 필요한 정보의 양을 주었다고 말했다. 이렇게 글을 쓰는 것이 훨씬 시간이 적게 걸리기 때문에 내가 해야 할 다른 작업을 할 수 있게 되었다. 일하는 방식을 바꾸는 것이 전혀 쉬운 일이 아니었지만, 그렇게 하게 되어 매우 기뻤다.

과거에는 모든 보고서가 가능한 한 철저하게 이루어져야 한다고 믿었다. 이제 나는 더 적은 세부사항이 때로는 더 나은 작업을 만들 수 있다는 것을 배웠다. 나는 실제로 필요한 항목에 따라 포함할 세부사항의 양을 선택할 수 있다. 나는 보고서 작성뿐만 아니라 여러 가지 면에서 동일하게 더 나은 일을 할 수 있다는 것을 알기 때문에 예전보다 더 많은 자신감이 생겼다.

Chapter 04

문제 해결은 어떻게 할 것인가?

과제 또는 문제는 두 가지 대조적인 방법으로 처리될 수 있다: 절차적으로(procedurally) 또는 창의적으로(inventively). 당신은 확립되고 질서 있는 절차를 사용하거나, 창의적인 새로운 접근 방식이나 맞춤화된 접근 방식을 모색할 수 있다. 10대에 처음으로 요리를 배웠을 때, 요리책에 의존했고 좋은 결과를 얻을 수 있어서 기뻤다. 절차적인 접근을 하는 것은 대부분의 일이 잘못되지 않도록 보장해 준다. 요리를 할 때 원하는 대로 만들어지지 않았던 이유를 설명해주는 요리책을 한 권 갖고 있기도 했다. 그것은 다음과 같은 제목들로 구성되어 있어 매우 유용하였다.

만약 케이크가 부풀어 오르지 않는다면 ..... 때문이다.
만약 케이크가 부풀어 올랐다가 다시 내려 앉았다면 ..... 때문이다.
만약 케이크에 구멍이 생겼다면 .... 때문이다.

경험을 통해 이미 알고 있던 것 이상으로 더 잘할 수 있었기 때문에 수년에 걸쳐 나의 요리 방식이 바뀌었다. 처음에는 요리책을 보고 요리를 하였지만, 시간이 지남에 따라 대부분의 기본적인 절차를 머릿속에 내재화했기 때문에 상상력을 더 많이 사용할 수 있었다. 나는 요리를 하는 데 점차 덜 절차적으로 접근하였고, 더 창의적으로 접근하였다.

① 절차적 vs 창의적

나의 요리책에는 나중에 중요하고 유용한 NLP의 이치가 된 것이 담겨 있다. 성공을 위한 것만큼 실패에 대한 '레시피(recipe)'도 있다. 일부 실패 레시피는 매우 보편적이다. 예를 들어, 상대방의 관점을 무시하면 당신이 하는 행동이나 말에 대한 상대방의 반응을 예측할 수 없고, 당신이 예상했던 것보다 더 많은 문제에 부딪칠 수 있다. 마찬가지로, 우리 각자에게는 개별적인 실패 레시피가 있다. 우리가 습관적으로 따르는 단계와 순서는 매번 우리를 문제에 빠뜨릴 수 있다.

② 각 접근 방식의 이점

절차는 예측 가능한 결과를 달성하고 품질을 유지하는 데 도움이 되지만, 정의에 따라 이전에 수행한 작업을 반복한다. 만약 우리가 확립된 절차에 의존한다면, 이를 뒷받침하는 생각으로 인해 제한을 받는다. 창의적인 접근 방식은 흥미진진한 새로운 발견을 촉진할 수 있다. 효과가 있는 창의성은 일반적으로 잘 확립되어 있고 잘 준비되어 있다. 본 메타 프로그램은 문제와 작업에 접근하는 방법을 관리하며, 이를 유연하게 사용하면 문제를 효과적으로 해결할 가능성이 두 배가 된다.

⭕ 절차적 접근 방식

스펙트럼의 한쪽 끝에는 절차(특히 순서, 연속성 및 포괄성)를 선호하는 사람들이 있다. 이것은 옳거나 최선의 방법이 있다는 근본적인 믿음에 달려 있다. 또한, 옳거나 최선의 방법이 이미 확립되어 있고, 매번 만족스러운 결과를 얻기 위해서는 확신을 가지고 따라야 한다는 또 다른 신념과 연결될 수 있다. 비록 누군가가 스스로 정립한 패턴을 따르고 있다고 하더라도, 그들은 그것에 더 편안함을 느낄 가능성이 있다. 예를 들어, 특정 지역을 자주 운전하는 경우 거의 아무 생각 없이 같은 경로를 택할 가능성이 높다. 습관은 절차적이다.

⭕ 창의적 접근 방식

스펙트럼의 다른 쪽 끝에는 각 과제나 문제를 고유한 개별의 것으로 취급하기를 선호하는 사람들이 있다. 자신에게 닥친 것 자체가 새로운 것이 아니더라도, 그 일을 처리하는 데 적합한 방법을 처음부터 발명하는 데서 가장 큰 기쁨을 얻게 된다. 창의적인 운전자는 매일 다른 경로를 택하여 정기적인 출퇴근길을 변경할 수 있다.

③ 두 가지 접근 방식에 대한 이해

본 메타 프로그램은 깊은 수준에서 위험과 안정에 대한 감정을 다루기 때문에 삶의 기회, 선택 및 위기에 접근하는 방식을 형성하는 데 도움이 된다. 하지만 개인이 모든 것에 항상 동일한 접근 방식을 취하는 것은 아니다. 이 깊은 수준에서 그들과 관련된 일에 따라, 같은 사람이라도 그들의 삶의 어떤 분야에서 때때로 절차적으로 접근할 수 있고, 다른 분야에서는 창의적으로 접근할 수도 있다.

두 방식 모두 선택적이라는 것은 비교적 분명하다. 각각의 관점은 대상을 다르게 다룰 뿐만 아니라 중요한 가치와 판단의 집단에 의존한다. 절차적 접근 방식은 절차가 신뢰할 수 있고 경험에 의해 입증되었기 때문에 따라야 할 가치가 있다고 여긴다. 반면, 창의적 접근 방식은 기존의 방식보다 새롭고 다른 방식이 더 나을 가능성이 있고, 문제에 개별적으로 맞춤화된 방법이 더 적합한 해결책을 가져올 것이라는 암시적 믿음을 기반으로 한다.

절차적 관점에서 볼 때 창의적인 접근 방식은 위험하거나 변칙적으로 보일 수 있다. 창의적 관점에서, 확립된 방법들은 깔끔함을 위해 물건들을 정돈하는 것처럼 보일 수 있고, 문제를 기존의 공식으로 속박하는 위험을 초래하는 것처럼 보일 수 있다. 두 접근 방식 모두 실제 세계가 변덕스럽다는 믿음을 공유할 수 있지만, 하나는 질서를 통해 혼란에서 벗어날 수 있다고 가정하는 반면, 다른 하나는 세계에 맞춤형 기반으로 접근할 때 문제를 가장 잘 처리될 수 있다고 가정한다.

◎ 수렴적 사고 vs 확산적 사고

- 절차적 사고자(procedural thinker) / 수렴적 사고(convergent thinking): 일반적으로 정보를 한데 모아 단일 해결책으로 구체화한다.
- 창의적 사고자(inventive thinker) / 확산적 사고(divergent thinking): 이미 확립된 것에서 밖을 바라보고 사고의 기반을 넓히려고 한다.

4 절차적 접근 방식(Procedural)

당신은 매뉴얼을 통해 문제를 처리하는 것이 더 편하다. 당신은 본질적으로 제품을 만들고, 복잡하고 까다롭거나 위험한 상황을 관리하고, 사람들이 안전하다고 생각해야 할 모든 것이 고려되었는지 확인하기 위해 시간이 지남에 따라 진화한 단계와 순서를 존중한다.

법조계만큼 규모가 크거나 지역 학교만큼 작은 조직 및 기관 모두 자신이 하는 일을 관리하기 위한 다소 공식화된 절차를 가지고 있다. 교육 시스템은 학습자가 어떤 표준에 도달했는지 학생, 부모 및 학교 관계자 등에게 알려주는 다양한 수준의 공식적인 시험과 표시를 통해 학습이 질서 있고 순차적인 방식으로 조직되도록 하기 위한 프로세스를 개발해왔다. 학교, 대학 및 산업계의 과학 커뮤니티에는 안전한 작업을 보장하고 증거와 가치를 입증, 확인 및 일관성 있게 만드는 프로토콜(protocol)이 있다. 항공기를 비행하고 수술을 진행하는 것은 신중한 점검과 일상적인 수행에 달려 있다.

절차적인 사람과 조직은 대략적인 또는 절대적인 의미에서 새로운 것을 반대하지는 않는다. 그들은 절차적인 세계에는 새로운 발전을 위한 때가 있다는 것을 인식하고 있다. 그것들은 이미 존재하는 제품과 관행에 대한 진보나 개선으로 발전될 가능성이 있다. 문제가 주어지면 절차적인 사람 또는 조직은 기존 관행을 강화하거나 개선하여 해결책을 모색한다.

⭕ 장점

절차적인 사람들은 모든 작업이 적시에 올바른 순서로 올바르게 이루어지길 원하기 때문에 복잡한 작업을 수행하는 데 능숙하다. 그들은 일반적으로 책임감 있고 신뢰할 수 있지만 더 창의적인 접근 방식을 가진 사람들보다 느리게 일할 수 있다. 업무를 진행하는 팀에서 그들은 필수적인 수행자이자 완성자다. 그들은 진행하는 동안 과정을 점검하여 오류를 피하도록 돕는다. 그들은 도서관과 기록 보관소를 관리하고, 품질과 진행 상황을 확인하며, 표준의 일관성을 유지한다. 또한, 그들은 가족 및 친목 그룹을 포함한 모든 조직의 신뢰성과 효율성을 위해 필수적이다.

⭕ 단점

절차적 접근 방식은 이전에 발생하지 않은 일을 잘 다루지 않는다. 그리고 긴급하거나 갑작스러운 상황에서 관련 매뉴얼을 매번 확인하는 것이 쉽지가 않다. 의학, 재무 및 법률과 같이 효과와 안전을 위한 절차에 의존하는 직업은 길고 정교한 훈련 기간(더 많은 절차)을 갖는 경향이 있으므로 학생은 풍부한 주요 정보를 배우고 기억해야 하는 어려움이 있다.

내가 최면술사로 일할 때, 내담자 중 한 명이 일상적인 치안에 필요한 법을 배우는 데 어려움을 겪는 경찰이었다. 경찰 업무에서는 용의자에게 경고하고 그들의 권리를 알릴 때와 같이 특정 상황에서 매우 특정한 형태의 언어를 사용해야 한다. 나의 내담자는 암기하는 것이 경찰 활동의 한 측면이기 때문에 나에게 도움을 요청했다. 절차에 의존하는 직업들도 무작정 절차를 따르기보다는 특정한 상황에서 잘못될 수도 있는 일을 예상하고, 훈련과 리허설을 통해 직원들을 훈련시키는 데 신경을 써야 한다.

절차적이라는 것은 종종 사물을 가까이서 보는 것과 연결된다. 복잡한 절차는 순서가 지정된 단계와 순서로 구성되기 때문에 실제로 그렇게 해야 한다. 따라서 절차적인 사람들은 덜 절차적인 동료, 친구 및 가족 구성원이 때때로 그들에게 참을성이 없거나 심지어 분노할 수 있음을 알 수 있다. 또한, 그들은 세세한 것에 대해 그만큼 조심하지 않거나 규칙과 규정에 대해 좀 더 가벼운 태도를 가진 사람들로 인해 짜증을 낼 수 있다. 그들은 명시적이든 암시적이든 '규칙'을 너무 잘 알고 있을 수 있기 때문에 그렇지 않을 때에도 책임을 느낄 수 있다.

낯선 사람의 자녀가 버릇없이 행동하거나 다른 성인이 규칙을 어기는 것처럼 보이는 공개적인 상황은 그들을 화나게 할 수 있다. 예를 들어, 누군가가 새치기를 하거나 주차비를 내지 않고 공영주차장을 나가는 모습을 보면 개인적으로 개입해야 한다고 느낄 수 있다. 또한, 절차적인 사람은 잔머리를 굴리거나 완벽하지 않은 작업을 수행하기가 쉽지 않다. 그리고 그들은 일을 처리하는 속도를 바꾸는 것은 그들이 건너뛰거나 중요한 것을 빠뜨리는 것을 의미할 수 있기 때문에 서두르기 어렵다. 본질적으로 그들은 중요한 일만큼 사소한 일에도 많은 노력을 기울일 것이다. 왜냐하면 그들이 우려하는 한 모든 것이 적절하게 이루어져야 하기 때문이다.

절차적인 사람들을 코칭할 때, 나는 때때로 그들이 절차를 건너뛰거나 조금 서두른다면 어떤 일이 모든 절차를 따랐을 때보다 더 완벽하게 이루어질 수 있다는 것을 지적함으로써 그들을 설득하기 위해 노력해야 했다. 안전에 관련된 일이나 장기간 안정적으로 작업해야 하는 일에 전념할 필요가 있기 때문에 단기간 또는 장기간 지속되도록 설계되지 않은 일에 동일한 에너지와 주의를 쏟는 것은 옳지 않다.

⑤ 창의적 접근 방식(Inventive) ────────────

창의적인 사람들은 자신만의 방식을 찾는 것을 선호한다. 문제가 주어지면, 그들은 일반적으로 이전에 시도된 접근 방식을 무시하거나 우회하고 문제를 해결하는 새롭고 다른 방법을 찾는다. 절차적인 사람들이 이미 존재하는 것을 개선하고자 하는 곳에서, 창의적인 사람들은 존재하지 않는 것을 찾고 있다. 문제에 초점을 맞추면, 창의적인 사람은 완전히 새로운 것이 해결책으로 나올 때까지 '브레인스토밍'을 한다.

창의적인 사고의 필요성

"사람들은 효과가 있는 무언가를 만든다. 상황이 바뀌면, 그들은 그것이 계속 효과가 있도록 만지작거려야만 한다. 그들은 너무 바빠서 새로운 상황을 다루기 위해 완전히 새로운 시스템을 구축하는 것이 훨씬 더 나은 생각이라는 것을 알 수 없다."

TERRY PRATCHETT, Monstrous Regiment, p. 80

◯ 장점

창의적인 사람들은 디자이너, 예술가 또는 문제 해결자가 될 수 있다. 기존의 사고방식에 얽매지 않고 새로운 통찰력과 접근 방식을 제공할 수 있기 때문에 그들의 창의적인 접근 방식으로 그들은 많은 분야에서 훌륭한 컨설턴트(consultant)가 될 수 있다. 그들은 분명히 풀 수 없는 문제에 창조적으로 대응할 수 있다. 그들은 위험을 감수하는 것을 두려워하지 않으며, 다른 사람들이 어렵거나 불가능하다고 생각한 도전을 적극적으로 즐길 수 있다. 만약 당신이 새로운 접근 방식을 찾거나 막힌 상황을 헤쳐 나갈 방법을 찾고 있다면, 창의력이 있는 사람이 필요한 것일 수도 있다.

문제를 해결하는 데 있어서 창의적인 사람들은 알려진 사실이나 세부사항을 종합할 수 있으며, 이는 이전에는 생각하지 못했던 방식이 될 것이다. 호버크래프트(hovercraft)를 발명한 Christopher Cockerell은 압력을 받는 공기가 쿠션(cushion)을 만들어 내고 밀폐된 공간에서 상당한 무게를 들 수 있다는 것을 알고 있었다. 그의 새로운 아이디어는 만약 이 에어쿠션이 유연한 고무 스커트로 둘러싸여 있다면, 그것은 안정적인 땅뿐만 아니라 물결이 치는 물 위로 움직이는 차량을 지탱할 수 있다는 것이었다.

◯ 단점

문제를 해결하는 방법, 문제와 씨름하는 것은 창의적인 사람들에게 재미의 일부분이다. 실제로 이것은 해결책을 실행하는 것보다 더 즐겁다! 이것은 창의적인 사람이 새로운 프로젝트나 기존 문제를 해결하는 새로운 방법을 고안하는 데는 뛰어나지만, 후속 단계(고안한 방법을 실행하는 단계)에는 훨씬 덜 매력을 느낀다는 것을 의미할 수 있다. 이를 위해서는 절차적인 사람이 필요하다. 만약 당신이 창의적이라면, 당신이 꿈꾸던 것에 너무 흥분해서 그 어려움과 위험을 모두 과소평가할 수 있다.

극도로 창의적인 사람은 항상 다음 단계로 넘어가기를 원할 것이며, 이는 그들이 이미 한 일에 흥미를 잃기 쉽다는 것을 의미한다. 그들의 관심은 일어날지도 모르는 일, 일어날 수도 있는 일, 그리고 일어나기 시작하는 일에 대한 그들의 매혹에 의해 이끌린다. 이는 그들이 되돌아보고 성찰해야 하는 상황에서 단점이 될 수 있다. 또한, 이는 달갑지 않은 노력처럼 쉽게 느껴질 수 있다.

⑥ 당신의 기본 설정은 무엇인가?

당신이 절차적인지 창의적인지를 말해주는 지표는 어떤 것이 있는가? 다음은 몇 가지를 통해 알 수 있다.

절차적	창의적
• 신뢰할 수 있다. • 깔끔하고 잘 정돈되어 있다. • 체계적이다. • 의사결정 전에 정보를 탐색한다. • 미리 예행연습을 한다. • 계획을 세운다. • 권위와 전문성을 존중한다. • 습관에 편안함을 느낀다(복장, 취향, 음식 및 음료, 휴가 장소 등). • 친구 및 장소에 충실하다. • 같은 경력을 유지할 수 있다. • 일관된 가치를 지닌다. • 생소하거나 새로운 것에 대해 걱정할 수 있다. • 도전을 피하는 것을 선호한다.	• 새로운 일, 장소, 사람을 좋아한다. • 실험을 즐긴다. • 어떤 일을 끝내지 않고 다른 일을 시작하는 경향이 있다. • 도전이나 방향 전환에 대해 걱정하지 않는다. • 일상적이거나 새로운 것을 시도도 하지 않으려는 사람에 대해 짜증을 낸다. • 과거라는 이유만으로 과거에 매달리지 않는다. • 탐험을 좋아한다(장소, 활동, 우정, 요리, 새로운 프로젝트). • 자신의 스타일에 자부심을 가질 수 있다(아마도 특이할 수도 있음). • 여러 경력을 가질 수 있다(경력은 순차적으로 성장하지 않고 유기적으로 성장). • 자극을 추구한다. • 일상적인 것을 지루하게 느낀다.

7 두 가지 관점의 상호 연관성 ──────────

절차적인 사람은 창의적인 사람이 체계적이지 못하고, 혼란스럽다고 생각하기보다는 더 이상 자신의 사고가 사소하거나 융통성 없는 것이 아님을 인식하는 것이 중요하다. 둘 다 그들의 관점에서 자연스럽고 가장 적절하다고 느끼는 방식으로 접근하고 있다. 다른 메타 프로그램과 마찬가지로, 두 가지 접근 방식은 종종 상호보완적이다.

⦿ 절차적 접근 방식 선택

절차적 접근은 당신이 이미 효과가 있는 것을 모사하고 싶을 때, 혹은 왜 효과가 없는지를 이해하고 싶을 때 가장 유용하다. 반복성은 절차에 내장되어 있으므로 변수가 변경되지 않은 상황에서 신뢰할 수 있다.

⦿ 창의적 접근 방식 선택

익숙한 상황에서 무언가가 변경되었거나 선례가 없는 새로운 상황에 대처하는 경우 창의적인 접근 방식이 최선의 방법이다. 이런 상황에서 당신의 좌우명은 다음과 같다: 다른 것을 해보기(do something different).

절차의 이점을 얻기 위해 '모델링(Modeling)' 활용하기

절차는 NLP의 몇 가지 근본적인 발견의 핵심이다. 어떤 분야의 우수한 실무자가 자신이 하는 일 (생각 및 행동하는 방식)을 수행하는 방법을 돌아보기 시작하면 그들이 사용하는 절차를 찾고 있 는 것이다. NLP는 이것을 '모델링'이라고 부른다. 첫째, 어떤 일이 어떻게 잘 수행되는지 모델링 하면 스스로 더 잘 할 수 있는 필수 정보를 얻을 수 있다. 둘째, 어떤 일이 어떻게 잘못되었는지 모델링하는 것은 피해야 할 함정을 보여준다. 그리고 물론, 당신은 성공과 실패를 만드는 자신만 의 방법을 모델링할 수 있다. 모델링은 13장에서 자세히 설명한다.

⦿ 융통성의 중요성

당신은 절차적인 사람이 아니어도 절차적인 것으로부터 이점을 얻을 수 있고, 당신의 생활방식을 만들지 않고도 창의성으로부터 이점을 얻을 수 있다. 나의 친구 중 한 명은 패턴 없이 바느질을 잘한다. 그녀는 몸에 제대로 맞지 않는 원피스를 샀을 때, 원단을 분해해 자신에게 꼭 맞는 조끼를 만들 수 있다.

정의에 따라 어떤 것이 발명되면 절차의 기초가 될 수 있다. 독창적이거나 개성 있는 아이템의 디자이너는 종종 자신의 디자인을 그림이나 독특한 아이템으로 판매한다. 고객이 아이디어를 구매하면 아이디어를 만드는 절차를 고안해야 한다. 일회성은 제작에 많은 시간이 걸릴 수 있지만, 사본을 만들려면 누군가는 경제적이고 반복 가능한 소규모 또는 대규모 제조 방법을 강구해야 할 것이다.

최근의 한 가지 예는 자녀의 샌들을 장식하는 방법을 찾은 한 어머니의 경우다. 자녀들은 샌들을 좋아했고, 어머니는 그들의 것을 장식하고 싶어 했다. 그녀는 좋은 사업 아이디어를 우연히 발견했고 장식 방법을 대량으로 제조하기 시작했다. 곧 그녀는 성공적인 회사를 운영하게 되었다. 그녀의 제품은 독창적인 것을 기반으로 했지만, 이제는 널리 보급되었다.

굽은 다리를 교정하는 비외과적 방법을 발명한 외과 의사 Ignacio Ponseti는 기존 치료법을 따르지 않고 비침습적이고 성공적인 치료법을 개발했다. 그는 아버지의 시계 제작 워크숍에서 어린 시절 배운 절차적 정밀도를 자궁 내 뼈 발달에 창의적으로 응용하여 조작의 과정에 도달한 후 일련의 조정을 통해 발을 점진적으로 교정했다. 그가 도달한 해결책은 문제를 해결하기 위한 절차의 신뢰성 및 정확성과 문제를 새로운 방식으로 보는 창의성을 결합한 결과였다.

이 책의 메시지 중 하나는 우리 모두 자신에 대해 어느 정도 창의적으로 사고해야 한다는 것이다. 왜냐하면 만약 우리가 안전지대 가장자리에서 실험하지 않고 확장하지 않는다면 우리는 우리의 습관적인 가정과 습관적인 행동의 단점들에 갇히게 될 것이기 때문이다.

여기 각 접근방식별 생각을 더 유연하게 하는 데 도움을 주기 위한 몇 가지 질문이 있다.

절차적인 사람	창의적인 사람
자연스러운 수렴적 사고 자문하기: "또 다른 해결책은 어떤 것이 있을까?"	여러 해결책을 찾는 사람 자문하기: "최선을 결정하는 데 어떤 기준이 도움이 될까?"
대단한 책임감 자문하기: "이 일이 정말 나의 책임일까?"	과제 중심 자문하기: "다른 사람들은 이 과제에 신경을 쓸까?"
완벽주의자 자문하기: "이것이 정말로 얼마나 완벽해야 할까?"	실험적 자문하기: "중요한 것은 빠뜨린 것이 있을까?"
신중하고 세부적이며 순차적 자문하기: "이 정도의 세부사항이 정말로 필요할까?"	스스로 발명하는 과정을 즐기는 사람 자문하기: "여기서 실제로 달성하고 완료해야 하는 것은 무엇일까?"

두뇌 계발 및 재설계 활동(2)

활동1 ▶ 무엇을 추가할 수 있는가?

이 활동은 당신이 친숙하고 편안한 방식으로 계속 생각하는 동안 일을 처리하는 반대의 방식을 활용하도록 유도한다. 이는 당신이 반대의 처리 방식의 이점에 접근할 수 있도록 하면서 당신의 자연적인 메타 프로그램 위치를 존중한다.

① 당신이 절차적인 사람이라면?

자신에게 따라야 할 다른 절차를 제공함으로써 창의성의 이점을 얻을 수 있다. 당신은 당신의 자연스러운 절차에 다른 절차를 추가하기만 하면 된다. 이러한 절차만이 독창적인 절차다! 이는 간단하다. 작업을 수행하는 데 도움이 되는 확립된 절차를 사용할 때마다 '다른 방법이 있을까?'라고 자문해보라. 문제를 해결했다고 생각할 때마다 '다른 해결책이 있을 수 있을까?'라고 자문해보라. 당신은 자신에게 실제로 창의성의 이점을 제공할 수 있는 새롭고 검증된 절차를 제공하고 있다.

② 당신이 창의적인 사람이라면?

무언가를 하려고 할 때마다, '내가 모든 것을 고려했을까?'라고 자문해보라. '모든 것'은 위험, 안전 점검, 그리고 연쇄반응 등과 같이 당신이 자연스럽게 생각하지 않는 것들을 포함하면서, 당신의 광범위한 사고방식과 연결되기 때문에, 창의적인 사람들이 사용하기 좋은 단어다. 문제를 해결하거나 작업을 완료한 후 다른 질문을 할 수 있다. '이 문제가 다시 발생할 가능성이 있을까? 그렇다면 이것이 미래에 내 창의력을 발휘할 가치가 있는 작업일까? 그렇지 않다면 더 가치 있는 일을 위한 창의적인 에너지를 절약하기 위해 작업을 어떻게 해결했는지 절차에 따라 적어 둘 준비가 되어 있는가?'

다르게 해결하기

NLP 트레이닝을 받을 때, 우리는 더 잘하고 싶은 것을 생각하라는 요청을 받았다. 그런 다음 우리는 그것을 쉽게 처리하고 있는 사람과 짝을 지어 그들이 어떻게 처리했는지 알아내야 했다. 나는 나의 재정을 더 잘 관리하는 방법을 배우고 싶었다. 나는 나의 짝으로부터 그녀가 매일의 기록과 주간-월간 예산 정리 및 점검을 통해 자신의 재정을 관리하고 있음을 알게 되었다. 그런 다음 나는 왜 그것이 어려운지 알게 되었다. 하지만 이 활동에서 배운 것은 어려운 일을 더 잘하고 싶다면 접근 방식을 수정해야 한다는 것이다. 이것이 바로 이 활동의 핵심이다.

① 같은 문제에 대한 다른 접근 방식 이해하기

당신은 당신이 현재 처리하고 있는 문제에 대해 당신과 다른 방식으로 접근할 수 있는 누군가를 알고 있는가? 만약 그렇다면, 그들이 어떻게 할 것인지에 대해 생각하면 추가적인, 그리고 다른 전략을 사용할 수 있다. 그들의 사고방식을 통해 배울 수 있는 많은 것들이 있다.

② 일상의 작업 선택하기

일상적으로 할 수 있는 작업을 생각한다. 그것은 본질적으로 절차적이거나 창의적인 것일 수 있다. 예로는 감사 편지 쓰기, 크리스마스카드 보내기, 휴일에 갈 재미있는 장소 생각하기, 파티에서 대화를 시작하고, 직장이나 집에서 물건들을 정돈하고, 방을 다시 꾸미는 등이 있을 수 있다.

③ 작업에 해결책 기록하기

이 작업을 쉽게 해결할 수 있는 방식은 무엇일까? 만약 잘할 거라고 생각한다면 당신은 어떻게 할 것인가? 메모를 적어두거나 기억하는 데 도움이 되는 시나리오를 만들어보라.

④ 다른 해결책 상상하기

당신의 파트너가 같은 작업을 어떻게 해결할지 상상한다. 차이점은 무엇인가?

5 파트너 인터뷰하기

만약 당신이 이 사람과 대화를 할 수 있다면, 그들이 어떻게 해결할 것인지에 대해 인터뷰한다.

6 서로 다른 접근 방식을 통해 배우기

그들의 접근 방식에서 무엇을 배울 수 있는가? 그들은 당신에게서 무엇을 배울 수 있는가?

사례 Su Reid(대학 강사)

나는 레시피를 바꾸지 않고는 요리하지 않는다. 나는 드레스를 입지 않고, 항상 상의와 바지(아주 가끔 치마)를 입기 때문에 대부분의 날에 새로운 조합의 의상을 입을 수 있다. 나는 도로 번호와 관련된 방향을 기억하는 데 전혀 신경이 쓰이지 않는다. 하지만 강의를 쓰거나 회의를 기획하거나, 출판 기사를 작성할 때는 명확한 진행 상황을 파악하고, 그것을 고수해야 한다는 것을 알고 있다. 나는 또 다른 새로운 아이디어로 인해 쉽게 방해를 받기 때문에 그것을 해결하는 것은 힘들 수 있다. 하지만 일단 의제가 있으면 난 해방이 된다! 나는 내가 무엇을 향해 가고 있는지 결정할 필요가 없기 때문에 힘차게 글을 쓰거나 말할 수 있다. 나는 이미 그것을 해봤기 때문이다.

Chapter 05

당신은 시간을 어떻게 경험하는가?

NLP의 가장 흥미로운 발견 중 하나는 모든 사람의 시간 경험이 공간적이라는 것이다. 우리는 문자 그대로 물리적 차원 내에서 자신을 찾는다. Tad James와 Wyatt Woodsmall 가 1988년 저서 *타임라인 요법과 성격의 기초(Time Line Therapy and the Basis of Personality)*에 서 탐구한 것처럼 개인의 '타임라인(timeline)'과 관련하여 우리 자신을 배치하는 방식은 다 양한 가능성과 문제를 만든다. 서로 다른 개인이 과거에서부터 미래까지의 경계선으로 시 간의 개념을 공유한다고 하더라도 공간에 다르게 배치된 그 경계선을 경험하고, 그와 관련 하여 자신을 다르게 배치한다. 즉, 시간은 고정된 것이 아니라 개별적인 정신적 구조다.

대부분의 사람들은 자신이 시간에 자신을 배치한다는 사실을 모른다. 그들은 시간은 시간일 뿐이고, 한 사람의 삶은 마치 끈을 따라가는 것처럼 계속되는 것으로 구성되어 있 다고 생각하는 경향이 있다. 그러나 실제로 사람들에게 시간의 흐름을 개인적으로 경험하 는 방법과 시간과의 관계를 어떻게 인식하는지 더 자세히 설명하도록 요청하면 다양한 방 법이 있음을 알게 된다!

전체 개요 보기 vs 세부적으로 보기

우리는 물리적인 풍경을 통해 길을 찾으려는 것처럼 시간을 통해 살아가고 있기 때문에 각자 시간을 아주 특이하게 경험한다. 하지만 우리는 모든 사람의 경험이 거의 동일하다고 가정한다! 실제로 우리는 시간을 서로 다르게 매핑하고 있다.

　만약 당신이 어떤 일을 어떻게 처리하고 있는지 모르거나, 모든 사람들이 같은 방식으로 처리한다고 가정한다면, 당신은 그 문제에 대해 상이한 선택권이 있다는 사실을 깨닫지 못한다. 하지만 시간을 다르게 매핑할 수 있다는 사실을 알면, 익숙한 지도가 얼마나 효과적인지 평가하고 다른 방식으로 매핑을 통해 얻을 수 있는 것이 무엇인지 확인할 수 있다.

② 당신은 시간을 어떻게 '매핑(Mapping)'하는가?

　만약 당신이 누군가에게 과거나 미래를 손으로 가리키라고 한다면, 그들은 놀라거나 심지어 즐거워할 수도 있지만, 일단 그들이 그런 이상한 질문을 받고 놀란 것을 극복하면, 그들은 보통 구체적이고 대조적인 방향을 주저하지 않고 가리킬 것이다. 많은 개인차가 있지만 경험하는 시간은 일반적으로 두 가지 일반적인 패턴 중 하나에 따라 진행된다. 아래 내용을 읽으면 이 중 하나가 '당신의 방식'이라는 것을 알 수 있다. 그러나 일상에서 변형과 조합은 흔하기 때문에 어느 쪽도 적합하지 않은 것 같으면 정확히 어떻게 경험하는지 파악해야 한다. 당신의 필터링 패턴의 세부사항을 알면 두뇌 계발 및 재설계 활동을 맞춤화하여 당신의 필요를 더 잘 충족시킬 수 있다.

③ 전체 시간(Through-time)

　이러한 경험 방식은 '끈의 한 조각(piece-of-string / 크기, 수량, 소요 시간 등에 대한 질문에 대답하는 것이 불가능하다고 말할 때 사용)'의 비유와 유사하고, '전체 시간(through-time)'이라고 불려왔는데, 체험자들은 마치 시간이 좌우로 펼쳐지는 것처럼 느껴져서 시간에 연속적 및 시각적으로 접근하기 쉽기 때문이다. 이 사람들은 일반적으로 '과거(past)'와 '미래(future)'를 각각 다른 방향으로 가리킨다. 가장 일반적으로 '과거'는 왼쪽에 있고, '미래'는 오른쪽에 있다. 그들은 사건에 대해 가볍게 이야기하거나 계획할 때, 그들의 손은 옆으로 몸짓을 취할 수도 있으며, 종종 특정 방향을 표시하기도 한다. 그들은 전반적인 개요 수립 또는 장기적 관점에 쉽게 대해 말할 수 있다.

◎ 장점 및 단점

시간을 확장한다는 것은 말 그대로 개요를 수립할 수 있다는 것을 의미한다. 일반적으로 현재는 타임라인에서 과거와 미래 사이에 대략적으로 동일한 거리에 위치해 있다. 이 때문에 계획을 세우고 결과를 확인하기가 쉬울 것이다. 과거가 현재에 어떤 영향을 미치는지 이해하고, 이들이 미래에 어떤 영향을 미칠 수 있는지 타당하게 추정할 수 있다. '전체 시간' 관점의 단점은 경험의 '안(in)' 또는 '일부(part)'를 실제로 느끼지 못하고, 경험에서 약간 또는 상당히 멀리 떨어져 있다는 것이다. 그것은 당신이 '장기적인 시각을 갖는' 능력에 대해 지불하는 불이익일 것이다.

④ 특정 시간(In-time)

'특정 시간(in-time)' 체험자들은 그들의 뒤(과거) 그리고 앞(미래)을 통해 끊임없이 이어지는 타임라인에 위치해 있다. 당신이 만약 '특정 시간' 체험자들 중 한 명이라면 과거는 당신의 뒤에 있기 때문에 볼 수 없는 것이다. 이로 인해 당신은 과거를 다시 언급하거나 미래를 생각하기가 어려울 수 있다(더 먼 미래일수록 현재 당신과 더 가까운 것에 의해 가려질 것이다). 또한, 당신은 당신의 경험에 몰두하는 경향이 있다. 비록 당신이 그러한 감정이 지속되지 않을 것이라는 것을 알고 있다고 해도, 그것은 '지금 현재'처럼 느껴진다. 당신이 그 시간 안에 너무 속해있기 때문에, 시간이 순식간에 지나갈 수도 있고, 아니면 시간이 느려지고 길어지는 것처럼 보일 수도 있다.

◎ 장점 및 단점

인생은 당신에게 매우 즉각적이고 현실적으로 느껴진다. 당신은 책을 읽는 과정에서 쉽게 흐름을 잃거나 어떠한 경험에 휘말리지 않는다. 또한, 당신은 아마 특정 활동에 참여하고 즐거워할 수 있는 만큼 쉽게 스위치를 끄고 긴장을 풀 수 있다. 반면에, 당신은 하고 있는 일에 너무 많이 관여하는 경향이 있어서 허용된 시간을 초과하고 다음 일에 늦을 수 있다. 이는 당신의 주의가 산만해져 의도한 대로 하지 않거나 예상보다 훨씬 오래 걸린다는 의미일 수 있다.

당신은 하루, 1년, 또는 장기적인 삶의 목표를 가지고 있을지 모르지만, 그것을 성취하기 어렵기 때문에 자신에게 실망하게 된다. 또한, '나의 목표는 어디로 갔지?'라고 의문이 들 수 있다. 불안 및 걱정이 압도적으로 현실적이며, 상황이 나아질 미래가 모호하고 멀어

보이기 때문에 당신은 **불안감**을 떨쳐버리기 어려울 수도 있다. 게다가, 지금 당장 무언가 또는 누군가에 대한 열정으로 당신은 정답을 모른 채 남들보다 먼저 시작할 수 있다.

2008년 금융 붕괴가 가장 극심했던 시기에, 한 상인은행에서 일하는 나의 고객이 속한 부서는 고위 간부로부터 향후 3년을 위한 전략을 개발하는 것을 도와달라고 제안받았다. 누군가가 "우리는 그렇게 멀리 내다볼 수 없어요. 지금 상황에서 해결책을 찾아야 해요!" 라고 제안하여 결국 전략 개발이 중단되었다. 시장 분석가인 George Soros는 재앙에 대한 이러한 단기적 관점의 위험성을 지적했다.

만약 그 당시 장기적인 관점에서 방안을 마련했다면(전체 시간), 시장에서 사업자들에게 실제로 도움이 되는 전략을 마련했을 것이다. 그 당시에는 즉각적이고, 반응적이며, 신속하고, 적시에 이루어지는 의사결정을 촉진하는 것은 장기적으로 발생할 수 있는 체계적인 영향을 알 수 없게 하였다.

 ## 당신의 기본 설정은 무엇인가?

전체 시간	특정 시간
• 당신의 감정 변화를 알아챈다. • 더 넓은 맥락에서 무엇을 하고 있는지 볼 수 있다. • 당신은 과거로부터 배우고 현재와 미래를 연결한다. • 당신은 미래 계획에 능숙하다. 목표를 향해 일하는 것이 쉽다는 것을 알게 된다. • '개요', '전체', '프로세스'와 같은 문구를 사용한다.	• 당신은 감정을 노골적으로 드러낸다. • 당신은 당신이 하는 일에 깊게 몰입한다. • 시간 엄수를 중시한다. • 먼 미래를 쉽게 생각하지 못한다. 장기적인 목표를 향해 노력하는 것이 어렵다는 것을 알게 된다. • '제쳐둬!', '현재를 기대한다.'와 같은 문구를 사용한다.

 ## 두 가지 관점의 상호 연관성

우리는 두 가지 관점에서 시간을 관리할 수 있어야 하며, 가장 적절한 시기를 알아야 한다. 삶의 많은 것들이 그 순간에 온 마음을 다하여 참여함으로써 혜택(즐거움, 타인에 대한 관심, 배움 등)을 얻는다. 우리가 이런 일에 참여할 때 우리 마음이 다른 곳에 있는 것은 유감스러운 일이다. 상실, 실망 또는 고통과 같은 불쾌한 경험조차도 우리가 그것들을 부드럽게 하거나 어떤 식으로든 바꾸려고 시도하기 전에 주의를 기울이는 것이 가장 좋다. 이러한 것들을 무시하면 중요한 신호 값이 감소한다. 우리가 적절한 조치를 취하려면 그것들의 성격과 영향에 대해 인정해야 한다.

반면에 우리가 그 순간에 길을 잃으면 과거와 미래에 대한 중요한 연결을 놓칠 수 있으며, 이에 대한 대안은 없다. 이것이 '전체 시간'의 주요 가치다. '전체 시간'은 현재를 맥락에 두며, 실수를 덮거나 그것들에 의해 파괴되기보다는 실수로부터 배우는 것을 가능하게 한다. 또한, 고통이나 슬픔이 줄어들 수 있는 시간을 예상할 수 있게 해주며, 꿈을 실현할 수 있도록 계획을 세울 수 있게 해준다.

❼ 미래와 과거를 어떻게 평가하는가? ───────────

오리엔티어(orienteer)는 장비를 사용하여 익숙하지 않은 영역을 탐색한다. 우리가 제때 방향을 잡으면 우리는 우리의 목적과 가치에 따라 인도된다. 예를 들어 서구 세계에 의해 우리는 문화적으로 내재된 발달의 '부가 가치(value-add)'를 가정하는 데 익숙하다. 우리는 세월이 흐르고 세기가 지날수록 상황이 좋아진다고 믿는 경향이 있다. 의학과 기술은 진전하며, 문명은 발달한다. 이것은 우리가 더 나은 시기를 '기대'한다는 것을 의미한다. 질병을 앓는 사람들은 최신 약물이 가장 좋다고 믿기 때문에 NHS(국민보건서비스, National Health Service)에서 최신 약물을 이용할 수 있도록 요구한다.

대부분의 사람들과 마찬가지로 나는 시간의 흐름에 대한 이 가치 판단적인 가정에 의문을 제기하지 않았으며, 진화와 역사에 대한 이해를 위해 제공되는 지도가 부분적이고 본질적으로 왜곡된 것이라는 사실을 알지 못했다. 그러나 몇 년 전에 나는 '역사의 억압(The Tyranny of History)'이라는 중국에 관한 매혹적인 책을 읽었고, 그것은 내가 얼마나 편협적이었는지를 깨닫게 해주었다. 저자 W.J.F. Jenner는 중국인들이 어떻게 과거에 대한 존경심과 되풀이되는 주제에 대한 시대를 초월한 변주처럼 보이는 방대한 양의 이야기를 언급하는 문화적 습관을 가지게 되었는지를 설명하는데, 이는 함께 사람들이 겪는 무언가로써 역사의 감각을 흐리게 하는 역할을 한다. 그는 다음과 같이 말한다.

서구 역사 개념화와의 이러한 대조는 이보다 더 클 수 없으며, 세계 무역과 정치에 큰
영향을 미치는 것이 분명하다. 그러나 정신적 유연성 측면에서 우리는 미래의 진보에 대한
믿음(서구)이 지나간 모든 것에 대한 극단적인 경외심(중국)만큼 좁은 관점이라는 것을 이러
한 대조를 통해 이해할 수 있다.

우리는 영국 역사의 암흑시대를 원시적이고 전쟁에 시달리는 종족의 시간으로 생각하
는 데 익숙하다. 하지만 당신은 서튼 후(Sutton Hoo) 매장지에서 발견되어 대영 박물관(The
British Museum)에 전시되거나 옥스퍼드 애시몰린 박물관(Ashmolean Museum)의 알프레드 쥬
얼(Alfred Jewel) 전시회에 전시된 것들을 보고 가장 정교한 현대 작업장과 디자이너들이 만
들어 낼 수 있는 어떤 기술만큼이나 뛰어난 솜씨에 놀라움을 느끼기만 하면 된다. 심지어
우리가 그들의 업적에 감탄할 때에도, 나는 제조자들이 그들의 환경에도 불구하고 놀라운
것을 성취하고 있었다는 선심을 쓰는 관점을 취한다고 생각한다. 만약 우리가 그들의 환경
이 그들의 성취의 필수적이고, 원인이 되는 일부라고 생각한다면, 과거에 대한 우리의 이해
를 어떻게 바꿀 수 있는가?

시간의 흐름이 '진전(progress)'하는 것을 선호한다고 가정하는 것은 우리가 할 수 있는
한 비판적으로 그 의미를 평가하지 않고 사회적 또는 기술적 '진보(advance)'를 받아들이는
쪽으로 받아들이도록 우리의 마음을 기울이게 한다.

시간이 지남에 따라 지식과 기술이 발전한다고 가정한다면, 더 최근의 발견이나 모델이
이전의 것들에 비해 더 좋을 것이라고 생각하는 경향이 있다. 당신은 또한 사람들이 나이가
들면서 경험에서 지혜를 얻을 수 있다고 생각할 수도 있다. 반면에 당신은 전통적인 것이
좋은 것이라고 생각한다면, 변화를 의심하고 '국가가 개판이 되어 가고 있다.'라고 느낄 수
있다. 두 경우 모두에서 당신의 의견을 뒷받침할 증거를 찾을 수 있다!

두뇌 계발 및 재설계 활동(3)

시간에 따라 다른 방향삽기 방법을 시도하는 것은 익숙하지 않기 때문에 아마 처음에는 어색하고 심지어 불편하게 느껴질 것이다. 물론 당신의 일상적인 경험 방식이 자연스럽고 편안하게 느껴질 정도로 깊이 뿌리박혀 있기 때문에 당신은 어떤 것이라도 느끼는 것에 놀랄 수도 있다. 당신은 그것을 당연시한다. 만약 활동을 하면서 다르게 느낀다면, 그것은 당신이 정말로 자신을 계발하고 있다는 것을 의미한다.

활동1 다른 타임라인 발견하기

시간을 다르게 맞춰 타임라인을 따라 움직이는 활동을 하면 신체 및 감정의 범위(이완, 편안함, 긴장감, 혼란, 즐거움 등)를 경험하게 될 것이다. 만약 어떤 느낌이라도 받아들일 수 있다면, 연습을 계속하고 당신의 반응을 추가적인 정보의 좋은 원천으로 여겨라. 만약 어떤 감정이 당신에게 문제가 된다면, 활동을 중단하고, 당신의 타임라인을 평상시의 정렬로 다시 맞춘 다음, 거기서 무슨 일이 있었는지 물어보라. 감정은 항상 우리에게 유용한 정보를 주기 때문에, 성찰할 시간을 갖는 것 자체가 도움이 될 수 있다.

1 비교적 개방적인 공간(거실이나 사무실, 또는 공원 등)에서는 평상시의 타임라인이 어떻게 배치되는지를 생각해본다. 자신이 서 있는 위치를 기록하거나 종이로 표시한 다음 과거와 미래에 대한 시각적 표시를 찾는다. 과거와 미래 사이에 타임라인이 펼쳐져 있다고 상상해 본다.

2 또 다른 타임라인 배치에 대한 표시를 찾는다.

3 평소 일정에 따라 어제, 오늘, 내일의 이벤트를 생각해본다. 그런 다음 새로운 타임라인에 따라 이벤트들이 배치되었다고 상상한다. 이것은 처음에는 이상하거나 불편하게 느껴질 수도 있지만, 인내심을 가져라. 이것은 사고의 한 방법일 뿐이며, 당신이 원할 경우 언제든 다시 변경할 수 있다. 당신은 타임라인을 따라 과거 혹은 미래에서 당신이 느끼고 싶은 특정한 시간에 자신을 찾을 수 있다. 하지만 외상을 입었거나 슬펐던 시기에 들어서면 그 영향이 커질 수 있기 때문에 주의할 필요가 있다.

4 시간에 대한 이해를 다르게 구성하면 어떻게 되는지 스스로에게 물어보라. 시간을 전

한할 때 더 쉽거나 어려운 것은 무엇인가? 어떤 식으로 당신의 감정과 생각이 바뀌는가? 이런 식으로 시간을 경험함으로써 얻을 수 있는 새로운 정보는 무엇인가?

5 실험을 해보라. 불편함 없이 쉽게 전환할 수 있을 때까지 타임라인을 한 방향에서 다른 방향으로 바꾸는 연습을 한다. 외부 기준점을 사용하지 않고 머릿속으로 연습한다. 당신의 목표는 상황과 필요에 따라 두 가지 방향('전체 시간'과 '특정 시간')을 적절히 적용하고 두 가지 이점을 모두 도출할 수 있도록 더 유연해지는 것이다. '전체 시간'이 언제 더 유용한가? '특정 시간'이 언제 당신에게 이점을 주는가?

활동 2　시간 건너뛰기

　문제가 발생하였을 때, '전체 시간' 오리엔티어링을 취하는 것은 문제를 이해하는 데 도움이 될 것이다. 그러나 당신이 자연스럽게 '특정 시간'에 있다면 문제를 뛰어넘을 수도 있다.

1 당신의 문제가 사라지거나 해결된 미래의 어딘가로 당신의 타임라인을 빠르게 이동시켜 보라. 당신은 거의 즉각적인 편안함이나 안도감을 느낄 것이기 때문에 당신의 몸은 그곳에 도착했을 때 당신에게 무언가를 말할 것이다.

2 무엇이 변화하였는지 스스로에게 물어보라. 문제가 어떻게 해결되었는가? 만약 다른 사람이 문제를 해결한 경우 문제를 알리거나 변화시키는 데 도움을 준 것들을 스스로에게 물어보라. 이 전략은 당신의 행동에 관한 것이다.

3 다시 현재로 천천히 돌아가면서, 문제를 해결하는 데 도움이 된 행동을 취한 각 시점을 확인한다. 문제를 해결할 수 있다는 것을 알았기 때문에 현재로 돌아와 미래를 마주하고 문제를 얼마나 다르게 느끼는지, 그리고 어떻게 느끼는지 확인하라.

이 활동의 본질은 당신이 현재 하고 있는 가정을 표면화하고 무의식적인 편견을 확인하는 것이다. 이 활동은 '전체 시간' 또는 '특정 시간'의 여부는 그다지 중요하지 않다.

1 당신의 타임라인에서 '지금(now)'을 찾아라. 종이에 '지금'이라는 단어를 써서 당신이 '지금' 있는 자리에 놓고 그 위에 서는 것이 될 수도 있다.

2 이제 당신이 부정적으로 평가하는 것을 생각해보라. 만약 그것이 현재에 있다면 다른 종이에 부정적으로 평가하는 단어나 그 단어에 대한 설명을 써서 옆에 둬라.

3 현재에 머물면서 과거를 마주하라. 이전에 발생했던 모든 것을 고려하여 선택한 단어를 생각할 때 부정적인 평가가 바뀌는가? 만약 그렇다면 어떠한 방식으로 전환되는가?

4 이제 미래를 마주하라. 아직 발생하지 않은 것과 관련하여 생각할 때 평가가 어떤 식으로든 변경이 되는가?

5 현재에 머물면서 '지금' 지점에서 한두 단계 이동하라. 만약 당신이 '전체 시간'을 경험한다면 타임라인과 관련하여 평소 위치에서 약간 뒤로 물러서서 이를 수행할 수 있다. 만약 당신이 '특정 시간'을 경험한다면, 당신은 단지 한쪽으로 약간만 이동하면 된다. 일시적이지만 평소와는 약간 다른 위치하기 때문에 당신은 약간 이상하다고 느낄 수 있다. 이 변화가 선택한 것의 가치에 어떤 영향을 미치는가?

6 다시 '지금'으로 돌아가서 익숙한 방향을 잡고, 모든 풍부한 정보를 취해라. 당신은 아마도 당신의 평가가 더 복잡하고 사려 깊다는 것을 알게 될 것이다. 그것이 당신에게 어떤 식으로든 다르게 행동하도록 자극하는가?

사례 Sylvia Tute(National Health Service 프로그램 매니저)

나는 지금(now), 여기(here)처럼 현재에 초점을 맞추고, 과거에서 미래를 향해 나아가는 타임라인을 가진 '특정 시간'을 중시하는 사람이다. 하지만 나는 전략을 세우고 계획을 할 수도 있다. 마치 내가 현재에 있는 중심점 위를 맴돌고 있는 것 같아서 사건들과 계획들이 지도처럼 펼쳐지는 것처럼 보인다. 지도에서 내가 중요하게 생각하는 것은 이정표와 같은 날짜와 함께 북쪽에 위치해 있다. 또한, 이미 일어난 일들은 남쪽에 배치되고, 내가 덜 관여하는 다른 일들은 양쪽에 있다. 이를 통해 내가 목표로 하는 것이 무엇인지, 거기에 도달하기 위해 어떤 일이 일어나야 하는지, 내가 어디에서 왔는지 쉽게 알 수 있다. 그런 다음 나는 다시 현재로 가서 모든 것이 완료되도록 할 수 있다는 것을 안다.

Chapter 06

당신은 얼마나 감정적인가?

반드시 그런 것은 아니지만 일은 대부분 우리에게 그냥 발생한다. 이러한 경험을 관리하는 두 가지 대조되는 방법이 있다. 당신은 감정적으로 그 경험에 완전히 관여할 수도 있고, 그것으로부터 어느 정도 거리를 유지할 수도 있다.

우리가 같은 방식으로 같은 사건을 경험하지는 않는다는 것은 분명하다. 어떤 사람들은 부상, 사고 또는 실망 등으로 당황하거나 고통의 징후를 보인다. 다른 사람들은 매우 유사한 상황에서 침착함을 유지한다. 그러나 침착함을 유지하는 사람들은 다른 상황에서 결정을 내리는 데 불안해하거나 다른 사람을 전혀 방해하지 않는 일에 대해 고민할 수 있다.

 감정과 가까워지기 vs 감정과 거리두기 ────────

여기에 메타 프로그램이 있다. 한쪽은 정서적으로 연관되거나 당신이 경험하는 현재에 있고, 다른 한쪽은 정서적으로 거리가 있거나 멀리 떨어져 있는 것이다. 정서적 관여는 '연관됨(associated)'(즉, 개인적으로 연결됨)이라고 하며, 정서적 거리두기는 '분리됨(dissociated)'으로 알려져 있다. 핵심 아이디어는 연결성(connection)이며, 이는 본 장의 끝부분에 있는 두뇌 계발 및 재설계 활동의 기초가 된다.

🔢 경험과의 관계

대부분의 아이들은 자신이 하는 일에 정서적으로 연관된 것처럼 보이지만, 무슨 일이 일어나고 있는지에 대해 좀 더 분리된 시각을 가질 수 있다는 것을 배우기 시작한다. 정서적으로 분리하는 능력은 단순히 경험을 하는 것이 아니라 경험을 분석 및 논평하는 법을 학습하는 것과 밀접한 관련이 있을 수 있다. 대부분의 사람들이 성인이 되었을 때, 그들은 경험에 몰두할 것인지 아니면 그것으로부터 거리를 둘 것인지를 선택할 수 있는 상당한 정도의 능력을 가지고 있다. 하지만, 사람들은 극과 극 사이의 어딘가에서 자연적인 기본 위치를 가지고 있는 것처럼 보인다.

당신은 당신의 경험에 몰두하고 있는가, 아니면 경험으로부터 분리되어 있는가? 당신과 경험과의 거리는 당신이 원하거나 필요로 하는 방식인가? 이것은 당신이 이 장을 읽는 동안에도 연습하게 될 선택이다. 그것이 당신의 감정에 영향을 미치는지 또는 당신의 반응이 주로 객관적이고 지적인지 여부를 때때로 알아차려라.

연관성과 분리는 둘 다 심신의 상태(state)이며, 각각 호흡, 심박수, 대사율의 고유한 특징 패턴을 가지고 있다.

상태(State)

동시적인 심신에 대한 요소들의 집합. 주어진 순간에 당신이 어떻게 있는가의 총체적인 모습.

⭕ 연관 및 분리에 대한 선택

어떤 정서들은 너무나 강력해서 거의 모든 사람들은 그들 자신이 그것들을 경험하기 위해 적극적으로 이끌려가는 것을 발견한다. 이것은 아마도 그러한 정서들이 우리를 생존 모드로 빠르게 전환시키기 때문일 것이다. 대부분의 사람들은 자극이 정서적이든 신체적이든 간에 흥분할 때나 두려울 때 심박수가 빨라진다는 것을 알게 된다. 극단적인 상황을 제외하고, 우리는 우리의 경험에 다소 관여할 수 있지만, 다른 메타 프로그램과 마찬가지로 우리는 연관과 분리 사이의 어딘가에 자연스러운 기본 설정을 가지고 있다.

우리는 연관되었거나 분리되었을 때 서로 다른 연결된 정서 및 신체 현상의 개인적 '번들(bundle)'을 경험할 것이다. 연관되거나 분리되는 것이 항상 '좋은 것과 연관되는 것이 좋고, 슬프거나 불쾌한 것과 분리되는 것이 더 낫다'는 단순한 문제는 아니다. 현실에서, 당신이 가지고 있는 반응이 유용한지, 적절한지, 아니면 제한적인지를 알아내는 것이 정말 중요한 것이다.

◉ 신체적 감정

당신은 어떤 일이 일어나고 있는지 관여하거나 거리를 두는 것을 일에 대해 어느 정도 '감정'을 갖는 문제로 생각할 수 있다. 하지만 감정은 마음에서만 일어나는 것이 아니다. 사람들은 자신의 경험에 얼마나 강하게 연결되는지에 따라 다르며, 신체가 느끼는 것을 표현하는 방식도 다르다. 어떤 사람들에게는 스트레스가 소화와 관련이 있다. 그들은 아플지도 모르고, 화장실에 자주 갈 필요가 있거나, 식욕을 잃을 필요가 있을지도 모른다. 내가 어렸을 때, 나는 걱정하거나 불안할 때뿐만 아니라 흥분할 때도 이러한 감정을 경험했다.

이러한 증상들은 관련 감정의 결과가 아니라 필수적인 부분이다. 그것들의 시작은 곧 상태의 변화와 그것의 징후를 보여주는 증거다. 신체적 증상을 바꾸려고 하면 패턴을 깨는 데 도움이 될 수 있다. 예를 들어 베타 차단제(beta-blocker)는 혈압을 낮추고 사람들을 더 차분하게 만들 수 있다. 그러나 신체적 경험이 정서적 반응의 일부이기 때문에 이것은 장기적으로는 충분하지 않다. 베타 차단제는 스트레스 패턴을 줄이는 데 도움이 될 수 있지만 원인을 바꿀 수는 없다. 이를 위해서는 상황을 바꾸거나 그것에 대해 느끼는 방식을 바꿔야 한다.

③ 연관됨(Associated)

'전폭적인, 전적인'을 의미하는 단어 'wholehearted'는 이 상태를 잘 설명하는 단어다. 이 단어는 관련 반응을 특징짓는 몰입감과 온전한 참여의 느낌을 포함한다.

◉ 장점

만약 어떤 일이 흥미롭고, 자극적이고, 즐겁고, 심지어 기쁘다면 그것을 충분히 경험하는 것이 좋다. 그때 우리는 그 상황에 빠져들어 우리에게 주어진 모든 것을 경험할 수 있어서 행복을 느낀다. 만약 당신이 경험에 '연관'되어 있다면, 그 경험에 주의를 기울이고 즐기며, 더 많은 혜택을 누릴 수 있다. 특히 당신은 감각 정보에 특히 수용적이라고 느낄지도 모른다. 색상이 더 밝고 풍부해 보일 수 있고, 감각이 더 강하거나 민감하게 보일 수 있으며, 소리는 증폭되어 경험에 더 풍부하고 상세한 감촉을 만들어 줄 수 있다.

⭕ 단점

다른 메타 프로그램과 마찬가지로 연관성도 단점이 있다. 연관성의 명백한 단점은 놀라거나 겁을 먹거나 혼란스러울 때이다. 당신은 어찌할 바를 모르거나 당황할 수 있다. 이러한 상황에서 연관성이 있다는 것은 상황 자체가 바뀔 때까지 약간의 휴식도 경험하지 않고 탈출구가 없다고 느낄 수 있음을 의미한다. 긴 시간 동안 위급한 상황을 견디는 것은 단순히 불쾌한 것 이상일 수 있다. 위급한 상황이 가라앉을 때까지 높은 아드레날린 수치를 유지하며 생활하는 것은 당신의 혈압, 수면, 소화, 그리고 아마도 정서와 판단력에 영향을 미칠 것이다. 만약 그러한 높은 스트레스 상태가 충분히 오래 지속되면, 신체는 과부하에 대처하는 것을 넘어서게 된다. 이것은 되돌릴 수 없는 손상, 충격, 심지어 붕괴를 일으킬 가능성이 있는 상태다.

수년 동안 나는 불안과 압박감에 너무 연관되어 병에 걸렸던 많은 사람들을 봐 왔다. 다국적 기업에서 일을 훌륭하게 수행한 한 직장인은 어느 날 심장이 너무 빨리 그리고 불규칙적으로 뛰어 심장마비가 온 줄 알았다고 하였다. 다행히도 아니었지만 말이다. 하지만 안심한다고 해서 증상이 사라지지는 않았기 때문에 그 고객의 상사는 나와 코칭 면담을 해야 한다고 생각했다. 그와의 대화를 통해 우리는 일의 즉각적인 압력이 어떻게 그의 삶의 다른 부분에서 압력과 불안(과거와 현재 모두)을 고조시키고 있는지를 밝히기 시작할 수 있었다. 코칭을 통해 그는 그의 업무로부터 분리하는 방법을 배우고, 다른 부담과 압력을 개별적으로 더 차분하게 처리할 수 있었다. 그는 이제 그가 어떻게 반응하고 어떻게 느끼는지에 대해 어느 정도 선택할 수 있다는 것을 알았다.

당신이 자신을 압도할 수 있다고 위협하는 감정과 연관되었을 때, 자신뿐만 아니라 다른 사람들에게도 파장이 있다. 당신은 진행 중인 상황에 대해 극단적이거나 부적절한 방식으로 반응할 수 있으며, 그렇게 함으로써 어려운 상황을 더욱 악화시킬 수 있다. 비록 상황이 지나갈 것을 알고 있거나 상황이 수습될 수 있다고 해도 이러한 정보는 당신의 감정을 가라앉히는 데 거의 도움이 되지 않을 수 있다. 만약 당신이 병적으로 쾌감을 느낀다면, 겉으로 보기에는 다른 사람들이 당신을 덜 걱정하겠지만, 당신은 실제 세계에서 단절될 수 있다.

④ 분리됨(Dissociated)

정서적 분리는 감정에서 한 걸음 물러나거나 벗어나는 것을 의미하며, 그러한 감정이 불쾌할 때, 그 반대인 연관성과 마찬가지로 삶에서 필수적인 생존 도구가 될 수 있다.

○ 장점

질병이나 사고와 같은 고통스러운 상황에 일상적으로 대처해야 하는 사람들은 대개 분리 방법을 개발한다. 전문적인 훈련 및 설정(장비 및 의복 사용 포함), 임상 언어, 그리고 특정 개인과 상관없거나 일상적인 절차들은 모두 의사, 사회복지사, 승무원, 소방관, 경찰, 심리 치료사와 같은 사람들이 질병, 사고, 트라우마, 죽음에 대처하는 데 내재된 잠재적 고통과 그들 자신의 감정 사이에 거리를 두도록 도와준다. 그들은 정서에서 벗어나고 분리된다.

분리는 그들이 환자나 피해자의 감정에 사로잡히지 않는다는 것을 의미한다. 분리를 통해 그들은 침착함을 유지하여 괴롭고, 고통스럽고, 무력하고, 당황하거나, 죽어가는 사람들을 돕기 위해 전문 기술을 사용할 수 있다. 만약 누군가가 부상을 당하거나 아프거나 불안할 때, 그들을 돕는 사람(예: 친구, 의사, 치료사 또는 변호사)이 상황에서 분리되면 대개 기분이 나아질 것이다. 고통을 받고 있는 사람은 누군가가 침착하게 상황을 통제하고 있다는 것을 알기 때문에 더 쉽게 긴장을 풀 수 있다.

분리는 경험과 학습에서 진화할 수 있는 자연스러운 인간 반응이다. 중요한 일이나 신나는 일이 있는 사람들은 종종 그들이 그것을 하는 동안 신체적인 아픔, 고통, 심지어 부상을 알아차리지 못한다. 첫 아이를 가진 대부분의 부모들은 때때로 자신들이 지나치게 불안해하거나 아이를 과잉보호한다고 생각한다. 하지만, 결국, 그들은 그들의 아이가 처음에 생각했던 것보다 더 건강하다는 것을 발견하는 경향이 있다! 만약 두 번째, 세 번째 아이가 있으면 이러한 학습으로 인해 부모들은 걱정이나 괴로움을 덜 느끼게 된다. 그들은 사고와 응급상황에서 서두르지 않고 젖은 천, 항균크림, 반창고, 온도계, 감기약, 또는 가정의학 백과사전을 향해 손을 뻗는다!

만성적인 신체적 문제를 가진 사람은 그들의 불편함(고통 포함)과 그것이 야기할 수 있는 좌절감이나 분노로부터 분리하는 법을 배울 수 있다. 친숙함은 그들이 신체적 특징의 이러한 측면으로부터 분리하는 선택을 하게 만들었다.

심각한 트라우마를 겪은 사람들은, 특히 오랜 시간 동안 반복된 경우, 때때로 정서적 고통에서 분리하는 방법을 배운다. 또한, 오랜 신체적 고통을 견뎌야 하는 다른 사람들도 고통으로부터 어느 정도 분리하는 법을 배울 수 있다. 이는 '멀리서 자신을 바라보는 것'이다.

◯ 단점

분리하지 않으면 강한 정서를 불러일으킬 수 있는 상황에서 분리하는 것은 머릿속에 갈 곳이 있는가에 달려 있다. 이는 상당히 복잡한 과정일 수 있다. 누군가를 돌보는 직종에 종사하는 사람들은 그들의 전문적인 정체성에 발을 들여놓을 것이다. 그들은 주변의 아픔이나 고통으로부터 강한 분리감을 유지할 것이다. 이것은 처음에 그들의 훈련의 일부로 배웠을 수도 있지만, 시간이 지남에 따라 꽤 무의식적으로 일어나는 자동 반응이 되었을 가능성이 있다.

누군가가 당신의 고통에서 분리되면 당신은 아마 그들이 당신에게 공감을 느끼지 않고, 당신의 감정을 진지하게 받아들이지 않거나 심지어 당신을 모욕하고 있다고 느낄 수 있다.

신체적 감각과 분리하는 것의 단점은 당신이 정말로 주목해야 할 감각들을 무시하는 위험을 감수할 수 있다는 것이다. 예를 들어 스포츠 선수들은 성과를 위해 무리함으로써 스스로를 다치게 할 수 있다. 그들은 훈련과 향상된 결과에 너무 많은 중요성을 부여하기 때문에, 신체적인 불편함, 스트레스, 고통으로부터 그들 자신의 피해까지 거리를 두려고 시도할 수 있다.

즉, 분리의 단기적인 이점 또한 잠재적으로 장기적인 단점이 될 수 있다. 극단적으로, 그것은 당신이 더 존중받고 반응할 수 있는 정서 및 신체적 감각을 무시한다는 것을 의미할 수 있다.

◯ 타인 이해하기

우리는 종종 의식적으로 생각하지 않고 주변 사람들의 정서적 온도를 측정하는 데 익숙하다. 그리고 우리는 이 정보를 사용하여 그들이 신뢰할 수 있는지 여부에 대한 그림을 구축하고, 그들의 반응을 예측하며, 그들과 상호작용을 하기 위한 전략을 수립한다. 사람들은 대부분의 시간에 자신을 연관시키는 사람을 변덕스럽거나 감정을 노골적으로 드러내는 것으로 여길 수 있다. 그러나 그들은 언제든지 바뀔 수 있다. 비록 그들이 변하지 않더라도, 감정이 표면 가까이에 있는 사람은 당신이 위기 상황에서 조언을 위해 의지하고 싶은 사람이 아닐 수도 있다. 왜냐하면 그들의 반응은 당신의 요구가 아니라 그날의 상황에 달려 있기 때문이다. 반면에, 성격적으로 분리된 사람들은, 실제로 그렇지 않더라도, 부주의하거나 무감각한 것으로 나타날 수 있다.

⑤ 신체 상대가 족발되는 방법 ────────────

자신과 타인을 효과적으로 관리하기 위해, 이러한 심신의 연관성 및 분리가 어떻게 촉발되는지 이해하는 것이 도움이 된다. 연관 및 분리 상태 모두 앵커(anchor)로 알려진 외부 트리거(trigger)에 의해 유도될 수 있다.

앵커(Anchor)

특정 상태에 대한 자극 또는 트리거.
감각 기반: 어떤 냄새, 시각, 소리, 맛 또는 감각은 마음속에서 불안, 흥분, 두려움 등의 특정한 상태에 연결될 수 있다. 자극이 다시 일어나면 그것은 이전에 그것이 연계되었던 상태를 다시 불러올 것이다.

앵커는 반복되는 트라우마, 불안, 두려움에 강하게 관련되어 있지만, 기쁨과 흥분의 한 부분이 될 수 있다. 연관 및 분리되는 것은 특정 앵커에 의해 촉발될 수 있을 뿐만 아니라, 누군가의 삶에 반응하는 특징적인 방법의 일부가 될 수도 있다.

◉ 앵커에 의한 상태 전환

화가 나거나, 침착하거나 흥분하는 것은, 실제로 일어나고 있는 것에서 자동적으로 따라오는 것이 아니다. 대부분의 사람들은 때때로 예상치 못한 상태 변화를 경험한다. 예를 들어 1분 동안 당신은 대체로 만족했지만, 몇 분 후에 약간 평온하거나 심지어 슬퍼할 수 있다. 마찬가지로, 당신은 강한 감정을 경험하지 않는 것에 놀랐던 적이 있을지도 모른다(예: 가정이나 직장에서 차분함을 유지하는 것). 어떻게 당신은 그렇게 무관심하고 거리를 둔 느낌을 갖게 되었는가?

비록 사건이 잠시도 쉬지 않고 당신을 곧바로 감정 상태로 빠트리고 있다고 생각할지라도, 실제로 사건과 반응 사이에 중요하고 강력한 무언가가 있다. 심신 상태를 만들거나 변경하려면 NLP에서 앵커로 알려진 트리거가 필요하다. 앵커(anchor)의 이미지에서 알 수 있듯이 앵커에는 무엇인가가 부착되어 있다. 그것들은 특정한 기억, 감정 또는 반응에 연결되는 개별 현상인 연결 메커니즘이다.

그 연결성은 논리적이기보다는 상당히 우연적인 것일 수도 있다. 어떤 상황의 부수적인 특징들은 무의식적으로 전체의 일부로 등록되고, 그들 중 하나는 나중에 '처음에' 느꼈던 것과 유사한 감정을 촉발시키는 앵커 역할을 할 수 있다. 예를 들어, 특별한 만남을 배경으로 하는 노래는 가사나 템포에 관계없이 우리만의 노래가 될 수 있다. 또한, 중요한 시합에서 이겼거나 취업 면접에 성공했을 때 입었던 옷들은 나중에 행운을 가져다주는 것처럼 보일 수 있다. 비록 당신은 그것을 착용하는 것이 미래의 시험과 도전의 결과에 논리적인 영향을 미치지 않는다는 것을 '알고 있다'고 할지라도 여전히 성공하는 것을 돕기 위해 일종의 부적으로써 그것을 착용하는 것을 선택한다. 물론, 그것은 그것을 할 수 있는 힘을 가지고 있다. 그것은 당신의 상태를 변화시키기 때문에 결과에 정확하게 영향을 미칠 수 있고, 따라서 당신이 어떻게 느끼고 어떻게 행동할 수 있는가를 바꿀 수 있다.

심리치료사로서, 나는 이러한 앵커를 부정하거나 비판하는 것에 영향을 받는 사람들을 꽤 자주 만났다. 좋은 앵커들도 많이 있다. 대부분의 사람들에게 생일과 기념일은 즐거운 감정을 위한 앵커가 되는데, 그 이유는 그 날짜는 특별한 감정을 유발하고, 선물을 받은 즐거운 기억들과 연관되어 있기 때문이다. 또한, 봄의 첫 징후는 종종 많은 사람들이 더 활기차고 쾌활하게 느끼도록 자극한다. 크리스마스가 항상 즐거운 것은 아니지만, 강력한 앵커가 될 수 있다. 어떤 사람들에게는 그것은 흥분의 감정뿐만 아니라 스트레스의 감정을 불러일으킬 수 있다.

많은 작가들은 작업실의 기능에 의해 제공되는 부수적 앵커를 통해 의도적으로 자신의 창조적 상태를 시작한다. 다음날 작업을 준비하기 위해 매일 밤 날카롭게 준비된 깔끔한 연필, 특별한 색상의 메모장, 산만함이 없는 창고, 글을 쓰는 동안 따뜻함과 편안함을 제공하는 침낭 등이 그 예이다.

앵커는 분리 상태를 가져올 수도 있다. 간호사, 경찰관 등과 같은 직업은 직업적 의상, 기술 전문 용어 및 타인에 의한 묵시적 기대에 대한 정신적 앵커와 같은 물리적 앵커를 통해 자동적으로 전환될 수 있다. 대부분의 사람들에게, 일을 하러 가는 것 자체가 그들의 완전하고 복잡한 자아라기보다는 그들 자신의 전문화된 부분을 활성화하는 앵커다.

❻ 두 가지 관점의 상호 연관성 ────────────

연관과 분리는 모두 상황에 적절할 때, 그리고 상태가 당신을 압도하거나 에너지를 고갈 시키거나 효과적인 사고 및 행동을 할 수 있는 능력을 제한하기보다는 당신의 경험을 풍요롭게 할 때 삶의 사건에 대응하는 데 유용한 상태가 될 수 있다. 이 두 가지 상태의 앵커 또는 트리거를 파악하면 현재 상황의 필요사항과 관련하여 효과적으로 자신을 관리하는 데 도움이 된다. 나른 사람들을 사세히 관찰하는 훈련을 하는 것은 당신으로 하여금 앵커나 트리거가 그들에게 영향을 미치는 정확한 순간을 발견하는 것을 도울 수 있다. 일반적으로 이것은 표정, 자세 또는 제스처이며 종종 피부색조차도 즉시 변화할 것이다. 만약 당신이 변화에 집중한다면 그 원인이 무엇인지 생각해 볼 수 있다.

일단 변화를 감지하면, 간단히 그것에 대해 언급하는 것이 도움이 될 수 있다. '그때 당신은 당황한 것 같았어요. 다시 설명하면 도움이 될까요?' 또는 '미안해요. 내가 당신을 화나게 했어요?' 당신이 보는 것을 묘사하고 상대방의 신체적 변화가 그들의 상태의 변화를 반영하고 있을지도 모른다는 것을 인정함으로써, 당신은 그들이 스스로를 성찰하게 하고, 이것은 당신이 본 부정적인 감정으로부터 그들을 분리하도록 돕는다. 또한, 이러한 현상은 변화가 보다 즐거운 상태에 연관되어 있음을 나타내는 것으로 보이는 사항에 대해 언급하는 경우에도 발생할 수 있다. 당신의 언급은 새로운 상태를 강화하는 역할을 할 것이다.

두뇌 계발 및 재설계 활동(4)

　　지금쯤이면 당신은 당신의 기본 위치를 연관 혹은 분리된 위치로 인식했거나 상황에 따라 다를 수 있음을 알 수 있다. 예를 들어, 일할 때는 상황과 분리를 하고, 가족과 함께 있을 때는 상황에 더 많이 연관될 수 있다. 또한, 당신은 스포츠에 참여하거나 정원 가꾸기, 글쓰기 등을 할 때 더욱 관여할 수 있다. 자신만의 반응 패턴을 기록하는 것이 유용할 수 있다. 당신은 자신에게 일어나는 모든 것부터 지금 바로 시작할 수 있고, 아마도 다음 며칠 또는 몇 주 동안 당신에게 일어나는 다른 모든 일을 정리할 수 있다.

활동1　기본 설정의 역할

　　운전할 때 다른 사람이 당신을 끼어들면 화가 나는가? 이러한 상황에 대한 당신의 반응이 아무리 정당해 보일지라도, 당신이 화가 난다는 사실은 아마도 당신의 판단이 연관된다는 것을 의미할 것이다. 주말이나 공휴일에 당신은 자유롭게 놀기가 어려운가? 만약 그렇다면, 당신은 직장에서 집중력과 효율성을 유지하도록 도와주는 바로 그 분리에 의해 당신의 여가시간이 제약을 받고 있는 것일지도 모른다.

1️⃣ 어떤 상황에서 당신의 상태가 상황에 진정으로 부합하고 적절히 대응할 수 있다고 생각하는가? 당신의 답변을 적어보라.
2️⃣ 다른 면에는 적절히 대응하지 못하는 상황을 적어 보라.

가까워지기 및 거리두기

　가까워지기 및 거리두기라는 개념을 사용하고 일상생활과는 다른 예를 활용하여, 당신의 상태와 상황에 필요한 것 사이에 가장 잘 일치하도록 하기 위해 당신의 연관/분리의 정도를 증가/감소하는 연습을 해라.

　모든 심신 상태와 마찬가지로 연관성 분리는 상당히 강한 신체적 상태다. 이러한 상태는 본 활동을 할 때 공간을 움직이는 데 도움이 될 수 있다. 만약 자유롭게 움직일 수 없다면, 어느 방향으로든 자유롭게 움직일 수 있는 잘 아는 공간을 상상해보라. 아마도 크고 깔끔한 방이나 조용한 공원이나 공공장소가 될 수 있다.

1　열린 공간이나 비교적 깨끗한 공간에서 한 손에는 연관, 다른 한 손에는 분리 사이의 선이나 연속체를 상상한다. 끝부분이 어디에 있는지 확인한다. 당신은 아마도 어느 끝부분이 어떤 상태를 나타내는지 금방 알 수 있을 것이다. 확실하지 않은 경우 서로 반대 방향으로 지정하라. 잠시 선에서 떨어져 있지만 그 선과 가까운 중간 지점에 서라.

2　자신이 적절하고 효과적인 상태에 있다고 확신하고 있는 상황을 생각해보라. 즉시 선 위에 올라서서 각 끝부분과 관련하여 현재 서 있는 위치를 확인한다(당신은 아마 더 이상 중간 지점에 있지 않을 것이다!). 당신의 상태가 그것을 관리하는 데 어떤 도움을 주었는지 배우기 위해 그 경험에 대해 잠시 되돌아보라.

3　선을 벗어나서 중간 지점을 다시 지정하라.

4　이제 효과적으로 관리할 수 있는 능력이 부족하다고 느끼는 또 다른 상황을 생각해보라(당신이 정말 형편없다고 느끼는 상황은 피하라).

5　선으로 가 당신이 가장 자연스럽게 느끼는 지점에 서라. 당신은 아마도 다른 끝부분(연관)보다 한 끝부분(분리)에 더 가까워질 것이다. 그 시점에서 상황에 대해 어떻게 느끼는지 알아차린다.

6　이제 반대의 양 끝부분으로 선을 따라 몇 단계를 수행한다. 만약 당신이 더 많이 연관된다면, 당신은 당신의 감정이 더 많이 관련되거나 더 강화되었다는 것을 발견할지도 모른다. 만약 당신이 분리를 향해 나아가고 있다면, 당신은 당신의 반응이 자신과 상관이 없고 감정적으로 절제된다는 것을 발견할지도 모른다. 당신은 자연스럽게 작동하는 끝부분까지 더 가까이 이동하고 싶을 수도 있다(더 많이 연관되어 무언가를 즐기거나 더 많이 분리되어 무언가에 무심해질 수 있다). 몇 단계 후에 멈춰서 당신이 만든 차이를 평가해라. 당신이 있는 지점에서 더 나아가고 싶은가? 당신은 더 큰 차이를 만들기 전에 약간의 차이에 익숙해지는 것을 선호할 수 있다. 당신은 활동을 반복할 수 있고, 다른 날에 당신의 학습을 더 발전시킬 수 있다.

7 선을 벗어나서 중간 지점을 다시 지정하라. 당신이 알아차린 것과 당신의 이전 반응을 앵커로 하는 것에 대해 당신에게 일어난 모든 것을 적어라.

8 당신의 움직임이 유용해 보인다면, 당신의 새로운 위치를 위한 앵커 역할을 할 수 있는 것은 무엇인가? 미래에 당신의 앵커 역할을 할 수 있는 것들을 스스로 인식하면서 새로운 위치로 한발 물러서라.

9 새로운 앵커를 단지 생각함으로써 실제로 그 앵커를 시험해보라. 즉시 당신이 원하는 상태로 전환되는가? 그것이 당신으로 하여금 새로운 장소에서 한 걸음 물러서고 싶게 만드는가?

메타 프로그램의 선에 있거나 벗어나서 의도적으로 위치를 이렇게 바꾸는 것은 당신의 움직임이 상상을 통해서든지 실제로 일어나든지 간에 빛나고 강력할 수 있다. 그 효과는 실제로 연습을 하는 동안 받는 통찰력에 국한되지 않고 나중에 결실을 맺을 수 있는 일련의 사고(思考)를 유발할 수 있다.

사례 Helen Vaughan(수간호사)

병원에서 잠재적으로 괴로울 수 있는 상황을 관리하면서, 나는 너무 전문적인 요소로 인해 의사소통의 장벽을 쌓지 않도록 조심하고 있다. 나는 바디 랭귀지의 단서를 찾고 직감에 따른다. 내 마음의 뒤쪽에는 항상 '어떻게 대우받고 싶은가?'라는 질문이 있다. 나는 피상적이거나 깊은 수준에서 의사소통하는 데 시간을 투자한다. 즉, 아프거나 죽어가는 환자의 친척에게 정기적으로 전화를 한다. 문제가 발생하면 직접 전해주거나 통화를 한다. 만약 지연되면 상황이 더 악화된다. 만약 이러한 연결성을 일찍 만들면 나중에 나쁜 소식을 다루는 것이 훨씬 쉽다. 왜냐하면 당신은 이미 관계를 구축했으며, 복잡한 사건 및 문제를 이해하는 동시에 처리할 필요가 없는 가정에 정착했기 때문이다.

나는 감정을 숨기려고 애쓰는 데 힘을 쓰지 않는다. 나는 당신이 감정을 드러내지 않고 공감능력을 입증할 수 있다고 생각하지 않는다. 그 순간에 나는 평온함 및 균형을 유지하고 정직한 반응을 제공하는 데 집중한다(무의미한 칭찬과는 대조적으로). 나는 흡수할 수 있는 스펀지다. 나는 나중에 내 생각을 정리해서 상황을 잊어버린다(시끄러운 음악이 흐르는 차 안이나 시끄러운 음악을 들으며 달리는 과정에서). 나는 생각을 묶어 쓰레기통에 집어넣는 것을 시각화하려고 시도했지만, 더 나은 머리를 식혀주는 것은 집을 향해 걸어가고, 복권에 당첨되면 내가 할 변화를 상상하는 것이다. 이것이 만약 실패하면 브랜디와 좋은 책이 나의 침대에서 나를 기다리고 있다.

Chapter 07

누가 당신의 판단에 영향을 미치는가?

우리의 선택과 결정은 무엇이 옳고 적절한지에 의해 영향을 받는다. 어떤 사람들은 권위를 위해 외부를 바라보고 다른 사람들은 자신을 바라본다. 가치 판단과 관련된 결정을 내릴 때마다, 당신은 머릿속에 지니고 있는 기준이나 신념에 기반을 두고 있다. 당신이 '더 나은', '옳은', '좋은', '적절한', '현명한', '분별력 있는', '이로운' 등의 단어(물론 반대의 경우도 마찬가지)를 생각하거나 말할 때마다 당신은 그것의 존재에 대해 알고 있거나 혹은 그것을 언급하는 것에 대해 의식하고 있는지에 관계없이 암묵적 기준을 다시 언급하고 있다. 이러한 기준점은 당신을 특정 방향으로 향하게 하는 것이다.

 ## ❶ 자신에게 의지하기 vs 타인에게 의지하기

그 암묵적 기준은 어디에서 오는가? 당신은 누구의 의견을 참고하는가? 당신은 당신의 생각과 행동의 기초가 되는 기준을 외부에서 찾고 있는가, 아니면 내부에서 찾고 있는가?

내가 치료사로 훈련을 받을 때, 한 강사가 그의 최근 내담자들 중 몇 명과 그들이 어려움을 겪고 있는 문제들에 대해 말씀하시곤 했다. 이후 그는 우리에게 문제에 대해 브레인스토밍을 하라고 다음과 같이 요청했다. "그 문제를 해결하기 위해 당신들은 무엇을 할 것인가요?" 우리가 머뭇거리고 어떻게 대답해야 할지 궁금해할 때, 그의 특징적인 지도는 다음과 같았다. "빨리! 빨리! 빨리 결단을 내리세요!" 나는 그것이 몇 년 동안 정말 도움이 되는 만트라(mantra)라는 것을 알았다. 그 말이 나의 내부 지향성과 맞아떨어지고 강화되기 때문이란 것을 이제 깨달았다! 하지만 만약 내가 다른 사람들을 의식하거나, 혹은 정해진 절차에 대한 해답을 찾는 경향이 있었다면, 나는 강사의 물음에 대한 해방 대신 불안감을 느꼈거나 심지어 강사에게 버림을 받았을지도 모른다.

문제해결방법을 찾기 위해 자신을 바라보는 사람은 '내부 지향적'인 사람으로 묘사된다. 만약 당신이 다른 사람의 지도를 받는다면 당신은 '외부 지향적'인 사람이다. '외부 지향적' 또는 '내부 지향적'인 사람이 되는 것은 당신이 무엇을 하느냐의 문제가 아니다. 그것은 당신이 어떻게 결정을 하느냐의 문제다. 예를 들어 신앙심이 깊은 사람은 역사적 전통에 충실하면서 외부 지향적일 수도 있고, 그들의 종교적 비전을 표현하고 봉사하는 새로운 방법을 창조하는 데 있어서 성취와 목적을 찾으며 내향적일 수도 있다.

❷ 외부 지향적(Outer-directed)

만약 당신이 외부 지향적이라면, 당신의 지향성의 중요한 원천은 다른 사람들, 특히 어린 시절과 정규 교육의 과정 동안 당신에게 중요했던 성인들로부터 명시적으로 들은 것이다. 그들의 힘, 권위와 지식, 삶의 더 많은 경험이 그들에게 말할 수 있는 '권리'를 주었고, 이는 그들이 말한 것을 당신이 받아들이도록 이끌었다. 당신이 일상생활을 할 때, 그들은 당신이 깨달았든 못 깨달았든 당신의 행동, 선택, 결정을 지도하는 당신의 내부 멘토(mentor)가 될 것이다. 이 사람들 중 일부는 당신이 아침에 달걀을 삶는 방법에서부터 하루를 구성하는 방법뿐만 아니라 당신이 친구, 파트너, 직업, 취미, 그리고 육아에 대해 하는 보다 의미 있는 선택과 같이 당신의 일상과 매일의 선택과 함께한다.

당신에게 영향을 미치는 것은 그들의 말뿐만이 아니다. 그들이 무엇을 했고 어떻게 했는지가 당신의 마음속에 있으며, 이는 끝없는 시각, 청각, 신체적 '참고 은행(reference bank)'을 구성하고 있다. 때때로 당신은 다음과 같이 생각할 수 있다. '지금 상황에 대해 아버지는 어떻게 생각하셨을까?' 때때로 당신이 공유했던 수년 동안의 친밀감(또는 적대감)은 당신에게 영향을 미치는 것에 대해 성찰조차 하지 않고 그런 식으로 행동하도록 당신을 자극한다.

⬤ 기관의 영향

의견과 행동이 우리를 이끄는 것은 개인만이 아니다. 교회, 거래 및 직업, 사회단체와 같은 기관들, 그리고 또래 집단들 또한 우리의 '참조 은행'에 기여한다. 또한, 그것들은 우리에게 판단과 결정을 내리기 위해 사용하는 많은 추상적인 기준을 제공한다. 그중 일부는 역사적인 것이다. 종교적 및 문화적 전통, 국가적 가치는 모두 수 세기 동안 거슬러 올라갈 수 있지만 오늘날에도 여전히 우리에게 강력한 영향을 미친다.

⬤ 장점

만약 당신이 외부 지향적이라면, 당신은 보통 결정을 내리고 행동을 취하는 기반이 꽤 명확할 것이다. 당신은 다른 사람들의 요구에 대한 강한 감각을 가지고 있을 것이고, 그들을 배려하는 것이 당신 자신을 위해 살아가는 것보다 더 높은 우선순위를 둘 것이다. 당신은 자신이 옳다고 이해하는 일을 함으로써 큰 만족을 얻을 수 있고, 당신이 소중하게 여기는 역할, 조직, 기관의 정신에 의해 뒷받침된다고 느낄 수 있으며, 그러한 문화적, 도덕적 가치를 다른 사람들에게 전달하는 것을 즐길 수 있다. 당신은 당신이 어떻게 적응하는지, 그리고 아마도 인생에서 중요한 것이 무엇인지에 대한 감각을 갖게 될 것이다. 당신은 당신의 문화와 지역 사회에서 편안함을 느끼며, 다른 사람들을 지원하고 육성하는 역할에서 자신의 성취감을 찾을 수 있을 것이다.

당신은 어려움, 도전 또는 갈등 상황에서 내부 멘토로부터 강력한 지지를 받을 수 있다. 그들은 말 그대로 '당신과', '당신 안에' 있다. 당신은 그들의 지혜, 기술, 행동 강령을 활용하여 자신의 능력을 계발하거나 당신만의 이야기를 할 수 있다. 때때로 당신은 심지어 그들의 말을 사용하거나 그들의 말과 비슷한 방식으로 행동할 것이다.

⬤ 단점

당신의 권한들이 서로 충돌하는 곳에서, 당신은 정말 곤경에 처할 수 있다! 당신은 그것들을 어떻게 비교하거나 서로 평가할 수 있는가? 멘토들의 가르침이 변화하는 세계의 요구와 맞지 않는 것처럼 보일 때, 당신은 어떤 지침을 따르는 것이 가장 좋을까? 그들의 성격상, 낡은 목소리는 나의 아버지가 설명했던 것처럼 최신의 것이 아니다. 그는 고립된 농촌 지역 사회에 기여하기 위해 우리가 살고 있는 시대 수 세기 전에 공식화된 행동 규칙이 반드시 20세기의 도시화된 삶의 복잡성으로 잘 해석되지 않을 수도 있다고 주장했다. 이는 그가 성경의 가르침을 문자 그대로의 교훈이 아닌 영적인 비유로 읽었다는 것을 의미한다.

당신이 외부 지향적인 사람일 때, 당신이 원하고 필요로 하는 것과 당신이 해야만 하고 옳다고 생각하는 것이 상충한다면, 당신은 매우 스트레스를 받을 가능성이 높다. 당신의 직감이나 강한 충동이 학습된 믿음과 반드시 조화를 이루지는 않을 것이다. 야망, 성욕 및 본능적 적대감은 당신의 권한이 당신에게 굴복하지 말라고 하더라도 쉽게 지배할 수 없다.

평등을 요구하는 데 어려움이 있는 경우, 자신을 우선순위에 두는 것에 신경 쓰지 마라. 외부 지향적인 것은 불필요하게 생명을 제한할 수 있다. 만약 당신이 자신이 원하는 대로 행동한다면, 당신은 죄책감을 느껴서 그 경험을 스스로 망칠지도 모른다.

③ 내부 지향적(Inner-directed)

어떤 사람들은 방향을 찾기 위해 자신의 자의식으로 향하는 경향이 훨씬 더 많다. 이런 종류의 사람은 외부의 확인이 필요하지 않은 것처럼 보일 수 있으므로 자신의 판단에 자신이 있고 자신이 원하는 것이 무엇인지, 무엇을 해야 하는지에 대해 분명하다. 그들은 다른 사람의 지시가 아닌 내부적으로 생성된 가치와 목적에 의해서만 영향을 받는 것 같다.

탐험가, 선지자, 기업가 및 발명가는 모두 내부 지향적일 수 있다. 내부 지향적인 사람들은 외향적이거나 내향적일 수 있기 때문에 이러한 사회적 행동은 내부 지향성의 결정 요소가 아니다. 내부 지향성의 결정 요소는 그들이 다른 사람들의 영향이나 의견보다는 내부적인 것에 의해 움직이거나 동기부여를 받는다는 것이다. 당신은 다른 사람과 관계를 맺는 방식으로 외향적일 수도 있고, 조용하고 독립적인 사람이 될 수도 있다.

○ 장점

당신은 자신이 무엇을 원하거나 무엇을 해야 하는지 본능적으로 알기 때문에 의사결정이 어렵다는 것을 거의 발견하지 못할 것이다. 몇 가지 가능한 선택 사항의 장점에 대해 토론할 때조차도, 당신은 자기 자신과 당신 내부에서 토론을 하고 있기 때문에, 선택을 통해 만족시켜야 하는 것은 주로 자기 자신이다. 이것은 당신의 삶의 목적의식과 삶이 당신에게 주는 즐거움, 선물 그리고 사치 등 모두 적용될 수 있다.

당신은 독립심을 느낄 수도 있고, 어쩌면 자기 자신을 자유로운 영혼으로 볼 수도 있다. 또한, 당신은 새로운 분야를 개척하고, 혁신적이며, 자기 자신에게 무엇을 해야 할지 말하기 위해 다른 사람들에게 의존할 필요가 없는 것을 즐길 가능성이 있다. 당신은 선택한 행동을 재가하기 위해 다른 사람의 의견이 필요하지 않으며, 혼자 일하는 것을 좋아할 것이다.

딘짐

당신이 무엇을 믿고 원하는지 분명히 한다고 해서 다른 사람들이 당신의 생각을 받아들이거나 당신의 행동에 찬성한다는 것을 자동적으로 의미하지는 않는다. 사실, 그들은 당신을 의견이 많고 이기적인 사람으로 생각할지도 모른다. 이는 심지어 당신이 이기적이지 않은 목표를 향해 노력할 때에도 일어날 수 있다.

다른 사람들이 당신이 제안한 것에 동의하더라도, 당신의 타이밍이 그들의 타이밍과 맞지 않을 수 있으며, 그들은 서두르거나, 당신의 의견을 듣지 않을 수 있다. 이로 인해 가정 및 조직 생활에서 당신은 헌신적이지만 당신의 아이디어를 발전시키기 위해 필요한 지원 없이는 다른 사람들의 지지를 받지 못하는 자신을 찾을 수 있다.

외톨이가 되는 것은 때때로 외로움을 느낄 수 있다. 다른 사람들과 함께 일할 필요가 없다는 것은 때때로 당신을 고립된 기분으로 만들 수 있다. 당신이 만약 팀과 함께 일을 해야 한다면 부적응자처럼 느껴질 수 있다.

④ 당신의 기본 설정은 무엇인가? ─────────

이러한 설명이 당신에게 적합한가? 아마도 당신은 가정과 학교에서 배운 가치과 자신의 가치를 찾는 것 사이에서 갈등하는 십대일 수도 있다. 또는, 당신은 직업을 가지고 있고, 그 직업의 가치가 당신의 남은 일생을 바칠 가치가 있는지 궁금해하고 있을 수도 있다. 당신은 퇴직을 하였거나 자녀가 결혼을 하여 집을 떠났을 수도 있다. 당신은 아마도 자연스럽게 메타 프로그램 어느 쪽에 해당하는지 어느 정도 확인했을 것이다. 이것을 더 자세히 탐구하는 한 가지 방법은 당신이 머릿속에 가지고 있는 토론을 모니터링하는 것이다. NLP에서는 이를 '내적 대화(internal dialogue)'라고 부른다.

 내적 대화(Internal dialogue)

우리가 가진 내면의 대화. 이는 우리 자신과 중요한 타인 간의 대화뿐만 아니라 토론 및 갈등에서 우리 자신의 다른 부분이 포함될 수 있다. 그 내용에는 재생된 교환과 상상된 교환을 모두 포함할 수 있다.

내적 대화는 우리가 자주 인식하지 못하기 때문에 엄청난 영향을 미칠 수 있다. 그것은 우리가 생각하는 현실과 우리 사이에 놓여 있는 또 다른 필터다. 그러나 현실을 필터링하는 바로 그 과정에서 그것은 감정을 유발하거나 강화하고, 논쟁을 명확히 하고, 다른 것보다 특정 행동을 촉구하기 때문에 현실을 형성하는 역할을 한다. 내적 대화는 항상 발생하며, 모니터링을 하는 방법을 배우면 방향 감각이 어디에서 오는지 이해하는 데 도움이 된다. 다시 말해서, 내적 대화는 모든 사람들이 경험하는 것이다. 우리의 내적 대화는 PC와 거의 같은 방식으로 투명하다. 우리는 보통 그것이 일어나는 동안 그리고 심지어 그 이후에도 종종 그것의 작용에 대해 알지 못한다.

만약 우리의 내적 대화가 힘들거나 어렵거나 우리에게 없는 자질이 필요하다는 가정에 기반을 두고 있다면, 이것은 우리가 삶을 관리하는 방식을 설정하는 데 도움이 될 것이다. 또한, 내적 대화가 내면의 목적과 미션에 기반을 둔다면 우리는 새로운 방법을 고안하여 문제를 해결하거나 이러한 과정에서 예상 및 준비하지 않은 반대에 맞설 수 있다. 하지만 만약 내적 대화가 절차와 다른 사람에 대한 외부의 의존에 기반을 둔다면, 불가능하지는 않더라도 자립적으로 행동하는 것이 어렵다는 것을 알게 될 것이다.

당신의 머릿속에서 어떤 종류의 말이 들리고 있으며, 누구의 목소리가 그것을 말하고 있는가? 당신이 주의를 기울이기 위해 멈추었을 때, 때때로 기억된 목소리의 톤을 포착하여 자신의 '대본'의 일부가 될 때까지 반복해서 들었을 수 있는 구절로 이야기를 할 수 있다. 그 목소리는 삶에 대한 내부 지향적 접근 방식으로 당신을 지원하는가? 아니면 외부 지향적 접근 방식으로 당신을 지원하는가? 이러한 지원이 실제 상황에서 유용하거나 도움이 되는가?

NLP에는 흥미롭고 유용한 개념이 있다. 그 언어는 즉각적이고 분명한 메시지뿐만 아니라 '메타 메시지(meta-message)'도 전달한다. 메타 메시지는 지금 말하고 있는 것의 액면 그대로의 내용을 넘어서 동시에 우리에게 무언가를 알려주는 메시지이며, 이것은 특히 내적 대화의 경우에 해당된다.

메타 메시지(Meta-message)

이것은 실제 말하는 단어들의 액면 그대로의 내용을 뛰어넘는 메시지로, 그것들에 대한 은유적인 논의나 어느 정도 더 높거나 더 깊은 수준의 메시지(단어를 뛰어넘는 것)를 제공한다.

한 심리치료 강사의 '순 간석으로 너의 별단을 내려라(think on your feet)'라는 만트라의 메타 메시지는 논리적으로 생각할 시간이 없는 순간에서도 자신의 본능을 믿고 옳은 일을 말할 수 있다는 것을 의미한다. 당신은 지적으로 '알' 필요가 없다. 당신은 대본을 따를 필요가 없다. 당신은 안전하고 적절하게 즉흥적으로 처리할 수 있다. 따라서 이것은 특히 압력에 시달리지 않을 때 내부 지향적인 사람이 받을 수 있는 매우 강력한 메시지가 될 수 있다. 반면에, 외부 지향적인 사람은 그 메시지가 두렵고 무력하다고 느낄지도 모른다. 이런 종류의 사람은 다음과 같은 생각을 할 가능성이 더 높다 – *그것이 무엇인지 미리 알지 못하면 어떻게 옳은 일을 할 수 있는가?*

우리가 참여하는 내적 대화의 대부분은 영향력 있는 메타 메시지를 전달할 수 있다. 대부분의 성인기에 자신감이 부족했던 내담자 중 한 명이 상담 중 결국 그의 아버지가 '절대 자원하지 말라'는 말을 되풀이했던 것을 기억했다. 그의 아버지가 군대(자원을 하는 것이 추가적인 또는 더 위험한 작업을 의미할 수 있는 곳)에서 유용하다고 여겼던 그 침묵은 그의 아들에게 어떠한 솔선수범이라도 하는 것은 자신을 위험에 빠뜨리는 것이라는 메타 메시지를 전달해주었다. 당신의 내적 대화는 어떤 메타 메시지를 알리고 있는가? 그것들의 효과는 무엇인가?

당신의 내적 대화를 더 잘 인식시키기 위해, 스스로에게 물어볼 수 있는 많은 질문들이 있다.

1. 내부 주파수에서 누구의 목소리가 들리는가?
2. 내가 다른 사람들로부터 받는 메타 메시지는 무엇이며, 그것들은 나를 가능케 하는가? 아니면 제한하고 있는가?
3. 이 메시지들은 지금 나와 내 삶에 관련이 있는가?
4. 진정한 나의 목소리를 어떻게 인식해야 하는가?
5. 다른 사람들의 목소리는 나 자신보다 얼마나 영향력이 있는가?
6. 나의 내적 대화의 얼마나 많은 부분이 해야 할 일과 해서는 안 될 일을 하고 있는가?
7. 논쟁이나 갈등이 얼마나 포함되는가?
8. 가능성, 자유 또는 창의력은 어느 정도인가?
9. 자기비판은 어느 정도인가?
10. 자기격려는 어느 정도인가?
11. 나의 대답은 내가 외부 지향적 또는 내부 지향적인 정도에 어떤 빛을 던지는가?

⑤ 두 가지 관점의 상호 연관성

NLP는 우리가 시작했던 것보다 더 많은 선택권을 가질 수 있도록 도와주기 때문에, 아래의 표는 당신의 기본 설정이 작동할 가능성이 있는 방식과 당신의 범위를 확장 및 추가하는 방법을 보여준다.

외부 지향적	내부 지향적
당신은 다른 사람들이 당신과 다르게 보는 것을 깨닫는다. **해결책**: 자신을 더 많이 고려하고 우선순위에 더 비중을 두어라.	당신은 종종 다른 사람들이 사물을 어떻게 보는지 궁금해하지 않는다. **해결책**: 그들의 입장에서 상상해보라.
다른 사람들의 견해가 당신의 견해보다 덜/더 진실된 것이 아님을 <u>스스로에게 상기시켜라.</u>	사람들이 당신의 말이나 행동에 반응할 때, 당신이 그들을 어떻게 상대하고 있는지 <u>스스로에게 물어보라.</u>
당신의 머리가 '그렇다'고 말할 때, 당신의 몸도 동의하는지 확인하라.	당신이 무언가를 계속하고 싶을 때, 당신이 고려해야 할 다른 것이 있는지 스스로에게 물어보라.

당신과 세상의 다른 부분 사이에 어떤 일이 있는지 알면 더 유연하고 정보에 입각한 선택을 할 수 있다. 이는 다른 관점에 부여할 수 있는 상대적 가중치를 평가할 때, 그들 사이에 일종의 '균형'을 추구하는 것이 아니며, 타협점을 찾는 것이 아니다. 당신이 찾고 있는 것은 내부 및 외부 지향적 관계가 어떤 상황에서 적절하고 유용한가 하는 것이다.

오직 내부 및 외부 지향성의 근원 간의 관계를 확립해야만 당신은 세계에서 효과적으로 기능할 수 있다. 만약 각 지향성이 극단적으로 작용하면 의사소통이 중단되거나 효율성이 떨어질 수 있다. 이것은 비용에 대한 개념을 제기한다. 만약 당신이 내부 지향성을 가지고 있다면, 당신의 '미션'을 고수하는 것은 비록 그 미션이 이타적인 것이라 할지라도, 주변 사람들에게 비용적인 측면에서 부담을 줄 것이다. 당신이 예언자든, CEO든, 영감을 주는 교사든, 당신의 길을 따르는 것은 개인적 관계, 육체적 피로, 재물 또는 그것들을 즐길 수 있는 시간 면에서 비용이 들 가능성이 있다.

반면에, 만약 당신이 외부 지향적이면, 당신의 길을 고수하는 것은 다른 비용을 가질 것이다. 승진, 여가시간, 개인 공간, 자기 관리 모두 도덕적 의무 또는 타인의 필요라는 명목으로 타협, 희생 또는 축소될 수 있다.

우리가 운영하는 방법에는 항상 비용이 있다. 내부 및 외부 지향성의 연속체에 대한 기본 설정을 인식함으로써 우리는 이점과 관련하여 우리 자신과 다른 사람들에게 비용을 평가할 기회를 얻는다. 아마도 더 중요한 것은 상황 자체의 본질과 요구와 관련하여 연속체를 따라 움직일 수 있는 가능성을 열어 준다는 것이다.

두뇌 계발 및 재설계 활동(5)

멈추고, 보고, 듣기

아이들이 안전하게 길을 건너는 방법을 배울 때, 종종 멈추고, 보고, 들으라는 안내를 받는다. 이 간단한 경험에 바탕을 둔 법칙은 우리를 내부 혹은 외부 지향성의 곤란에서 구하는 데 도움을 줄 수 있다. 그것은 우리에게 위험을 조심하라고 일깨워준다. 내부 지향적인 사람들은 어떤 것을 보기 전에 도약할 위험이 있다. 외부 지향적인 사람들은 싫다고 말해야 할지 고민도 하지 않고 알겠다고 대답하는 경향이 있다. 내부 및 외부 지향성의 유연성을 구축하는 가장 간단한 방법은 행동을 하거나 입을 열기 전에 잠시 멈추는 것이다! 이것은 당신이 하려는 일이 당신의 의견에 동의, 반대 또는 제안하는 것이라면 특히 그렇다. 결정을 내리기 전에 잠깐 멈춰라.

① 말 그대로 숨을 쉬어라. 이는 몇 초가 걸리며, 생각할 소중한 시간을 제공한다.
② 기본 설정과 이 설정이 당신에게 어떤 영향을 미칠 수 있는지에 대해 기억하라.
③ 만약 당신이 스펙트럼의 반대쪽에서 생각한다면 어떻게 행동할지 혹은 무엇을 말할지 간단하게 상상해보라. 그러면 무슨 일이 일어나는가?
④ 당신은 이제 어떻게 할 것인지에 대해 다소 다른 생각을 가지고 있음을 알게 될 것이다. 확신이 없다면, 생각할 시간을 더 가져라. 예를 들어, 만약 다른 사람이 관련되어 있다면, 당신은 그에게 당신의 결정이나 의견을 말하기 전에 생각할 시간을 더 원한다고 말할 필요가 있을지도 모른다.

만약 당신이 외부 지향적인 사람이라면, 이미 가장 중요한 멘토들이 있을 가능성이 매우 높다. 그러나 때때로 그들로부터 부정적인 영향을 받거나 현재 시대에 뒤떨어진 규칙 및 교훈에 따라 행동할 위험에 처할 수 있다. 예를 들어, 대공황과 2차 세계대전을 겪으며 살아온 부모를 둔 사람들은 아마도 부모님의 검소한 생활방식과 미래에 대한 불안감을 떠맡았을 것이다. 그들은 발달되고 풍요로운 시기에도 적절히 행동함으로써 스스로를 제한하고 있는지도 모른다. 이제 재정적인 환경이 다시 바뀌었으므로 한때 적절해 보였던 견해와 가치는 재검토가 필요할 것이다. 현재 당신의 멘토들이 당신의 상황과 필요에 얼마나 적절하고 관련이 되어 있는지 확인하라.

만약 당신이 내부 지향적이고 다른 사람들에게서 긍정적인 영향을 받는다는 것을 모른다면, 당신은 실제로 당신에게 도움이 될 수 있는 지지나 영감을 놓치고 있을지도 모른다. 당신이 압박을 받거나 결정을 내려야 할 때, 내부 멘토는 당신을 지원하고 조언하며 당신이 저지르기 쉬운 실수로부터 당신을 구할 수 있다. 머릿속에 있는 생각일 뿐인 것이 어떻게 그렇게 많은 것을 성취할 수 있는가? 우리가 사람이나 조직을 내면화할 때 우리는 그들이 실제로 한 일이나 말한 것뿐만 아니라 그들이 무엇을 상징하는지에 대해서도 받아들인다. 이것은 우리가 그들이 어떻게 반응할지, 그리고 그들이 새롭거나 예상치 못한 상황에서도 조언할 것을 어느 정도 알고 있다는 것을 의미한다. 우리는 알려진 것에서 알려지지 않은 것으로 추정한다.

몇 년 전에 한 동료와 나는 미팅에 참석했다. 참석하기 전에 우리는 그곳에서 어려운 협상을 할 것이라는 것을 알고 있었다. 기차를 타기 위해 걸어가면서, 나는 그 미팅에서 어느 멘토와 함께 하고 싶은지 스스로 물어보았다. 누구의 기술과 존재가 나를 가장 효과적으로 이끌 것인가? 첫째, 숙련된 전략가이자 타인에게 영감을 주는 나의 NLP 트레이너였다. 둘째, 비록 몇 해 전에 돌아가셨지만, 나의 아버지였다. 나에 대한 그의 믿음은 내 자존심의 초석이었다. 셋째, 내가 한 일에 항상 격려해 준 어린 딸이었다. 당연히 동료와 나는 협상에 성공했다!

① 결정을 내리거나 효과적으로 행동하는 데 어떤 지원이나 조언이 도움이 되는가?
② 당신이 필요로 하는 정보나 개인적인 자질의 모범을 보이는 사람이 누구인지 알고 있는가? '지식'이 직접적으로 이루어질 필요는 없다. 역사적인 인물이나 문학 속의 인물은 실제적이고 당신에게 알려진 사람만큼 효과적인 멘토가 될 수 있다. '현실'과 '아는 것' 모두 당신의 마음속에 있다!

3 잠시 시간을 내어 마음속에 멘토를 최대한 완전하고 풍부하게 불러내라. 그렇게 하면서 그들이 당신이 처한 상황을 어떻게 바라보고, 어떻게 행동할 것인지에 대한 감각을 갖게 될 것이다. 명확한 아이디어를 즉시 얻지 못하더라도 실망하지 마라. 당신은 상황 자체를 겪으면서 순간순간 그들의 지원과 도움을 느낄 것이다.

활동 3   자기 자신에게 상담하기

이 활동에서 당신은 당신의 지혜를 믿고 성장시킬 것이다. 당신이 가치의 측면에서 내부 지향적이든 외부 지향적이든 간에, 당신은 당신의 반응과 아이디어의 적절성을 확인하기 위해 다른 매우 중요한 정보 출처를 요구할 수 있다. 그것이 당신 몸의 언어. 당신의 '직감'과 사물에 대한 즉각적인 근육 반응이 당신의 의식적인 처리를 통해 필터링되지 않기 때문에 나는 이것을 '당신의 신체적 지혜'라고 부른다. 당신은 어리둥절하거나 무언가에 동의하지 않을 때 얼굴을 찌푸리기고 결정하지 않는다. 그것은 그냥 발생한다. 당신은 지루할 때 하품을 하거나 눈꺼풀이 쳐지도록 하는 것을 결정하지 않는다. 이것은 당신이 알고 있든 없든 간에 내부에서 일어나고 있는 신체적 징후다.

만약 당신이 외부 지향적인 사람이라면, 신체의 언어를 모니터링하는 방법을 배우는 것은 다른 종류의 지식을 활용할 수 있는 좋은 방법이며, 외부에서 내면화된 교훈에 대한 유용한 균형을 제공할 수 있다. 신체적 반응(신체 언어)은 일반적으로 즉각적이며, 당신이 해야 할 일이나 느낌에 반하는 반응을 보인다면, 추가적인 탐구 없이 진행하는 것은 나중에 문제를 의미할 수 있다고 받아들일 수 있다.

1 '예 또는 아니오'라고 말하기 전에 제안된 내용에 신체가 어떻게 반응하는지 확인하라. 신체적으로 편안한가? 아니면 긴장되거나 짜증이 나거나 화가 나거나 슬픈가? 당신의 반응은 무엇을 말하고 있는가?

2 만약 당신이 내부 지향적이라면, 다른 사람들의 신체적 반응은 당신의 한계를 상쇄하고 당신의 말과 행동이 가지고 있을 수 있는 영향을 더 잘 예측하도록 도와줌으로써 당신에게 가치 있는 정보를 제공하는 것을 도와줄 것이다.

3 회의나 대화에서 말을 할 때 관련된 다른 사람들을 관찰하라. 그들의 표정은 무엇을 말하고 있는가? 그들은 고요히 있는가, 아니면 움직이고 있는가? 어떠한 종류의 고요함인가? 어떠한 종류의 움직임인가? 확실하지 않다면, 당신이 본 것을 말하고 그들이 관련된 한 그것이 의미하는 바를 확인하라: "당신은 의아해 보입니다. 다시 한번 살펴볼까요?" 또는 "당신은 인상을 찌푸리고 있습니다. 저의 제안이 만족하지 않는다는 뜻인가요?"

나는 다른 사람들이 배울 수 있도록 도와주면서 많은 즐거움을 얻는다. 내가 가르치는 내용의 기초가 되는 원리와 가치가 무엇인지, 그리고 내가 가르치는 과목의 뿌리가 어떻게 과거로 거슬러 올라가는지에 대한 명확한 감각이 있다. 하지만 나는 내가 가르치는 모든 학생들이 이것이 그들에게 어떤 의미가 있고, 그 과목이 어떻게 그들의 삶을 풍요롭게 할 수 있는지를 스스로 경험해야 한다는 것을 알고 있다. 나의 만족은 그들이 그렇게 할 방법을 찾도록 돕는 것이다. 가르치는 것은 나 자신을 성취하고 풍요롭게 하지만 동시에 완전히 이타적인 것이다.

Chapter 08

당신을 움직이게 하는 것은 무엇인가?

동기부여는 에너지이며, 그 에너지는 항상 방향적이다. 그것은 원하지 않는 것을 피하거나 원하는 것을 향해 나아가는 방향으로 향할 수 있다. 두 가지 유형의 동기부여의 잠재력은 동일하다. 단지 에너지가 반대 방향으로 추진될 뿐이다.

① 회피 동기 vs 접근 동기

우리를 행동하게 만드는 것은 무엇인가? 어떤 행동들은 누군가에게 훈계를 듣거나, 잘못된 행동이 들통나거나, 고통을 느끼거나, 법적으로 문제가 생기는 등의 불쾌한 결과를 피하기 위한 것이다. 다른 행동들은 목표와 더 큰 집, 더 나은 직업, 흥미로운 삶, 편안한 은퇴, 인정, 또는 만족스러운 파트너십 관계 등의 좋은 것을 달성하는 것을 목적으로 한다. 당신은 모든 사람들이 첫 번째 목록에 있는 것들을 피하고 싶어 하고, 두 번째 목록에 있는 것들을 목표로 하고 싶어 할 것이라고 생각할 것이다. 하지만 현실에서는 그런 일이 일어나지 않는다. 어떤 사람들은 만족보다 먼저 자신의 에너지를 회피하는 데에 쏟는 반면(사실, 성공적인 회피에서 만족을 얻는다), 다른 사람들은 잠재적인 함정의 일부를 제외하고 자신을 끌어들이는 것에 집중한다. 이것들은 우리의 행동을 '회피(away-from)'또는 '접근(towards)'하는 데 도움이 되는 메타 프로그램이다.

○ 우리는 어느 방향으로 가야 하는가?

결정은 당신이 선호하는 미래를 만드는 데 도움이 된다. 사실, 결정은 당신과 당신의 미래 간의 관계를 형성한다. 의사결정의 원동력을 이해하는 것은 그 관계를 더 효과적이고 삶의 질을 높이는 방향으로 만드는 시작이 될 수 있다.

어떤 것들은 대부분의 사람들을 끌어당길 것이다. 어떤 것들은 대부분의 사람들을 쫓아버릴 것이다. 그러나 의사결정은 그것보다 훨씬 더 복잡하다. 의사결정은 마치 실제로 어떤 일이 발생하든 관계없이 거의 모든 사람이 일반적으로 한 가지 또는 다른 종류의 힘을 더 강하게 느끼는 것과 같다.

○ 교묘하거나 교묘하지 않은 설득

탁월한 설득자인 광고주는 동기 부여가 어떻게 작동하는지 알고 있다. 당신이 잡지나 카탈로그를 열 때마다, 누군가가 당신에게 정보를 제공하는 방식에 무게를 두어 당신이 내리는 결정에 영향을 미치려고 할 것이다. 다음은 두 가지 예시다.

성취: "너의 시간, 너의 이야기... 너의 방식대로 말해." (Pulsar watches)
회피: "눈에 보이는 7가지 노화 징후를 방지하십시오." (Olay)

광고주들은 제품을 구매하기로 한 결정이 자연스럽고 적절한 것처럼 보이도록 당신을 제품과 조화를 이루도록 하는 것을 목표로 한다. 그들은 이것을 어떻게 하는가? 단순히 제품의 장점에만 당신의 주의를 끌어당기는 것뿐만 아니라 제품의 정보를 편향되게 제시하여 당신이 결정을 내리는 방식을 고려하도록 한다.

만약 당신이 신문의 광고를 잠깐 본다면, 잡지나 카탈로그에서 당신은 어떤 세련된 광고들이 단지 한 종류의 동기부여에만 초점을 맞추는 것이 아니라 두 종류 모두에 관한 정보를 제공함으로써 모든 사람들을 다루도록 한다는 것을 금방 깨닫게 될 것이다.

1. (MBT, The anti-shoe): 딱딱한 표면이 등을 손상시키도록 하면 안 된다. 그리고 그것을 보호하는 신발도 그렇다.
2. (Verdict magazine): '친환경'을 통해 비용을 절감할 수 있다.
3. (Tesco): 지금 매장에서 두 배의 돈을 벌어보세요.

이러한 광고를 보면서 당신은 긍정적인 것(돈)과 부정적인 것(등을 손상시키는 위험, 지구 온난화의 위험 등) 중 어느 것을 더 인지하는가? 당신이 광고를 볼 때, 어떤 접근법이 당신에게 구매를 유도할 것 같은가?

◯ 더 자세히 보기

'접근 동기'는 긍정적이기 때문에 자동적으로 더 낫고, '회피 동기'는 자동적으로 부정적이고 삶을 부정한다는 사고의 함정에 빠지지 않는 것이 매우 중요하다. '긍정적'과 '부정적'이라는 단어는 문제를 흐리게 한다. '회피 동기(away-from)'와 '접근 동기(towards)'라는 용어는 이러한 혼란을 주지 않고, 무엇이 적절하고, 무엇이 도움이 되며, 우리의 에너지가 지향하는 방식의 결과는 무엇인지 등에 대한 실제 문제를 고려하게 만든다. 긍정이란 성급한 결정, 현명하지 못한 충동, 그리고 절대 말해서는 안 될 말들을 억제할 수 있기 때문에 올바른 상황에서만 옳은 것이다. 반면에 부정적인 것은 우리 자신, 법, 현명하지 못한 결정과 치명적인 사고로부터 우리를 구할 수 있다.

코치로서 나는 많은 자영업자들을 만나 왔다. 모든 사람들은 재무 기록을 유지해야 하고, 두 가지 종류의 동기 모두 그들에게 영향을 미쳤다. 회피 동기는 누군가에게 세금 조사의 가능성을 경고할 수 있다(정확한 기록을 더 잘 유지하기). 접근 동기를 부여하는 사람은 적절한 기록 보관이 좋은 전문가가 되는 것의 일부임을 강조할 수 있다.

② 접근 동기(Towards) ────────────────

'접근 동기'의 사람들은 꿀벌이다. 그들은 그들에게 좋은 것을 찾는 것을 즐긴다. 매일매일 신나는 순간을 보낼 수 있다. 앞을 내다보는 것은 그들의 중요한 특징 중 하나다. 아주 작은 것조차도 그들을 만족시킬 수 있다. 만약 당신이 '접근 동기'를 가지고 있고, '특정 시간'을 중시하는 사람이라면, 당신은 즉각적인 즐거움과 보상에 이끌릴 것이다. 만약 당신이 '전체 시간'을 중시하는 사람이라면, '접근 동기'는 당신이 장기적인 프로젝트를 수행하고, 미래로 더 나아가 목표를 달성하는 데 도움이 될 수 있다.

⭕ 장점

당신은 관심, 즐거움 및 자극을 자동적으로 스캔하기 때문에 삶은 꽤 많은 시간 동안 흥미로울 수 있다. 매일매일 기대할 수 있는 잠재적인 할당량이 있다. '오늘 점심으로 무엇을 먹을까?'는 친구를 만나거나, 영화 티켓을 예매하거나, 잠재적인 직업에 대한 세부사항을 얻거나, 사고 싶을 수도 있는 집이나 차에 대해 더 많이 알아보기로 결정하는 것만큼 그나름대로 즐거운 선택이 될 수 있다. 또한, 당신은 자주 성취감을 누릴 수 있다. 당신이 원하고 얻는 것은 아무리 작더라도 잠재적으로 많은 만족을 가져올 수 있다.

새롭고 다른 것들은 삶을 더 낫게 만들 수 있기 때문에 매우 생생해 보인다. 당신은 항상 개선과 발전을 찾고 있다. 이것은 반드시 불만족을 의미하는 것은 아니며, 더 나은 것이 여전히 존재한다는 기본적인 믿음으로 운영하고 있다는 것일 뿐이다. 당신이 그것들을 찾았다고 생각할 때, 당신은 흥분을 느끼게 된다. 작업의 완료는 무언가를 하고 싶을 때 매우 쉬울 수 있다. 왜냐하면 시작하기 전에 작업이 완료되었을 때의 만족감을 상상하기 때문이다. 이러한 '강렬한 미래(compelling future)'는 프로젝트를 시작하고 프로젝트를 끝까지 관망할 수 있는 강력한 인센티브로 작용할 수 있다.

🎯 강렬한 미래(Compelling future)

이것은 현재에 너무 생생하고 현실적으로 상상된 어떤 것을 뜻하는 NLP 용어로, 미래에 일어날 수 있도록 당신을 몹시 괴롭힌다. 꿈을 가지고 그것을 실현하기 위해 노력하는 사람들의 경우처럼 '강렬한 미래'는 긍정적일 수 있다. 또는, 어떤 일이 일어날 것이라는 두려움이 실제로 그것을 이끌어내는 데 기여하는 사람들처럼 '강렬한 미래'는 부정적일 수도 있다.

우리는 우리의 목표나 꿈을 사실적으로 상세하게 상상하고, 각각의 감각(시청각, 신체 및 정서적 경험, 후각, 미각)을 끌어당겨 그것의 매력을 높임으로써 의도적으로 '강렬한 미래'를 창조할 수 있다. 만약 우리가 어떤 것이 덜 매력적으로 보이도록 만들고 싶다면, 우리는 그것의 가장 강력한 감각 요소들을 단순화할 수 있다. 예를 들어, 색깔 대신 흑백으로 그림을 그리거나, 더 작거나 덜 뚜렷하게 표현할 수 있다. 만약 우리가 부정적인 예상을 덜 강렬하게 만들고 싶다면, 비슷한 방식으로 상상의 요소를 변경하여 아이디어의 현실성을 낮추어 덜 매력적이고 덜 불가피하게 만들 수 있다.

◯ 단점

당신의 시야에 있는 것이 이미 존재하는 것보다 더 매력적으로 보일 수 있다. 이렇게 정신적으로 앞서간다는 것은 당신이 지금 일어나고 있는 일을 간과하거나 과소평가한다는 것을 의미할 수 있다. 당신은 현재의 풍부한 경험을 놓칠 수도 있고, 지금 즉각적인 조치를 취함으로써 피할 수 있는 어려움이나 문제의 초기 지표들을 간과할 수도 있다. 직장에서, 미래에 몰두하기 위해 새로운 방법이나 프로젝트를 찾는 것은 당신이 현재 하고 있는 일을 완성하지 못한다는 것을 의미할 수도 있다.

새로운 것이 자동으로 더 나은 것을 의미하지는 않는다. 흥미로운 가능성은 실제로 전달되지 못할 수도 있다. 당신의 항상 준비된 열정은 당신이 "예"라고 말하기 전에 당신의 삶에 가치를 얼마나 더해줄 수 있는지를 시험해 볼 수 있는 탐색적인 질문들을 하는 것을 거절할 수도 있다.

당신은 잠재적인 결정에 의해 제공되는 기쁨의 가능성에 과도하게 영향을 받을 수 있다. 왜냐하면 이는 어떤 관련 단점보다 항상 더 생생하고 가능성이 높아 보이기 때문이다. 이로 인해 당신은 거절을 하기가 어려울 수 있다. 또한, 직장에서 흥미로운 일을 하거나 매니저나 상사로부터 가치를 인정받을 가능성은 이미 가지고 있는 업무량, 추가 업무의 중요도와 같은 중요한 요소를 무시한다는 것을 의미할 수 있다.

❸ 회피 동기(Away-from)

'회피 동기'의 사람들은 마치 부끄러움을 타는 야생 동물과 같으며, 상황이 원활하고 조화롭고 합법적이고 안전할 때 가장 편안하다. 잠재적인 위험 및 어려움에 대한 당신의 예리한 안목은 당신이 즐기고 번창하는 차분하고 관리적인 삶에 그러한 것들이 끼어들지 않도록 종종 피할 수 있다는 것을 의미한다. 잠재적인 문제를 주의하면 즉시 대응할 수 있는 경계 상태를 유지할 수 있다. 그들은 자신이 두려워하는 일로부터 자신을 보호했다는 사실을 알 때 가장 편안하다. 이것에 근거한 대표적인 직업은 보험이다.

◯ 장점

회피 반응은 가능한 가장 짧은 시간에 동물(인간 포함)이 위험에서 벗어나게 하는 기본적인 투쟁-도피 메커니즘과 유사하다. 이러한 이유로, 회피 반응은 다른 사람들과 자신 안에서 존중받아야 한다. 만약 당신이 '회피 동기'를 가지고 있고, '특정 시간'을 중시하는 사람이라면, 당신의 단기적인 회피 결정이 삶을 더 쉽고 단순하게 만들도록 도와줄 것이다. 만약 당신이 '전체 시간'을 중시하는 사람이라면, 미래에 대한 회피 판단은 미래의 어려움을 피하는 데 도움이 될 수 있다. 많은 시간을 할애하여 무엇이 잘못될지 예상하고 문제가 발생하지 않도록 계획하기 때문에 일반적으로 당신은 준비되지 않은 채 문제에 맞닥뜨리지 않는다. 이를 통해 당신은 소속 집단, 팀, 조직 및 가족의 효율성과 원활한 운영에 숭요한 기여를 하게 된다.

⭕ 단점

당신은 어려움을 조심하느라 너무 바빠 좋은 일이나 즐거운 일을 잃을 수 있다. 누군가가 당신에게 피드백을 줄 때, 당신은 당신이 잘하고 있는 것을 유지하거나 향상시키는 데 활용하기보다는 미래에 비판이나 실수를 피하는 데 그것을 활용하고 싶을 것이다.

일어날 수 있는 부정적인 일들에 대해 경계하는 것은 당신이 경험하는 불안과 압박의 양을 증가시키는 경향이 있다. 당신은 아마 눈치채지 못할 정도로 약간 불안한 상태에 사는 것에 너무 익숙해졌을 것이다. 또한, 당신은 좋은 일이 일어나면 이상하거나 불편함을 느낄 수도 있다: 내가 잊은 것이 무엇인가?

'회피 동기'를 가진 사람들은 쉽게 긴장을 풀지 않는데, 경계를 게을리하지 않는 것은 실수를 하거나 그들이 두려워하는 것에 대해 준비되지 않는 것을 의미하기 때문이다. 그들은 '진짜'라고 느끼지 않거나 중요하다고 느끼지 않기 때문에 칭찬을 듣지 못할 수도 있다.

만약 당신이 '회피 동기'를 가지고 있다면 당신은 당신이 확인하고 재확인하는 것을 발견할 수 있다. 때때로, 당신은 다음과 같이 자신을 신뢰하는 것조차 쉽지 않을 수도 있다! 내가 집에서 나올 때 불을 다 껐나? 내가 하려던 말을 다 했나? 당신은 'might(~일지도 모른다)'와 'might not(~ 아닐지도 모른다)'의 지배를 받는데, 이로 인해 당신이 그것들에 대해 생각하는 데 너무 많은 시간을 보내기 때문에 더 현실적이고 그럴 가능성이 더 높아진다. 또한, 당신은 '만약'을 피하기 위해 시간과 에너지를 소비할 수 있다. 당신은 새롭고 알려지지 않은 것은 그 결과를 예측할 수 없기 때문에 거부할 수 있다.

단기적으로 압박이나 불편함을 피하는 것은 나중에 실제로 문제를 일으킬 수 있다. 선의의 거짓말을 하거나, 변명을 하거나, 혹은 당신이 어떤 것이나 누군가에게 동의하지 않을 때 당신의 생각을 말하지 않는 것은, 때때로 역효과를 낳을 수 있는 회피 행동의 예시다.

4 당신의 기본 설정은 무엇인가?

결정에 직면했을 때 스스로에게 물어볼 좋은 질문은 "내가 '전달(delivery)'과 '해방 (deliverance)' 중 어디에 집중하고 있는가?"이다. 다시 말해서, 나에게 (긍정적인 것을) 전달하 겠다고 제안 및 약속하는 것에 의해 나의 흥미가 생기는가? 아니면 가능한 (부정적인) 영향 에서 해방될 방법을 찾는 데 내 관심이 집중되고 있는가? 당신이 내리는 결정(휴가, 소비, 우정, 자녀, 취미 등에 대한 결정)의 범위와 관련하여 위의 질문을 해보라. 당신은 당신의 중요한 동기 에 대해 아주 빨리 명확하게 알게 될 것이다!

결정이나 위험에 대해 이야기를 할 때 당신이 사용하는 언어를 들어보라. 비록 혼잣말 을 하는 것일지라도, 당신의 말은 당신에게 영향을 줄 것이다. '회피', '예방', '원하지 않는 다.', '~하지 않도록 확실히 하다.' 등의 말은 모두 '회피 동기'를 반영한다.

평소 패턴에 반하는 방식으로 응답하고 있는 경우, 이 예외가 무엇을 알려주는지 확 인하라. 모든 사람의 결정은 동기부여에 대한 습관적인 정도에 따라 영향을 받는다. 하지 만 그것들은 뇌의 어느 부분이 특정 선택을 처리하는지에 의해서도 영향을 받는다. Jonah Lehrer의 저서 '결정적 순간(The Decisive Moment)'에서 요약된 뇌의 신경학에 대한 최근 연 구는 MRI 스캔을 이용하여 어떤 부분이 특정 종류의 결정을 더 활발하게 처리하는지 정확 하게 보여주었다. 의사결정은 정서를 처리하거나 이성적 판단을 하는 두뇌 영역에 의해 처 리될 수 있다. 두 종류의 처리는 모두 중요하며, 각각은 현명한 결정을 내리는 데 도움이 되 거나 방해가 될 수 있다.

그 과정을 수행하는 두뇌 영역과 그 사람의 동기부여에 있어 '접근' 혹은 '회피' 여부 사 이에는 상관관계가 없다. 오히려 처리를 수행하는 두뇌 영역의 특성으로 인해 다른 종류 의 색상이나 풍미가 부여된다. 정서가 풍부한 두뇌 영역에서 처리되는 결정은 정서적 특성 을 가질 것이다. 당신이 경험할 수 있는 즐거움, 두려움, 욕망, 공포, 불안 또는 행복감은 당 신이 느끼는 감정의 종류와 관계없이 당신의 정서적 처리가 작용했음을 말해준다. 반면, 두뇌의 이성적 판단에 의해 처리되는 결정은 당신으로 하여금 더 자제하는 것을 느끼게 하 고, 요인과 확률을 평가하는 데 도움이 되는 추론을 인식하게 한다.

5 두 가지 관점의 상호 연관성

　　당신의 동기를 파악하는 것은 가정과 직장에서 정말 유용하다. 다른 사람들의 징후를 인식하면 그들을 이해하고 더 조화롭게 작업할 수 있다. 집단과 팀에서 각각의 동기에 대한 인식은 모든 사람의 내재된 편견을 고려하여 더 나은 기능을 수행하는 데 도움이 되므로 당신은 감정, 이성, 목표 및 증거를 기반으로 보다 신중한 결정을 내릴 수 있다.

　　한편, 반대되는 시각에 바탕을 둔 의견을 무시하려고 하는 것은 효과가 없는데, 이는 관련된 감정과 판단을 유발하는 요인을 고려하지 않기 때문이다. 사람들은 자신의 관점이 이해되고 존중되었다고 느낄 때에만 양보나 타협을 할 준비가 되어 있다.

접근 동기	회피 동기
매력적인 요소가 당신을 움직이게 한다. 그것들에 대해 행동하기 전에 **잠시 멈춰라.** 가질 가치가 있는 것들은 대개 유지될 것이다. 행동하기 전에 숙고하는 것은 실수와 죄책감 모두를 최소화하는 데 도움이 된다.	당신은 위험과 위험을 빠르게 파악할 수 있다. **만약 당신이 경계심을 느끼면,** 실제로 관련된 것이 무엇인지, 그리고 두려워하는 일이 실제로 일어날 가능성이 얼마나 되는지 확인하라.
당신의 정서뇌는 당신이 무언가를 좋아할 때 즉시 당신에게 알려준다. 현실적인 확인을 위해 **이성적 판단을 활용하라.** 그것은 당신의 본능적인 반응을 뒷받침하거나 당신이 그것으로부터 분리되도록 도울 것이다.	일단 당신이 잠재적 위험을 발견하면, 당신의 감정이 밀려와서 그것을 매우 현실처럼 보이게 하여 위험이 일어날 가능성을 높일 수 있다. **이성적 판단을 활용하라.** 그것이 당신의 본능적인 투쟁-도피 반응을 지원하거나 '도전하라. 한 번도 실패하지 않은 것처럼'을 도와줄 불씨를 제공하라.
어떤 것이 당신을 끌어당길 때, 당신은 그것에만 집중한다. 행동하기 전에 **집중력을 넓혀라.** 자신에게 다음과 같이 물어라. "이미 그것을 하나 보유하고 있는가?", "지난번에 내가 그 말을 하거나 그 행동을 하였을 때 무슨 일이 있었는가?"	당신이 두려움을 더 많이 점검할수록, 그것은 더 많이 보일 것이다. 지난번에 이런 기분이 들었을 때 실제로 어떻게 됐는지 스스로에게 물어봄으로써 **현실을 확인하라.**
매력적인 요소는 성공적인 결과를 위해 과한 상상력을 집중시킨다. **당신의 머릿속으로,** 보다 균형 잡힌 견해를 얻기 위해 미래 시나리오를 실행하라. "당신의 결정은 어떻게 도출되는가?", "그것의 도미노 효과는 무엇인가?"	당신은 회피하는 행동이 꽤 빠르지만, 당신에게 나타나는 첫 번째 전략은 최선이 아닐 수도 있다. **당신의 머릿속으로,** 매번 조금씩 다르게 행동하는 미래의 시나리오를 실행하라. "각 의사결정이나 반응은 어떤 영향을 미치는가?"

두뇌 계발 및 재설계 활동(6)

활동1 접근과 회피

① 최근에 내린 결정을 생각해보라. 그것은 접근에 집중이 되어 있는가? 아니면 회피에 집중이 되어 있는가? 당시에 중요해 보였던 몇 가지 요소를 적어라.

② 이제 당신이 사용해 왔던 단어를 변경하라. 다음은 몇 가지 예시다.

〈'접근 동기'를 '회피 동기'로 바꾸기〉

> * 나는 조금 더 편안한 쇼파를 원했다. → 나는 덜 불편하고 싶었다.
>
> * 나는 발표에 대한 자신감을 높이기 위해 강의 과정을 수강했다.
> → 나는 대중 앞에서 덜 긴장하고 당황하지 않기 위해 과정을 수강했다.

〈'회피 동기'를 '접근 동기'로 바꾸기〉

> * 복잡한 프로젝트는 쉽게 잘못될 수 있다.
> → 복잡한 프로젝트는 더 도전적이며, 더 흥미로운 결과를 제공할 수 있다.
>
> * 나는 다른 사람들을 관리하는 것을 싫어하기 때문에 승진을 거부했다.
> → 누군가의 팀원이 되는 것이 누군가를 관리하는 것보다 내 재능을 더 많이 발휘할 수 있기 때문에 나는 승진을 거부했다.
>
> * 나는 변화와 혼란이 싫다. → 나는 나의 삶이 평온하고 관리될 때 번성한다.

③ 위 예시를 읽고 언어를 변경할 때 느끼는 변화를 주의 깊게 확인하라.

④ 만약 대조적인 형식이 당신을 불편하게 만든다면, 스스로에게 물어보아라. 어떻게 하면 평소와는 다른 입장을 취하는 것이 더 편해질 수 있는가? 어떤 상황에서 이것이 당신에게 유용할 수 있는가?

1 당신의 동기와 대조되는 다른 사람을 생각해보라.

2 두 사람이 모두 참여하였던 결정의 상황에 대해 의견이 일치하지 않았던 경우를 생각해보라.

3 의자 두 개를 서로 마주 보게 놓는다. 또는, 두 장의 종이를 준비하여 하나는 당신의 이름을 다른 하나는 다른 사람의 이름을 적는다. 당신의 자리에 앉아 당신이 생각한 것과 그 이유를 상기하라.

4 이제 다른 사람의 공간으로 이동한다. 당시 그들은 뭐라고 말하는가? 가능한 한, 그들의 바디 랭귀지(body language)를 취하고 그들이 말한 것을 큰 소리로 말하라. 그 상황에서 그들이 어땠는지에 대해 다른 어떤 생각이 떠오르는가?

5 당신의 공간으로 돌아가, 상상 속의 다른 사람을 마주하고, 당신이 그들의 관점과 감정을 이해하고 존중한다는 것을 큰 소리로 또는 마음속으로 그들에게 알려라. 이전 단계와 활동 1에서 배운 내용을 활용하여 준거 기준 내에서 이해하기 쉬운 방식으로 견해를 제시하라.

6 의사결정에 대한 토론이 잘못될 때마다, 이러한 패턴은 각 당사자가 상대방과 효과적으로 소통하지 못한 부분을 스스로 설명하고 이해하는 데 도움이 된다.

사례 Robert P(자영업자)

나는 돈에 대해 매우 다른 두 가지 태도를 가지고 있다. 나는 생활 보조금을 위해 저축하고 합리적인 투자를 해서 내가 자란 아프리카의 사람들처럼 판지 상자에 살게 되는 일이 없도록 한다. 하지만 나는 스릴을 즐기고 잘되길 바라기 때문에 흥미진진하고 심지어 위험한 일에도 약간의 돈을 투자한다. 나는 '회피 동기'를 처리하고 있다는 것을 알기 때문에 나는 '접근 동기'를 즐길 수 있다.

Chapter 09

당신의 관심을 사로잡는 것은 무엇인가?

두 가지 종류의 '경고 버튼(alert buttons)'은 수신 정보를 스캔하여 그 중요성을 파악하는 데 도움이 된다. 어떤 것은 우리가 이미 알고 있는 것과 유사하거나(similar) 그렇지 않기 때문에(different) 우리의 주의를 끈다. 유사점과 차이점은 사물 간의 관계를 설명한다. 패턴을 인지하고 기억하는 능력은 생명체에 내장되어 있으며, 그들의 생존에 필수적일 수 있다. 그것은 또한 그들이 번창하도록 도울 수 있다.

패턴을 감지하는 학습

우리는 아마도 '알고 있는' 것은 세계의 유용한 패턴들이 등록된 상태이고, 미래의 행동을 인도하는 데 사용될 수 있다고 말할 것이다. '학습'은 이러한 패턴을 감지하는 활동이다.

GUY CLAXTON, Hare Brain, Tortoise Mind, p.18

1 유사점 vs 차이점

Sussex University에서 교직에 있을 때, 나는 경험이 풍부한 동료인 John과 함께 여러 학문 간 세미나를 진행하였다. 어느 날 세미나가 끝난 후 John과 나는 커피를 마시며 이야기를 나누었다. John이 다음과 같이 말했다. "우리가 [이러이러한 것]에 대해 이야기를 할 때 모든 여성들이 적극적으로 참여하고 모든 남자들이 침묵했다는 것이 흥미롭지 않아?"

"흥미로워!"라고 나는 답했다. 사실, 나는 그러한 상황을 알아차리지 못했고, 이것이 John이 내게 필요하다고 생각하는 기술을 소개하는 정중한 방법이라는 것을 깨달았고, 그 이후로 그것은 내게 매우 소중한 기술(일상적인 행동에 대한 패턴을 인식하고 그것이 함축하고 있는 것을 활용하는 것)이 되었다. 덕분에 지난 몇 년간 내가 했던 모든 교육, 치료, 코칭이 더 섬세하고, 더 민감하고, 더 적절해졌다. 나는 문학 트레이닝을 통해 언어적 패턴에 대해 알게 되었다. Caroline Spurgeon은 셰익스피어의 이미지에 대한 획기적인 책에서 다음과 같이 언급하였다.

> 그가 본능적으로 사용하는 이미지는 ··· 대부분 무의식적으로 알게된 발견, 고조된 느낌의 순간, 마음의 구조, 사고의 경로, 사물의 질, 그가 관찰하고 기억하는 대상과 사건들, 그리고 아마도 그가 관찰하거나 기억하지 못하는 모든 것들이다.
>
> *셰익스피어의 이미지와 그것이 우리에게 말해주는 것(Shakespeare's Imagery and What it Tells Us), p.4*

우리의 언어 패턴은 무의식적인 사고를 반영한다. 그것들을 알아차리면 우리는 한 사람의 행동 아래에서 일어나는 일과 그 행동이 말하는 것을 이해할 수 있다. 예를 들어, Margaret Thatcher의 연설의 특징적인 은유들이 종종 갈등에 관한 것이라는 것이 그녀가 실제로 그것에 대해 말하고 있지 않을 때에도 눈에 띄었다. 그녀의 말에 담긴 투쟁력은 그녀가 세상을 어떻게 경험했는지를 말해주고, 그것을 아는 모든 사람들에게 그녀와 함께 혹은 그녀 주변에서 더 효과적으로 일하는 방법에 대한 중요한 단서를 제공했다.

유사점과 차이점을 모두 인식할 수 있는 능력은 발전과 생존에 필수적이다. 만약 우리에게 익숙한 것과 달라진 것이 있다면 최소한 적응해야 하지만 회피 행동을 취하거나 자신을 보호해야 할 수도 있다.

- 차이점은 새로운 아이디어, 새로운 경험, 새로운 소유물처럼 흥미로울 수 있다. 물론 이들 중 어느 것이든 위협적인 것으로 경험할 수 있다.

- 유사점은 안전하다고 느껴진다. 변하지 않는 것은 우리가 적응할 필요가 없고, 변화의 부재는 안도감을 줄 수 있다. 아이디어나 행동의 유사점은 우리가 이미 알고 있는 것을 바탕으로 반응하고 어느 정도 확신을 가지고 미래를 예측할 수 있기 때문에 확인될 수 있다.

- 반면에 아무것도 변하지 않으면 지루할 수 있다.

② '유사한 것'에 적응하는 것(Similarity) ─────

당신은 패턴을 알아차리고, 비록 그것들이 다른 것들과 상당히 다르더라도 한 가지 방식으로 유사한 것들 사이에 쉽게 연결성을 만들 수 있다. 당신은 아마도 확립된 패턴에 변화를 수반하는 것이라면 무엇이든 좋아할 것이다. 재즈, 패션, 문학, 요리 모두 '테마 및 변주'에 대한 즐거움을 이끌어낼 수 있다. 또한, 당신은 실제 또는 가상 구성 요소와 포함하는 아이디어를 쉽게 인식하고 적용할 수 있다!

유사성에 적응하는 것이 다른 사람들과 맞서기보다는 그들과 더 잘 어울리게 할 수도 있지만, 이것은 유사성을 정신 분류 장치(mental sorting device)로 사용하는지 또는 더 광범위한 생활 습관으로 사용하는지에 따라 다르다. 당신은 매우 개별적이고 비순응적인 사람일 수 있으며, 여전히 당신이 가지고 있는 선택의 필터와 유사성을 가질 수 있다.

나의 내담자 중 한 명은 매우 안정적인 팀에 속해 있었고, 그 예측 가능성이 그를 실망시켰다. 어느 날 그는 전형적인 팀 미팅에서 회의의 내용이 아닌 과정에 주의를 기울이는 자신을 발견했고, 매번 발생하는 것처럼 보이는 일들을 작성하기 시작했다. 미팅이 끝날 무렵에는 특별히 논의된 내용은 없었지만, 그는 '팀 회의 규칙' 12개를 작성했다. 그 규칙은 '보드게임'의 규칙과 비슷했는데, 그는 팀에서 회의를 하는 것이 아니라 보드게임처럼 '플레이(play)'를 하고 있다는 의미를 알았다. 극도로 흥분한 그는 규칙을 인쇄하여 다음 팀 미팅에 가져갔다. "저는 우리가 어떻게 행동하는지, 그리고 그렇게 예측 가능하다는 것이 저희에게 정말 효과가 있는지, 아니면 저희를 제한하는지에 대해 생각했으면 합니다."라고 그가 말했다. 이후 매우 활발한 토론이 이어졌고, 관계와 패턴의 안정성이 직장에서 어떻게 도움이 되고 방해되는지를 알아내기 시작했다.

나의 내담자는 이런 식으로 동료들과 대면하는 데 큰 위험을 감수했기 때문에 이는 그렇게 권장하는 패턴이 아니다. 그러나 개인이나 그룹의 핵심 습관을 파악하여 매우 중립적으로 지적하면 효과가 있는 패턴을 인식하거나 덜 효과적인 패턴에 의문을 제기할 수 있다.

⬤ 장점

학습은 패턴 인식에 기반을 둔 과정이다. 만약 당신이 무언가를 반복하는 것(예를 들어, 2+2=4 또는 부엌의 냄비와 프라이팬의 소리는 곧 저녁이 완성됨을 의미)을 발견하면, 당신은 그것을 패턴으로 등록한다. 이제, 당신은 그것이 다시 일어날 것이라고 기대하고, 작은 일에서 성공적으로 미래를 예측할 수 있다는 것은 당신이 안정감을 느끼고 더 잘 통제할 수 있게 한다. 안정 및 통제의 편안함을 누리면 예측할 수 없는 것을 관리할 수 있는 에너지가 방출된다.

일반적으로 발생하는 패턴의 범위를 인식할 수 있으면 해당 패턴과 유사한 다른 패턴을 식별할 수 있으므로 대처 또는 관리 범위를 확장할 수 있다. 예를 들어, 어린 시절에 배운 사회적 기술은 당신이 자라면서 더 복잡한 상황에 적용될 수 있고, 낯선 사람을 만날 때 더 자신감을 가질 수 있게 해준다.

유사점을 발견하는 사람으로서, 당신은 혁신적인 방법으로 아이디어를 모을 수 있거나, 한 분야에서 개발된 기술이나 도구를 적용하여 다른 분야의 문제를 해결하는 데 도움을 줄 수 있는 잠재력이 있다.

⬤ 단점

만약 당신이 알고 있는 것을 선호하고 모르는 것에 대해 염려한다면, 당신은 탐구를 제한하여 배우고 성취할 수 있는 것을 제한할 수 있다. 익숙한 안전지대 내에 머무르면 새로운 정보, 학습 및 상황이 가져다 줄 수 있는 풍부함, 발전 및 성취감을 박탈할 수 있다.

또한, 당신의 동료들은 당신이 비협조적이거나 순전한 욕심에서 변화를 막는 것으로 생각할 수 있다. 최근 텔레비전 다큐멘터리에 출연한 한 기업의 회장이 기업의 서비스를 개선하기 위해 모든 직원, 관리자, 컨설턴트가 참석한 회의에 초대를 받았을 때, 그는 간단하고 공격적으로 "나는 회의에 참석하지 않는다."고 답했다. 힘 있는 사람의 이런 태도는 발전을 완전히 방해할 수 있다. 이러한 태도는 힘이 약한 사람에게는 너무 많은 좌절감이나 짜증을 유발하여 그 사람이 소외되거나, 외면당하거나 일을 그만두게 할 수도 있다.

❸ '다른 것'에 적응하는 것(Difference)

탐지의 춤(dance of detection)은 관찰에서 시작해서 호기심으로 빠르게 옮겨간다. 그것은 무언가가 적합하지 않다는 것을 인식하는 것에서 이유를 묻는 것으로 바뀐다. 이것은 다른 것에 적응하는 것의 본질이다. 먼저 당신은 알아채고 질문을 한다. 물론 당신이 느끼는 차이점은 단지 '나쁘다'거나 '의심스럽다'는 것만은 아니다. 또한, 새롭고, 신나고, 뛰어나고, 독창적이고, 삶을 향상시키며, 즐겁고, 재미있는 등등의 것들이 눈에 띈다. 기본적인 생존 측면에서도 좋은 점은 주목할 필요가 있다.

당신의 내면세계와 자아감에 관한 한, 당신은 다른 사람처럼 보이지 않기로 선택하는 개인적인 삶의 자세로 차이를 받아들이거나 정신 분류의 기준으로 차이에 의존할 수 있다.

◉ 장점

당신은 스프레드시트에서 맞지 않는 하나의 수치를 쉽게 찾을 수 있다. 당신은 누군가의 기분이나 행동 변화의 작은 징후가 있다는 것을 알게 될 것이며, 이를 통해 그들을 돕고 지원하거나 방어하노록 경고할 수 있다. 당신은 훌륭한 회계사, 치료사, 경비원 또는 경찰관이 될 수 있다.

만약 당신이 자연스럽게 차이점을 알아차린다면, 당신은 어떤 것이 진짜 새롭고 독창적인 것인지 구별하는 좋은 안목을 기를 수 있을 것이다. 다시 말해, 당신은 아마도 좋은 비평가, 평가자 또는 트레이너가 될 자질을 갖게 될 것이다.

만약 당신이 차이점에 대한 관점과 '회피 동기'를 결합한다면, 당신은 가족이나 조직에서 중요한 수비수가 될 수 있다. 왜냐하면 당신은 회피 행동을 취하는 데 적합하지 않은 것을 발견하는 것에서 매우 빠르게 움직일 것이기 때문이다. 당신은 다른 사람들이 더 많은 징후를 위해 너무 늦을 때까지 기다리고 있을 때, 임박한 개인 또는 직업상의 재난에 대한 미묘한 첫 번째 징후를 놓치지 않으며, 그 징후에 따라 행동하게 될 것이다.

◉ 단점

매우 신속한 반응으로 인해 정말 필요하지 않은 경우에도 당신은 방어 태세를 갖추거나 도피할 수 있다. 비록 초식동물은 도망가서 목숨을 구하기는 하지만, 그들은 종종 '만일의 경우를 대비해서' 도망친다. 이것은 삶을 필요 이상으로 더 스트레스를 받게 만들 수 있다. 유사점보다 차이점이 더 눈에 띄지만, 유사점이 더 자주 발생한다.

만약 당신이 차이점에 부딪히면, 사람들의 말과 행동이 그들의 사고와 본질적인 본성을 포기함에 따라 당신은 느리게 서서히 축적되는 잠재적으로 유용하고 중요한 정보를 많이 놓칠 수 있다.

 ## 당신의 기본 설정은 무엇인가?

여기 당신이 유사점에 더 끌리는지 아니면 차이점에 더 끌리는지를 알아내는 데 도움이 되는 몇 가지 질문들이 있다. 만약 당신의 답이 두 범주 모두에 상당히 고르게 해당되는 경우, 두 범주에서 어떤 다른 분류 패턴이 작동하고 있는지 살펴보라. 예를 들어, 당신은 가정과 직장 생활에서 유사한 패턴에 매력을 느끼지만, 휴가나 독서나 취미와 같은 여가 활동에서 '더 다채롭게 하기 위해' 차이를 갖는 것을 즐길 수 있다.

유사점	차이점
여유가 있다면 패션 트렌드를 따라 하고 싶은가?	당신은 오히려 눈에 띄고 싶고, 트렌드 세터(trendsetter)가 되고 싶은가?
레스토랑에 가면 지난번 먹었던 음식이 너무 맛있어서 자동으로 같은 것을 주문하는가?	이전에 안 먹어본 것을 고르는가?
당신이 좋아하는 옷 스타일이나 좋아하는 작가를 발견했을 때, 비슷한 옷 스타일이나 그 작가가 쓴 다른 책을 더 찾는가?	당신은 다양한 가게에서 옷을 사거나 새로운 작가의 책을 찾는 것을 즐기는가?
당신은 항상 같은 종류의 차를 운전해 왔는가?	당신은 새로운 차에 대한 카탈로그를 정기적으로 확인하는가?
초등학교 때 친구와 아직 만나고 있는가?	당신은 새로운 지인을 사귀는 것을 즐기는가?
당신은 항상 동일한 직종에서 일을 하였는가? 아니면 같은 직장에서 일을 하였는가?	당신은 직업을 바꾸었는가?
당신은 이사하는 것을 싫어하는가?	당신은 이사하는 것을 즐기는가?
당신은 보통 매년 여름휴가 때 같은 장소를 방문하는 것을 선호하는가?	당신은 여름휴가 때 다른 장소들을 방문하는 것을 즐기는가?
수년 동안 해왔던 것과 같은 여가 활동을 하는 것이 행복한가?	당신은 새로운 기술과 취미를 배우는 것을 즐기는가?

5 두 가지 관점의 상호 연관성

미래학자인 Alvin Toffler는 그의 저서 '미래 쇼크(Future Shock)'에서 어떤 사람들은 새로움과 변화를 추구하는 '자극 갈망(stimulus hunger)'을 긍정적으로 즐겼고, 그들의 삶의 혼란에 대해 놀랄 만큼 관대한 것처럼 보였다고 말했다. 그는 다음과 같이 말했다.

사람들의 면밀한 분석은 종종 그들의 삶에서 '안전 지대(다른 모든 종류의 변화에도 불구하고 신중하게 유지되고 있는 특정한 지속적인 관계)'라고 불릴 수 있는 것의 존재를 드러낸다.

미래 쇼크(Future Shock), p.342

Toffler는 이와 같은 안전 지대에는 동일한 직장에 수년간 남아 있는 것, 오랜 결혼 생활과 우정을 갖는 것, 그리고 동일한 일상의 습관을 유지하는 것이 포함되었다고 지적했다. 이러한 것들 중 어떤 것이라도 그 사람이 겪는 변화와 혼란을 흡수하도록 도와주는 개인적인 '완충재' 역할을 할 수 있다. 이를 메타 프로그램에 적용하면, 만약 우리가 서로 비슷하거나 다른 것에 대한 자연스러운 선호도와 그 반대되는 선호도를 상쇄하는 법을 배울 수 있다면, 전략적으로 적용된 두 가지 장점을 모두 누릴 수 있을 뿐만 아니라, 기하급수적으로 변화하는 세상을 더 잘 관리할 수 있다. Toffler의 예를 통해 개별 설루션은 개인적이며, 무한히 조정할 수 있음을 분명히 알 수 있다. 사생활이 매우 안정적인 사람은 직장이나 여가 활동에서 차이와 신기함을 더 자유롭게 탐구할 수 있다.

나의 한 내담자는 가정과 직장 모두에서 강한 유사성 선호도를 가진 사람이었다. 그는 40대였고 여전히 부모님과 함께 살고 있으며, 20년 동안 같은 직장에서 일을 하고 있었다. 그러나 그는 익스트림 스포츠(extreme sports)와 모험적인 휴가를 즐겼다. 이는 다른 것들에 대한 그의 욕구를 표현 및 포함하고 있었다.

다채롭게 하기

유사점과 차이점 모두에 대해 더 신중해지도록 스스로 훈련하면, 어떠한 상황과 그 상황에서 필요한 것 사이에서 더 긴밀한 조화를 이룰 수 있다.

당신은 도전적인 일에 에너지가 필요한가? (차이점)
→ 당신은 루틴을 개발하거나 루틴에 의존하여 에너지를 좀 더 확보할 수 있는가? (유사점)

흥미롭게도, 이러한 '다채롭게 하기' 방법은 당신의 삶에 있는 유사하고 다른 조합을 조정하는 것에 달려 있다. 왜냐하면 위험하지 않은 차이점은 주로 '변화와 다양성(difference)'에 기반을 둔 삶에 '일상이나 질서(similar)'를 가져오는 것으로 구성되어 있어도 일반적으로 삶을 향상시키기 때문이다! 이것은 다음과 같이 요약할 수 있다. 만약 익숙한 일이 당신에게 맞지 않는다면, 뭔가 다른 것을 하라.

유사점	차이점
같은 일을 다시 하는 것은 반복되지만, 앞으로 나아가는 것은 아니라는 것을 **스스로에게 상기시켜라**. 그것은 지루함과 안정의 본질이다.	차이점은 발전뿐만 아니라 위험의 핵심이라는 것을 **스스로에게 상기시켜라**. 또한, 그것이 뛰어난 것의 본질임을 자신에게 상기시켜라!
새로운 것을 시도하는 것에 대해 망설일 때, 만약 당신이 그것을 좋아한다면, 그것이 새로운 당신이 좋아하는 것이 될 수 있다는 점을 **스스로에게 상기시켜라!**	당신의 삶과 그 패턴을 주의 깊게 살펴라. 당신이 당연하게 여기는 모든 유사점을 나열하고, 같은 일을 하는 것은 다른 것을 실험할 수 있는 에너지를 방출한다는 것을 **자신에게 상기시켜라**.
확립된 패턴에서 **작은 차이를 주의 깊게 살펴라**. 이는 잠재적 중단 및 기회가 확립되기 전에 알아차리는 데 도움이 되므로, 선택하고 제어할 수 있는 힘을 높일 수 있다.	모든 차이는 무언가에서 두드러져 보인다는 것을 **스스로에게 상기시켜라**. 등록한 패턴이 깨지는 것은 무엇을 의미하는가?

두뇌 계발 및 재설계 활동(7)

활동 1 **주간 활동**

① **만약 당신이 유사점을 선호한다면,** 매주 익숙한 것을 하나 선택하여 약간의 변화를 만들어보라. 예를 들어, 만약 당신이 아침식사를 위해 음식과 음료를 같은 순서로 준비한다면, 어느 날 순서를 바꿔라. 한 끼에 짭짤한 음식을 먹기 전에 과일이나 단 것을 먹어라. 평소에 자동적으로 하는 일을 이와 같이 인식하게 된 결과 어떤 것을 알게 되었는가? 이 활동을 계속하면서 매주 다른 패턴이나 습관을 취하고 난이도를 높여라.

② **만약 당신이 차이점을 선호한다면,** 당신의 삶에서 일상적이거나 습관적으로 만들 수 있는 작은 것을 선택하라. 일부 차이점을 선호하는 사람들은 일상적인 패턴이 거의 없다. 당신은 그들 중 하나일 수 있다. 아마도 당신은 거의 같은 순서로 필수적인 일을 하면서 일어나거나 잠자리에 드는 활동을 일상화할 수 있을 것이다. 여기에서 도전은 단지 그것을 하는 것이 아니라 그것의 일상성을 소중히 여기는 법을 배우는 것이다. 이미 어느 정도의 일상적인 패턴이 있더라도 그 패턴이 제공하는 것을 고려하고 감사하는 시간을 가져라. 루틴은 단순히 일을 처리하는 것이 아니라 무언가를 표시하기 때문에, 그것은 당신이 적절함이나 완전함을 느끼는 데 도움이 될 가능성이 있다. 아침과 저녁의 일상은 새로운 하루의 시작을 축하하는 데 도움이 되는 가정의 의식이 될 수 있으며, 이제 막 끝나는 하루의 지나가는 것을 감사하고 성찰할 수 있다. 이 활동의 다른 버전은 이미 일상적이지만, 당신이 보통 무시하거나 따분하고 지루하다고 생각하는 다른 패턴을 알아차리고 축하하는 것이다. 멈춰 보면 지금까지 간과된 패턴의 장점은 무엇이 있는가?

1 본 메타 프로그램에서 자신의 입장과 강하게 대조되는 사람을 생각해보라. 당신이 그들을 잘 알고 있다면, 그들이 다음 중 일부를 어떻게 경험할지 물어보라.

- 한동안 연락하지 않은 사람의 예기치 않은 전화 또는 방문
- 다른 사람에 의한 준비 또는 계획의 변경
- 직장에서 새로운 업무를 맡도록 요구받음
- 당신의 조직에 입사한 지 얼마 안 된 사람의 멘토 요청을 받음
- 무엇을 할지 결정해야 하는 예상치 못한 수입(예: 세금 환급, 개인 소유의 판매 수익, 복권 당첨 등)

그들과 이런 종류의 대화를 할 수 없으면, 과거 관찰에서 알고 있는 것을 활용하여 이러한 상황에서 그들이 어떻게 느끼고 생각하고 행동할지 상상해보라.

2 그들의 존재 방식에서 당장 가져와서 당신을 풍요롭게 하거나 확장할 수 있는 것이 있는가? 만약 당신이 이런 식으로 확장을 하는 것이 불편하다면, 어떤 감정, 두려움 또는 위험이 당신을 불편하게 만드는지 자문해보라.

활동 3   **미래 연출하기**

1 당신과 당신의 동기와 대조되는 동기를 가진 사람들을 포함하여, 가까운 장래에 내려야 할 결정을 생각해보라.

2 지정된 의자나 공간을 사용하여 자신의 관점과 관련된 다른 관점을 확인하라.

3 어떻게 하면 당신이 타인의 관점을 존중하고, 당신이 관점이 형성된 동기를 이해할 수 있는지를 마음속으로 반복 생각해보라.

4 그런 다음 한 단계 더 나아가, 그들이 원하는 조건 내에서 당신이 원하는 것에 대한 주장을 펼쳐라.

5 이 전략을 사용하면 동기부여가 다른 사람들과 관련된 예정된 논의를 준비하는 데 도움이 된다.

우리가 당연하게 여기는 패턴을 인식하는 것은 패턴에 의해 움직이는 것이 아니라 패턴을 이끄는 첫 번째 단계다. 우리가 당연하게 여겨져 온 무언가를 의식 속에 가져올 때(즉, 무의식적으로 조직됨), 비로소 우리는 그것을 수정하고, 풍부하게 하며, 개발 또는 변화시키기 시작할 수 있다. 그래서 우리가 이전에 가졌던 이해의 붕괴는 사실 모든 배움의 필수적인 기초이다. 즉, 패턴을 깨는 것만으로 이해와 기술을 모두 쌓을 수 있다. 우리 자신의 패턴을 알아차림으로써 우리는 그것의 잠재적인 억압으로부터 벗어날 수 있고, '이 상황에서서 무엇이 가장 적절한가?'라는 가능성 있는 질문을 스스로에게 던질 수 있다.

사례 Frances Massey(대학 관리자)

나의 기본 설정은 유사점을 알아차리는 것이라고 생각한다. 나는 책, 그림, 식물 등 내가 좋아하는 모든 것을 항상 비교한다는 것을 안다. 또한, 나는 새로운 아이디어나 계획을 익숙한 측면으로 시작함으로써 이해하게 된다는 것을 알고 있다. 그러나 유사점을 알아차리는 요점은 항상 차이점을 정의하는 기초를 제공한다.

내가 고등 교육을 가르쳤을 때, 나는 과제를 준비하는 학생들에게 가능한 한 "비교 및 대조"에 관한 주제를 선택하라고 말하곤 했다. 그런 다음 비교 대상 사이의 모든 유사점을 파악하여 기준을 확립하는 것으로 수업을 시작한다.

나는 지금은 은퇴했지만, 최근 Open University 법학 학위 과정을 시작한 조카가 전화를 걸어 두 종류의 법정 절차를 비교 및 대조해야 하는 에세이를 어떻게 써야 하는지에 대한 조언을 구했다. 내가 그녀에게 유사점부터 시작해서 차이점으로 넘어가라고 말했을 때, 그녀가 그것들에 대해 어떻게 생각했는지는 그녀에게 모두 분명해졌다. 그녀는 우수한 성적을 받았다!

25년 동안 남편과 나는 가족과 함께 콘월(Cornwall)의 세인트 아이브스(St Ives)에서 매년 휴가를 보내고 있다. 우리도 거의 몇 년 동안 새로운 곳에 가지만, 세인트 아이브스에 대한 중요한 점은 우리가 그것을 너무 잘 알고 사랑하며, 그곳에서 만들어진 예술에 너무 관심이 많아서 도착하자마자 새로운 것을 바로 알 수 있다는 것이다! 그곳은 매우 특별한 휴가를 만든다.

Chapter 10

'직무 중심'과 '사람 중심'은 어떻게 다른가?

당신은 자신을 다른 사람과의 관계를 형성하는 것보다 진행 중인 직무에 더 관심이 있는 '직무를 중시하는 사람'으로 생각하는가? 아니면 직장에서도 다른 사람들과의 관계를 중시하는 '사람을 중시하는 사람'인가? 당신이 제시하는 답변은 당신이 마음속에서 이러한 각각의 가능성을 어떻게 평가하는지를 반영한다. 그래서 그것은 당신이 하는 선택과 실제 세계에서 행하는 행동에 중요한 영향을 미칠 것이다.

🎯 리더의 역할

리더는 인간의 본능을 이해하고, 흥미진진한 일을 일으키기 위해 기꺼이 협력하려는 사람들의 연합을 만드는 데 많은 시간을 할애한다.

ANNE DEERING, ROBERT DILTS AND JULIAN RUSSELL, Alpha Leadership, p.15

위에 인용된 책의 저자들은 '직무 중심' 및 '사람 중심' 모두 중요하다고 언급하였다. 좋은 리더들이 가장 잘하는 것은 두 관점을 함께 활용하는 것이다.

나는 한때 큰 회사에서 미래가 유망한 젊은 여성을 지도해 달라는 요청을 받은 적이 있다. 나는 그녀가 일에는 뛰어나지만 대인관계에는 매우 서툴다고 들었다. 사실, 최근 이러한 이유로 그녀에 대한 공식적인 불만이 있었다. 나의 임무는 그녀가 자신의 기술 능력에 따라 계속해서 승진할 수 있도록 대인관계에서의 감수성과 기술을 향상시키는 데 도움을 주는 것이었다.

어느 날 우리는 그녀가 직원들과 더 큰 유대감을 형성할 수 있는 작은 일상적인 방법에 대해 논의하고 있었다. 직원들에게 주말을 어떻게 보냈는지 물어보는 것이 그 예였다. "그 질문에 대한 답이 안 궁금한데 꼭 알아야 하나요?" 그녀는 물었다. 이 본능적인 반응은 그녀와 내가 이미 인정한 것을 확인시켜 주었다. 바로 그녀는 직무를 중시하는 사람이었다. 그녀는 다른 사람들이 어떻게 느끼고 경험했는지 이해하고, 그에 따라 관리 방식을 조정하기 위해 진정한 노력을 기울였다.

같은 조직에서 내가 지도한 또 다른 사람은 내부 직원과 외부 계약업체를 모두 포함한 팀을 관리했다. 그녀는 충성심과 효율성을 창출했다. 그녀의 직원들은 이직률은 낮았고, 갈등은 드물었고, 그것이 발생했을 때 즉각적으로 해결하였으며, 작업은 높은 수준으로 완료되었다. 그러나 그녀는 다음과 같이 말했다. "저는 저의 매니저가 저를 '사람을 중시하는 사람'이라고 계속 언급하지 않기를 바랍니다. 이 말은 멍청하고 거친 것처럼 매우 무르고 무시하는 인상을 줍니다."

 ## 구분을 발생시키는 차이 ─────────────────

어떤 사람이 '직무 중심'인지 '사람 중심'인지에 대한 생각은 조잡하기도 하고 구분을 초래하지만, 직장에서 매우 일반적으로 사용된다. 일반적으로 통용되는 많은 생각과 마찬가지로, 그것이 유효한 구별로 받아들여진다는 사실은 그것을 현실화하는 데 큰 도움이 된다. 한 개인의 현실은 무슨 일이 일어나고 있는지에 대한 감각이고, 조직의 현실은 조직이 집단적으로 이해하는 것이다. 따라서 대기업에는 일을 하는 사람(직무 중심), 인사 담당자(사람 중심), 관리자(직무 및 사람 중심 모두)가 있다.

물론 대부분의 사람들이 둘 중 하나에 반드시 해당되는 것은 아니다. 직무를 중시하는 엔지니어도 친구와 가족이 있으며, 그들에게 '더 부드러운' 역할을 취하기 위해 노력할 수 있다. 마찬가지로 사람을 중시하는 부모, 간호사 및 사회복지사는 목표를 설정하고 직무의 흐름을 관리하며, 성과를 평가한다. 그렇다면 이러한 단순한 구별이 도움이 되는가? 나는 이러한 구분이 다른 메타 프로그램과 마찬가지로 도움이 된다고 생각한다. 왜냐하면 다른 구분과 마찬가지로, 그것은 우리가 우리 자신의 강조를 어디에 두었는지를 성찰하게 하기 때문이다. 우리는 직무를 위해 헌신하는가? 아니면 사람을 위해 헌신하는가?

② 직무 중심(Task-person)

당신은 무엇을 해야만 하는지 혹은 무엇을 해야 할 필요가 있는지 물어보는 자신을 발견할 것이다. 당신은 이러한 질문에 대한 명확한 답이 있을 때, 자신의 역할이 잘 정의되어 있을 때, 그리고 감정이 상황을 복잡하게 만들지 않을 때 가장 행복할 것이다. 일단 당신이 무엇을 해야 하는지 알게 되면, 당신은 보통 그것이 성취될 때까지 활기차고 심지어 추진력을 느낄 것이다. 직무를 중시하는 사람은 상황을 명확히 하고 이를 관리하기 위해 자원을 관리하는 데 능숙할 수 있다. 그들은 개인적인 것을 모르고 있는 것이 아니라 '개인적인 것은 중요하지 않다'고 생각한다.

◉ 장점

당신이 직무를 중시한다면, 당신은 그 일이 무엇인지 명확히 하고, 그것을 끝내는 것에 대해 집중할 것이다. 적용, 성실성, 신뢰성 및 기준의 중요성과 같은 가치는 직무를 중시하는 사람의 접근 방식의 근간이 되는 경향이 있으며, 이 모든 것들이 그들이 시작하기도 전에 어떤 일에 관여하고 있는지 명확하게 파악하는 데 도움이 된다. '무엇이 관련되어 있는가?', '어떻게 측정/평가할 것인가?'와 같은 질문은 직장에서나 가정에서나 프로젝트를 진행할 때 매우 유용할 수 있다.

당신은 목표를 충족시키고 산만해지지 않는다. 당신은 당신이 수행하는 프로젝트와 목표에 매우 관련되어 있다고 느끼고, 이러한 연결의 힘은 성취와 완성을 향한 추진력을 제공한다. 또한, 당신은 성격에 의해 흔들리지 않고 개인적인 감정을 제쳐 놓을 수 있으며, 대인관계 문제에 사로잡히지 않는다.

◉ 단점

당신은 중요한 감정이나 대인관계의 흐름을 무시해서 다른 사람들을 불쾌하게 하거나 업무 자체를 방해할 수 있다. 이러한 차원이 직무와 관련이 없다고 믿는다고 해서 사라지는 것은 아니다. 직무를 중시하는 사람들의 한계는 대인관계의 중요성을 과소평가하거나 인식하지만 어떻게 해야 할지 모를 때 나타날 수 있다.

당신은 다른 사람들을 몰아붙이는 것으로 인해 비난을 받을 수 있다. 이것에 대한 그들의 분노는 그들이 당신을 무시하거나 심지어 고립시킨다는 것을 의미할 수 있다. 또한, 당신은 풍부한 직장 생활을 놓칠 수 있다. 일은 사회생활만큼이나 사회적 차원을 가지고 있지만, 직무를 중시하는 사람들은 정보 이상의 것을 놓칠 수 있다.

당신은 쉽게 집근하기 어려워 보일 수 있으므로 다른 사람들은 실제로 당신에게 말을 걸 상황이 발생하기 전까지 당신과 대화하지 않는다. 이는 문제와 기회 모두에 대해 경고하는 미묘한 신호를 수신(또는 발신)할 때 문제가 될 수 있다. 이러한 신호를 수신할 수 있는 능력은 누군가의 네트워크에 있는 연결 수와 수용도에 따라 다르다.

 미묘한 신호를 인식하는 능력

모든 사람이 외침을 들을 수 있지만, 탁월한 감각 시스템을 가진 사람만이 대부분의 기회와 시기 적절한 경고가 있는 곳에서 거의 들리지 않는 속삭임을 들을 수 있다.

DEERING, DILTS AND RUSSELL, Alpha Leadership, p.104

당신은 무관심한 사람으로 보일 수 있다. 만약 당신이 무의식적으로 어떠한 일이 현재 우선시하는 일이라는 것을 분명히 한다면, 사람들은 당신이 그들의 감정을 경시하는 것에서 그들을 무시하는 것이라고 느낄 것이다. 그들이 과민 반응하고 있다는 것을 그들이 알더라도, 그들은 여전히 당신이 그들을 제대로 이해하지 못했다고 느낄 것이다.

당신은 사람들의 감정이나 그들의 상호관계에 의해 야기될 수 있는 어려움을 지나치게 단순화하고 과소평가할 수 있다. 사람과 관련된 모든 직무는 직무의 일부로 사람을 관리하는 것을 의미한다! 당신은 사람과 관련된 일이 무언가를 하는 데 방해가 될 때 좌절감을 느낄 수 있다. 물론 좌절은 다른 사람들만큼이나 사람들이 스스로에게 불러일으킬 수 있는 감정이다.

직무를 중시하는 사람들은 멀티태스킹(multitasking)이 어려울 수 있다. 왜냐하면 그들은 하나의 전체적인 우선순위를 명확히 느끼고 싶어 하지만, 멀티태스킹은 항상 주의, 우선순위, 시간과 같은 여러 요소를 요령 있게 다루어야 하기 때문이다.

 ## 사람 중심(People-person)

당신은 다른 사람들과 교류하는 것을 즐기고, 가정과 직장 모두에서 관계의 복잡성을 전략화하고 관리하는 것에서 즐거움을 얻을 수 있다. 사람들을 독특하게 만드는 것은 생각과 느낌의 뉘앙스이고, 당신이 좋아하는 것이 바로 그 독특함이기 때문에 혼란과 미묘함은 단순함보다 당신을 사로잡는다. 당신은 겉으로 드러나지 않는 것을 찾으면서 동기와 의미에 대한 수수께끼를 즐긴다. 당신은 목소리 톤과 몸짓이 말이나 의도적인 행동만큼 중요하다는 것을 이해하고, 그것을 당신의 생각과 이론에 반영한다.

⭕ 장점

사람을 중시하는 사람들은 다른 사람들과 좋은 인맥을 쌓고, 의미 있는 우정을 나누는 것을 즐긴다. 당신은 화합을 함양하고 이것이 가정과 사회적 상황만큼 직장에서도 중요하다고 믿으면서 직장에서 즐거운 분위기를 만들고, 주변 사람들에게 친절하다.

당신은 진정으로 다른 사람들이 중요하다고 믿으며, 이 메시지는 당신으로부터 설득력 있게 전해진다. 대부분의 사람들은 이 메시지에 잘 반응하기 때문에, 사람들은 그들 주변에 더 많은 헌신과 에너지를 만들어낼 수 있고, 따라서 '선순환(virtuous circle)'을 형성할 수 있다.

- ▶ 당신이 어떠한 일을 중요하다고 느끼기
- ▶ 그 일에 대해 더 많은 헌신 보여주기
- ▶ 주변 사람들로부터 더 많은 긍정적인 반응 얻기
- ▶ 어떠한 일에 대해 당신이 중요하다고 느끼는 감정 재확인하기

선순환(Virtuous circle)

악순환(vicious circle)의 반대말. 좋은 반응을 이끌어내어 유익한 행동과 반응을 번갈아 이어가는 상황.

사람을 중시하는 사람들은 종종 인내심을 가질 것이다. 왜냐하면 그들은 다른 사람들이 왜 그러한 행동을 했으며, 왜 그러한 생각을 했는지 이해하려고 하기 때문이다. 그것은 다른 사람을 최고로 생각하는 것과는 다르다. 단지 그들이 어떤 경험을 하는지 이해하려고 노력하는 것뿐이다. 이러한 공감적 이해는 협력 증대, 더 나은 작업성과 등을 유도하는 지능적 전략의 기초를 형성할 수 있다.

○ 난섬

당신은 특히 다른 사람에게 압력을 가하는 일이 수반되는 경우에는 업무에서 주의가 분산될 수 있다. 사람을 중시하는 사람들은 때로는 '대립', '압박', '직접적', 그리고 '목표 설정'과 같은 개념들을 피하는 경향이 있다. 왜냐하면 이런 것들은 까다롭거나 동정심이 없는 경험을 하는 것에 대한 두려움과 관련이 있기 때문이다.

또한, 당신은 부정적인 판단이 수반되는 경우에는 피드백을 주거나 받는 것이 어려울 수 있다. 대부분의 사람들은 감정적인 함축이 없는 방식으로 피드백을 주는 훈련을 받지 않는다. 많은 사람들은 불편함과 당혹감 없이 칭찬이나 비판을 받기가 어렵다고 생각한다. 이것은 상호 불편함을 야기하고, 종종 피드백이 전달되는 데 있어 부적절하고 때로는 기능 장애를 일으킨다.

만약 당신이 사람 기반 기술에 우선순위를 정하면, 직무 기반 기술의 가치를 인식하지 못할 수 있다. 사람을 중시하는 사람들은 때로는 일을 하는 데 재능이 있는 다른 사람들을 경멸할 수 있다.

당신은 적극적인 것과 공격적인 것을 동일시할 수 있다. 당신은 대개 공상적으로 다른 사람의 입장이 되는 것에 능숙한데, 이것은 또한 자신의 감정, 필요 및 신념을 이기적인 것으로 간주하여 그것들을 표현하기가 어렵다는 것을 의미하기도 한다.

당신은 지배적이거나 공격적으로 보이기를 꺼림으로써 경계를 모호하게 만드는 것을 발견할 수도 있다. 다른 사람들에 의해 으스대거나, 힘들거나, 적대적이거나, 부담이 크다고 생각되는 것에 대한 두려움은 당신이 그들에게 주는 메시지를 누그러뜨려서 구별, 경계, 요구가 모두 모호해지고 불분명해지는 결과를 가져올 수 있다. 따라서 단기적으로 화합을 선택하는 것은 장기적으로 문제와 오해를 불러일으킬 수 있다.

◎ 다른 지각적 위치 취하기

첫 번째 위치에 있다는 것은 자신의 관점에서 일을 경험한다는 것을 의미한다. **두 번째 위치**를 취하는 것은 그들의 상황에 대한 관점을 인정하기 위해 다른 누군가의 입장이 되어 보는 상상을 하는 것이다. **세 번째 위치**를 취하는 것은 자신을 관찰하고 평가할 때에도 마치 분리된 것처럼 상황을 관찰하는 것을 포함한다.

당신은 어느 상황에서 실제로 필요하지 않을 때 개인적으로 일을 처리하여 자신과 다른 사람들에게 불필요한 피해를 줄 수 있다. 당신은 또한 싫다고 말하는 것이 어려울 수도 있고, 그래서 너무 많은 일을 떠맡을 수도 있다.

사람을 중시하는 사람들의 기본 반응은 '네'라고 말하는 것일 수도 있지만, 종종 이것은 충동을 후회하고, 나중에 뒤로 물러서거나 공모하여 짊어진 일에 대한 짐을 참아야 함을 의미한다. 뿐만 아니라 그들은 목표 및 시간과 같은 중요한 직무 관련 요구 사항을 추적하지 못할 수 있다.

또한, 그들은 인내심이 지나치거나 너무 공감할 수 있으며, 다른 사람이 실제로 앞으로 나아가는 데 도움이 되는 조치를 취하기 위해 마주치거나, 확장하거나, 재촉해야 할 때 인지하지 못할 수 있다. 그들이 권위 있는 위치(예: 부모, 매니저 등)를 차지할 때 다른 사람들에 대한 관대함과 그들을 이해하고 불쾌한 감정을 자제하려는 그들의 바람은 다른 사람들로 하여금 자기 자신을 더 발전시키기 위한 평가, 확장, 그리고 추가 개발을 위한 촉진에 대한 명확성, 경계 및 확고함의 가치를 알지 못하게 할 수 있다.

 ## 당신의 기본 설정은 무엇인가?

직무 중심	사람 중심
무엇을 해야 하는지 알고 그것을 할 수 있다는 것을 알 때 편안함을 느끼는가?	사람들이 왜 그 일을 하는지 추측하는 것을 즐기거나 그들이 느끼고 반응할 가능성이 어떤지 스스로에게 물어보는 것을 좋아하는가?
다른 사람의 감정이 개입되어 있다는 것을 알았을 때, 덜 편안하거나 조급함을 느끼는가?	더 잘 이해하기 위해 발생한 상황을 검토하고, 이를 관리하기 위한 다양한 전략을 테스트하기 위해 미래에 발생할 수 있는 상황을 연습하는가?
가끔 누군가가 당신에게 반응하는 것에 놀라는가?	다른 사람들이 그들 자신에 대해 이야기하는 것을 듣는 것을 즐기는가?
"모든 것을 요약하자면..."이나 "해야 할 일은..." 이라는 문구를 사용하는 경향이 있는가?	당신은 미움받는 것을 피하려고 노력하는가?
사생활이나 직장 생활에서 다른 사람이 화를 내거나 분노를 할 때 상실감을 느끼는가?	가끔 자신을 고려하는 것을 빠뜨렸기 때문에 자신의 정체성이 전체적인 그림에서 사라졌다고 느끼는가?

두 가지 관점의 상호 연관성

직무 중심	사람 중심
감정을 다루는 것은 그 일을 하는 것과 무관하지 않고 종종 그 일에 필요한 부분이라는 것을 **스스로에게 상기시켜라.**	사람이 관련된 직무도 여전히 직무라는 것을 **기억하라.**
직무를 수행할 때 처음 예상한 시간보다 더 많은 시간을 **허용하라.**	사람들의 집중이 때때로 당신의 목적을 흐리게 하고 당신의 에너지나 몰입을 약화시키지 않도록 **주의하라.**
일이 예상대로 되지 않을 때는, 놓치고 있는 것을 발견하기 위해 사람을 중시하는 사람들과 **이야기하라.**	직무를 계속 수행하는 데 도움이 되는 직무를 중시하는 친구나 동료를 **만들어라.**

두뇌 계발 및 재설계 활동(8)

올라운더(All-rounder)

미래에 일어날 일에 대해 생각할 때, 당신이 예상하는 방식은 주로 직무 또는 사람 관점에서 처리하는지 여부에 따라 색상이 지정 및 형성될 수 있다. 이 연습은 보다 포괄적인 관리 방법을 개발하는 데 도움이 되도록 설계되었다. 물리적으로 서로 다른 세 가지 접근 방식으로 전환할 수 있는 열린 공간에서 이 활동을 수행하는 것이 도움이 될 수 있다. 미리 마음에 각각 지정하라. 지각적 위치를 바꾸는 데 도움을 주기 위해 각 위치의 바닥에 라벨이 붙은 종이를 사용할 수 있다.

① 첫 번째 위치에서 이 상황이 어떻게 전개될 것으로 자연스럽게 예상하는지 스스로에게 물어보라.

② 다른 위치로 이동하라. 이 경우 다른 위치는 대비되는 기본 설정을 가진 사람의 위치다. 당신이 만약 그들이라면 어떻게 대상을 바라볼 수 있는가?

③ 다시 위치를 바꾼다. 그 위치는 모든 것과 관련된 모든 걸 볼 수 있는 곳이다. 이 위치에서 상황은 어떤가?

④ 이제 원래 기본 위치로 돌아와 그 위치에 발을 들여놓지 않고 한쪽으로만 서 있거나 약간 뒤에 선다. 이제 시작 부분에 추가해야 할 새로운 정보는 무엇인가? 당신이 생각하고 있는 상황이 실제 삶에서 실제로 일어났을 때 이것이 어떻게 당신에게 변화를 줄 수 있는가?

⑤ 마지막으로, 이 모든 새로운 정보를 가지고 다시 첫 번째 위치로 돌아가라. 학습한 내용을 이해하는 데 몇 분 정도(가능하면 눈을 감고) 시간을 가진다.

인생에서 우리 중 누구도 단독으로 한 가지 우선순위에 따라 안전하게 행동할 수 있는 경우는 거의 없다. 가정, 사회 또는 일과 관련된 대부분의 상황에는 사람과 직무 우선순위 간의 일종의 균형 관리가 포함된다.

사례 A.M. Frances(대학 수석 매니저 겸 기획자)

본능적으로 나는 사람을 중시하는 사람이다. 나는 매우 자애롭다. 나는 내 말에 대한 사람들의 반응을 잘 알고 있다고 생각한다. 나는 항상 학생들이 생각하는 것을 볼 수 있었고, 내가 토론하고 싶은 것에 학생들을 참여시키는 방법을 알고 있었기 때문에 좋은 교사가 되었다. 내가 갑자기 수석 매니저가 되었을 때 처음에는 같은 방식으로 일하는 것이 좋을 것이라고 생각했다. 하지만 나는 곧 그것이 전혀 아니었음을 깨달았다. 동료들은 자신만의 아이디어를 가지고 있으며, 종종 새로운 아이디어를 배워야 한다고 기대하지 않는다!

한 동료가 나에게 다음과 같이 말을 했다. "무엇을 얻고자 하는지 모르는 상태에서 회의를 갖지 마라." 그것은 훌륭한 조언이었다. 나는 계획을 세우고 그것을 실행하는 데 신속하게 대처하기 위해 내 민감성을 사용하는 법을 배웠다. 나는 또한 사람들의 감정에 너무 신경을 쓰는 것은 때때로 정말 근시안적이라는 것을 배웠다.

Chapter 11

'생각하는 사람(Thinker)'과
'행동하는 사람(Doer)'은 어떻게 다른가?

'하는 것은 되는 것이다' – 소크라테스
'되는 것은 하는 것이다' – 사르트르

메타 프로그램의 모든 구분 중에서, '생각하는 것'과 '행동하는 것' 의 구분은 가장 인위적인 것으로 보인다. 사고력은 인간의 본질이자 핵심 요소이다. 하지만 모든 사람들은 생각하고, 행동한다. 문제는 당신이 당신의 행동이나 생각에 대해 생각하는 것을 선호하는지, 또는 당신의 사고 과정이 무의식적인 수준에서 대부분 스스로를 처리하도록 내버려 둔 채, 당신이 자신을 '행동하는 사람(doer)'으로 생각하는 것을 선호하는지의 여부다.

본 메타 프로그램은 주로 어떤 활동에 참여하기보다는 어떤 종류의 정신 활동을 인지하도록 선택하느냐에 대한 필터다. 이것은 마치 우리 각자가 만질 수 있고, 볼 수 있고, 느낄 수 있는 외부 감각의 영역이나 추상적 아이디어, 추측, 가설 및 결론의 미묘한 영역에서 가장 편안함을 느끼는 것과 같다. 물론 두 영역 모두 똑같이 현실적이며, 똑같이 비현실적이다. 왜냐하면 두 경우 모두 정보는 결국 우리에게 어떤 의미를 부여하게 되는 처리 지능을 통해 매개되기 때문이다. 당신은 구체적인 현실과 미묘하고 보이지 않는 마음의 혼란 중 어느 것 더 편안한가?

이 글을 쓸 때, 나는 내 컴퓨터의 화면을 보고 있다. 나는 사용하는 단어를 만들고, 변경하고, 재배열할 수 있으며, 이러한 과정을 화면에서 모니터링할 수 있다. 나는 표와 상자를 만드는 것과 같은 영리한 일들을 할 수 있다. 나는 글꼴과 글자 크기를 자유롭게 조절할 수 있다. 나는 이러한 기능을 조작할 수 있다는 사실에 기뻐할 수도 있다. 비록 나에게 보이는 모든 것은 사실 오프스크린(off-screen)에 의존하지만, 내가 볼 수 없고 알 수 없는 것은 오프스크린에서 벌어지는 일이다. 이것은 우리의 정신적 과정에 대한 단순한 비유이다. 어떤 것들은 눈에 보이는 반면, 다른 동등하게 필수적인 것들은 그렇지 않다.

우리의 무의식

우리는 생각할 수 있고, 사고하는 것 자체를 생각할 수도 있지만, 이 두 가지 과정은 의식 속에서 일어난다. 이것은 온스크린(on-screen)이다. 그러나 이러한 작은 '눈에 보이는' 것보다 훨씬 더 많은 일이 우리 뇌에서 일어나고 있다. 일상적인 생리적 과정(소화, 항상성, 순환 등)의 조직화, 모니터링 및 지속적인 조정과는 별개로, 의식적 사고를 위해 우리가 의존하는 정보의 상당 부분은 무의식적으로 정리, 저장, 정렬 및 검색된다. 우리가 학습이라고 생각하는 것은 처음에 습득하고 의식적으로 조직된 정보를 학습 메커니즘과 경로가 잊혀지는 '무의식적 역량'의 영역으로 전달하는 과정에 달려 있다. 이렇게 무의식적으로 저장된 학습은 필요할 때 사용할 수 있지만, 우리는 더 이상 학습을 획득한 방법이나 사용과 관련된 내용에 대해 생각할 필요가 없다.

우리가 이러한 방식으로 '생각하는 것'과 '행동하는 것'을 바라본다면, 아마도 스스로를 '행동하는 사람'으로 분류하는 사람들은 근육 기억(muscle memories)을 사용하고 있다고 생각할 수 있지만, 사실, 무의식적인 정신 과정에 동등하게 의존하고 있다고 말하는 것이 더 정확할 것이다.

근육 기억(Muscle memory)

근육 기억은 무의식적으로 저장된 순서나 신체적 행동의 패턴이다. 실제로는 비어 있지만 물이 가득 찼다고 생각하고 컵을 들 때, 우리는 행동에 필요하다고 생각하는 압력과 힘의 양을 무의식적으로 추정하는 방법을 명확하게 보여준다. 추정의 오류가 그 행동을 인식하게 하는 것이다. 우리의 계산이 맞으면 유리컵을 집어 들기만 하면 된다! 스포츠 또는 예술 분야의 특정 응용뿐만 아니라 일상적인 행동에 관여하는 것과 같은 복잡한 루틴은 모두 근육 기억의 획득, 정교함 및 점진적인 개선에 의존한다.

② 생각하는 사람(Thinker)

생각하는 사람으로서 당신은 성찰과 분석을 즐기고, 정신적인 기교를 통해 문제를 해결하는 것에 자극받을 것이다. 당신은 증거를 이론화하고, 추측하고, 축적하고, 테스트하는 것이 편할 것이다. 컴퓨터 그래픽을 통해 건물을 탐색하는 것처럼, 당신은 당신의 지능 스크린에서 아이디어를 쉽게 이동할 수 있다. 생각하는 사람은 불확실한 것을 즐길 수도 있다. 왜냐하면, 불확실한 것은 확실한 것이 하지 않는 방식에 참여하도록 그들을 초대하기 때문이다.

○ 장점

만약 당신이 행동하기 전에 생각을 한다면, 당신의 행동은 더 많이 고려되어 즉흥적으로 행동할 때 발생하는 오류에 덜 취약하다. 만약 무언가를 한 후에, 그것을 먼저 생각했는지 안 했는지 그리고 그것이 잘 되었는지 아닌지를 생각한다면, 당신은 당신의 경험으로부터 배울 수 있는 더 많은 기회를 얻게 될 것이다.

생각하는 사람은 성공적인 전략을 계획하는 데 유용한 다양한 경로와 결과를 쉽게 상상할 수 있다. 만약 당신이 융통성 있게 사고를 한다면, 당신은 보다 포괄적이고 복잡한 방식으로 상황을 평가할 수 있는 다양한 지각적 위치에 자신을 배치하여 행동하거나 판단을 내리기 전에 다양한 범위의 요소를 고려하는 것이 비교적 쉽다는 것을 알게 될 것이다.

○ 단점

생각하는 사람으로서 당신은 때때로 실현 가능성이 어렵거나 짜증이 나는 지점까지 내적 흡수를 구축할 수 있다. 이것은 종종 실제 현실에서 다룰 수 없는 능력의 문제보다는 우선순위에 대한 문제이지만, 다른 사람들이 당신을 터무니없거나 비현실적으로 생각하게 만들 수도 있다.

당신은 다른 사람에게서 신경을 끌 수도 있으며, 이는 관심의 부족으로 잘못 해석될 수 있다. 당신은 행동(자신과 타인의 행동 모두)의 중요성을 과소평가할 수 있다. 당신은 때때로 복잡한 생각이나 미묘한 차이점에 얽매일 수 있다.

❸ 행동하는 사람(Doer) ──────────────

당신은 스스로를 복잡한 존재라기보다는 실천적이고 복잡하지 않은 존재라고 생각하는 것을 좋아한다. 당신은 당신의 의사소통이 난해하기보다는 직접적이라는 자부심을 가지고 있다. 또한, 당신은 복잡성과 복합성을 싫어할 수도 있고, 어쩌면 그것들이 불필요하다고 생각할 수도 있다. 행동하는 사람들은 보통 외향적이고, 자기 자신에 대해 생각할 때 한 가지만 지나치게 생각하는 것을 즐기지 않는다. 그들은 생각이 아니라 일을 처리하는 것이 가장 행복하다. 그들의 특성은 섬세함과 복잡성은 주로 운동감각성(kinaesthetic)이다. 그들은 경험이 없는 수영선수들이 깊은 물에 대해 걱정할 수 있는 것처럼, 때때로 생각하는 것과 생각하는 사람들을 두려워할 수 있다.

🎯 운동감각성(Kinaesthetic)

느낌 기반(신체 및 정서 모두). 운동감각정보는 외부로부터 정보를 수신하여 내부로 정보를 처리하는 데 사용되는 핵심 감각체계이다. 여기에는 신체적 정부와 정서적 정보가 모두 포함된다.

◉ 장점

다른 사람들은 당신이 교활하지 않다고 느끼기 때문에 당신을 안식처로 생각할 수도 있다. 당신은 일반적으로 실용적인 문제를 잘 해결하며, 절차적 또는 독창적인 기술을 가지고 있을 수 있다. 행동하는 사람으로서 당신은 감정적 응어리나 기저로 인해 괴로워하지 않을 수 있다. 당신은 아마도 너무 깊이 성찰하거나 주저하지 않고 일을 해나갈 것이다.

◉ 단점

당신은 자기 인식이 부족할 수 있고, 다른 사람들에게 중요한 생각과 감정을 인식하지 못할 수 있다. 당신은 자신의 지능을 과소평가할 수도 있고 다른 사람, 특히 교육 체계 내에서 자신의 지능이 과소평가될 수도 있다. 당신은 학교에서 학업 과목이 어렵다고 느꼈을 수도 있고, 더 추상적인 사고방식을 가진 친구들과 비교했을 때 불리하고 과소평가되었다고 느꼈을 수도 있다.

당신은 당신에게 문제가 되는 것을 어떻게 할 수가 없을 때 좌절감을 느낄 수 있다. 또한, 다른 사람들이 진정으로 원하는 것이 공감을 가지고 그들에게 귀를 기울이는 것이지만 이러한 정서적 문제에 대해 실용적으로 해결하려는 경향이 있을 수 있다.

당신의 기본 설정은 무엇인가?

생각하는 사람	행동하는 사람
당신은 앉아서 생각하는 것을 선호하는가?	선택권이 주어진다면, 당신은 신체적인 것을 하고 싶은가?
해결해야 할 문제가 있을 때, 먼저 그 문제를 '이해할(get your head around)' 가능성이 더 높은가?	해결해야 할 문제가 있을 때, '먼저 무엇이라도 할(do something)' 가능성이 더 높은가?
현실적인 실패와 같은 문제가 당신을 더 무력하게 만드는가?	개념 퍼즐과 같은 문제가 당신을 더 무력하게 만드는가?

⑤ 두 가지 관점의 상호 연관성

나는 우리가 스스로를 그렇게 부르는 것을 좋아하든 싫어하든, 우리는 '생각하는 사람'이라는 것을 암시하며 본 장을 시작했다. 다음과 같은 라틴 격언이 있다. '감각에 있어 이전에 없던 것은 우리의 이해에 없다'(Nihil est in intellectu quod non prius fuerit in sensu).

NLP가 개발한 초기 조사에서 이것의 사실성을 밝혀냈다. 서로 다른 사람들이 '생각'이라는 단어를 사용할 때 그들은 아마도 그 단어를 사용하는 다른 사람과 같은 활동에 대해 이야기하고 있다고 생각할 것이지만 이것은 사실이 아니다. 우리가 생각할 때 우리가 하고 있는 일은 실제로 사람마다 다르다. 왜냐하면 우리 각자는 생각의 다른 요소들을 매우 개인적인 혼합으로 결합하고 있기 때문이다. 생각하는 것은 스스로 상상하는 것을 포함하기 때문에, 우리가 이것을 하는 방법에는 개인차가 있다. 하지만 우리 각자가 생각을 하기 위해 서로 다른 종류의 감각 정보에 다소 의존하기 때문에, 변화의 기회는 훨씬 더 많다. 우리의 각 감각은 다른 것보다 특정 종류의 정보를 처리하기 때문에 그 자체로 시스템과 같다. 따라서 NLP는 이를 표상체계(representational system)라고 부른다.

 표상체계(Representational system)

감각과정(시각, 청각, 촉각, 후각 및 미각). 이것은 우리의 감각을 통해 외부에서 직접 우리에게 도달하는 정보뿐만 아니라 우리의 마음속에 내부적으로 저장되고 생성된 정보도 포함한다.

우리는 생삭을 하기 위해 모는 송류의 감각 정보를 활용할 수 있지만, 실제로 우리는 각자 좋아하는 것이 있다. 어떤 사람들의 '생각'은 정신적인 사진 제작과 영화 감상의 형태를 취한다. 어떤 사람들의 경험은 주로 운동감각이다. 그것은 그들의 외부 경험에서와 마찬가지로 그들의 마음속에서도 생생하고 현실적이다. 또 다른 사람들은 풍부한 소리의 세계에 존재한다. 즉, 그 세계에는 실제와 상상의 목소리, 대화뿐만 아니라 음악과 자연의 소리가 있다. 다른 감각보다는 적지만, 후각과 미각도 우리의 정신적 존재에 영향을 미친다.

일단 우리가 우리의 생각이 얼마나 감각에 기반을 두고 있는지를 알게 되면, '생각하는 사람'과 '행동하는 사람'의 구별은 더욱 희박해진다. 행동하는 사람들은 비록 그들이 가능하면, 특정한 종류의 자기성찰, 추측 혹은 분석적 사고를 피하기로 선택했다고 할지라도 행동하기 위해 생각을 먼저 해야 한다. 생각하는 사람들은 자신의 감각에 의존하여 내면 세계에 풍요로움과 의미를 채워야 한다. 우리가 자신을 어떻게 명명하든지, 우리는 신체를 조절하기 위해 마음을 사용해야 하며, 활동의 필수 요소로 감각 기반 정보를 사용한다.

이 미묘한 공통부분은 미국 스포츠 코치인 Timothy Gallwey가 탐구한 풍부한 영역 중 하나였다. NLP 개발자들과 거의 동시에 활동하면서, 그는 사람들의 마음이 테니스나 골프처럼 신체적인 것에 영향을 미치는 정도에 매료되었다.

🎯 아우터 게임에서 이너 게임으로

예를 들어, 플레이어가 집중하는 법을 배우는 것이 백핸드보다 더 가치가 있다는 것을 인식하게 되면 그는 주로 아우터 게임(outer game)의 플레이어에서 이너 게임(inner game)의 플레이어로 전환한다(겉으로 보이는 것에서 내면으로). 그러고 나면, 그는 테니스 실력을 향상시키기 위해 집중력을 배우는 대신에, 집중력을 향상시키기 위해 테니스를 연습한다.

The Inner Game of Tennis, p.114

두 가지를 모두 최대한 활용하는 것은 겉보기에는 단순하지만 실제로는 매우 부담스러운 질문을 하도록 스스로를 훈련시키는 것이다. 자신에 대한 첫 번째 점검으로, 성찰하거나 행동하려고 할 때, '무엇이 부족한가?'라고 자문해 보라.

두뇌 계발 및 재설계 활동(9)

코칭은 많은 간단한 질문을 활용하여 사람들이 상황을 다른 시각으로 바라보고, 이미 알고 있는 중요한 정보를 자신도 모르는 사이에 찾을 수 있도록 도와준다. 이것은 그 자체로 행동하는 사람과 생각하는 사람 모두가 의식하지 못하고 의도적으로 이해나 계획에 반영될 수 없는 자료에 접근할 수 있도록 돕는 방법이 될 수 있다. 이러한 질문의 대부분은 자기 자신과 세상과의 상호작용을 관리하는 방법을 확장하고 강화할 수 있는 기회를 제공할 수 있다.

적절하게 표현하면 그 질문들은 가정 및 직장 내 맥락을 이해하고 변화시킬 수 있는 강력한 영향력을 제공할 수 있다. 당신은 그 질문들을 머릿속으로 자기 자신에게 물어볼 수도 있고, 다른 사람들에게 큰 소리로 물어볼 수도 있다. 그것들은 탐색 질문이기 때문에 강력하다. 듣는 사람은 질문에 대답하기 위해 자신의 머릿속으로 들어가야 한다. 탐색 질문들은 접근하기 어려운 정보를 알게 할 뿐 아니라, 듣는 사람이 생각과 행동 사이의 연결을 만들도록 격려하고, 괴롭히고, 때로는 강요한다.

활동 1 무슨 일이 일어나는가?

Q1 어떻게(어쩌다) ~가 되었는가? How come? (진행 상태를 평가하기 위한 질문)

이 질문은 원인과 결과에 대한 추측을 유도한다. 우리는 어떻게 여기(here)에 왔는가?

생각하는 사람	행동하는 사람
당신은 이것이 당연한 질문이라는 것을 알게될 수도 있지만, 그렇다 하더라도, 그것에 정말 몰입하게 되면 '가지 않은 길(the road not taken)'에 대해 의문을 갖게 될 수 있다. 상황이 어떻게 달라질 수 있으며, 그 안에서 배울 수 있는 것은 무엇인가?	당신은 먼저 외적인 행동과 사건을 먼저 찾을 것이다. 당신의 경우 이 질문이 제공하는 것은 이유, 동기, 가정, 과정과 같이 보이지 않고 입증할 수 없는 것들을 탐색하도록 요청한다는 것이다.

Q2 도대체 무슨 일인가? What's really going on? (표면 아래를 탐색하는 질문)

이것은 당신이 실제로 몰입하는 동안에도 지금-여기의 상황에 대한 이해를 높이기 위해 스스로에게 물어보는 좋은 질문이다.

생각하는 사람	행동하는 사람
당신의 첫 번째 반응은 대인관계의 역동성, 상징 또는 기저를 찾는 것일 수 있다. **이제** 행동 및 언어 패턴과 당신의 추측을 뒷받침하기 위한 일련의 행동과 반응을 **찾아라.** 그리고 외부의 증거와 대조하여 당신의 해석을 확인하라.	행동과 사건을 묘사하는 것은 자연스럽다. 이제 당신의 감정이 당신에게 무엇을 말하고 있는지 **스스로에게 물어보라.** 이것은 편안한 상황인가? 바디랭귀지, 음색 또는 아이컨택이 주변의 감정적 힘의 장(場)과 같은 느낌을 주는가? 그것은 무엇에 관한 것인가? 다음에는 무슨 일이 일어날 것 같은가? 당신의 예감을 뒷받침하는 증거가 있는가? 있다면 무엇인가?

활동 2　무슨 일이 일어나는가?

Q3 또 무엇이 있는가? What else? (존재의 다른 방식에 대한 질문)

　발견해야 할 것이 더 있다고 가정한다면, 이것은 당신이 '생각하는 사람'이든 '행동하는 사람'이든 간에 자신과 다른 사람들에게 물어보는 좋은 질문이다.

생각하는 사람	행동하는 사람
당신은 '또 무엇이 있는가?'라는 질문이 또한 수행 중이거나 수행할 수 있는 작업도 포함되어 있다는 점을 상기할 경우, 이 질문은 당신이 상황을 보다 완벽하게 탐색하도록 유도할 것이다.	실제로 단순하거나 직접적인 상황은 거의 없다. 이 질문은 표면 너머를 바라보도록 상기시킨다. 특히, 자신에 대해 좀 더 성찰하고 다른 사람들에 대해 더 많은 추측을 할 수 있도록 도움을 줄 수 있다.

Q4 다른 방법은 무엇인가? How else? (방법에 대한 질문)

　그것을 어떻게 했는가? 그것을 어떻게 하는가? 그것을 어떻게 할 것인가? 그리고 다른 사람들의 접근 방식은 어떠한가? '어떻게(how)?'는 훌륭한 NLP 단어다. 이것은 모든 일(생각과 행동)에 방법이 있다는 사실에 주목한다. 방법을 찾는 것은 우리가 일을 하는 방법(정신적 및 육체적 모두)과 그 일을 하는 것이 우리를 어디로 나아가게 할 것인지에 대해 더 많은 선택권을 갖는 첫 번째 단계다.

생각하는 사람	행동하는 사람
당신은 이미 사고를 할 생각을 하고 있다. 당신이나 다른 사람들은 이 상황이나 사건을 어떻게 다르게 해석할 수 있는가? 이는 또한 행동을 보다 유연하게 한다. 주제, 문제 또는 작업을 해결할 다른 방법은 무엇인가?	또 어떻게 행동할 수 있는가? 그리고 그 결과는 무엇인가? 다른 방법으로 임무에 접근할 수 있는가? 상황은 또 어떻게 해석될 수 있는가?

Q5 다음은 무엇인가? What comes next? (가능한 결과를 식별하기 위한 질문)

　이 질문은 당신이 행동과 반응의 연결의 일부로 지금-여기의 경험(주로 성찰적인 것이든 활동적인 것이든)을 더 넓은 맥락에서 틀에 짜도록 인도한다. 또한, 이 질문은 당신이 속한 소셜 네트워크 내(사생활 및 직장 생활)에서 당신이 생각할 수 있는 결과와 관련하여 지금 무엇을 생각 및 행동하고 있는지 볼 수 있도록 장려한다.

생각하는 사람	행동하는 사람
생각하는 사람들은 종종 타고난 전략가이지만, 이것의 한계는 당신의 마음이 당신보다 앞서가는 것을 발견할 수도 있다는 것이다. 당신이 선지자라면 여기(here)에서 저기(there)로 데려가는 데 필요한 단계를 때때로 놓칠 수 있다. '다음은 무엇인가?'라는 질문은 당신이 어디로 갈 수 있고, 어디로 가고 싶은지, 그리고 어떤 방향으로 갈지 차근차근 생각하게 한다.	행동하는 사람은 지금 여기, 그리고 미래를 위해 계획한 것과 매우 밀접하게 관련되어 있다. 이 질문은 장기적인 맥락에서 지금 여기에서 무슨 일이 일어나고 있는지 또는 무엇을 해야 하는지 알게 하고, 행동을 선택하기 전에 여러 가지 옵션을 상상하도록 권장한다.

Q6 그래서(무엇을 의미하는가)? So what? (의미와 목적을 더 깊이 들여다볼 수 있는 질문)

무례하게 말했을 때 이 질문은 무시하는 것처럼 보인다. 공손하게 물었을 때, 나의 동료인 Jan Pye와 내가 자주 그랬던 것처럼, 그것은 당신의 길에서 당신을 멈추게 할 수 있고, 일어나고 있는 일이나 당신에게 즉각적으로 관련된 것에서 한발 물러나 그 중요성과 의미에 대해 깊이 생각하도록 인도할 수 있다.

생각하는 사람	행동하는 사람
생각하는 사람들은 자연스럽게 분석하고 성찰한다. 당신이 무언가를 묘사하거나 요약할 때, 자신에게 '그래서?'라고 묻는다면, 당신은 편안한 정신세계에서 행동할 수 있는 가능성으로 옮겨가도록 장려한다. 당신은 상황에 대한 이해 또는 요약에 도달했다. 이 모든 것이 실제로 무엇을 의미하는가? 더 깊은 의미와 가능성은 무엇인가? 충분히 성찰하고 있는가? 아니면 실제로 해야 할 일이 있는가?	아무리 편하게 해도, 당신은 모든 것에 대해 생각하는 것을 놓칠 수도 있다. 그래서 이 질문을 할 필요가 있다. 그것은 무엇을 의미하는가? 당신은 자기 자신 또는 타인에게 '그래서?'라고 묻는다면 당신은 즉시 더 깊은 가능성과 의미 있는 영역으로 이동하게 될 것이다. 이러한 관점이 커지면 당신은 재평가하게 된다. 때로는 이 질문은 습관적인 운영 방식의 일부인 행동과 가정을 버리게 만들 수도 있다. 다른 때에는 이는 당신의 직감이 이미 알고 있는 것에 대해 이해할 수 있는 근거를 제공할 수 있다. 이것에 비추어 볼 때, 당신은 중요하지 않아 보이는 것들을 방어할 수 있는 정보를 가지고 있을 수 있지만, 사실 그것은 더 깊은 결과를 가지고 있다.

본 장의 주제는 행동과 사고가 본질적으로 상호 의존적이라는 것이었다. 당신이 주로 생각하는 사람 또는 행동하는 사람이라고 생각하든 실제로는 모두 해당한다. 위 질문은 한 발 물러서서 자신의 존재 방식과 행동 방식을 검토하라는 것이다. 이는 NLP에서 '메타적 접근(going meta)'이라고 묘사하는 과정이다.

메타적 접근(going meta)

자신이나 자신이 관련된 상황을 마치 외부에서 보는 것처럼 바라본다. 신의 눈, 자신의 주관적인 경험에 대한 더 넓은 관점, 자신을 관찰/평가/모니터링/멘토링할 수 있는 관점.

당신이 만약 행동하는 사람이라면, 당신의 확장은 자신을 관찰자로 보기로 선택하는 것이다. 이는 실제 기술을 배우고 연마하는 방법과 다르지 않다. 만약 당신이 생각하는 사람이라면, 당신의 확장은 자기 자신의 사고를 생각하는 것과 그것이 어떻게 행동으로 옮겨지는지를 검토하는 것이다.

메타 장소는 흥미로운 장소다. 편안하면서도 힘들고, 도전적일 뿐만 아니라 확신을 줄 수 있다. 그곳은 당신의 모든 부분과 함께할 수 있는 장소다.

사례 Sandra Shorter(작가 겸 대장장이)

내 인생에는 상당히 대조적인 두 가지 주요 역할이 있다. 나는 책과 기사를 쓰기 때문에 절반의 시간은 생각을 하기 위해 사용한다. 그러나 나는 또한 보석을 디자인하고 만드는 데 시간을 보낸다. 한동안 글을 쓰다 보면 좀 더 적극적으로 해야겠다는 생각이 들어서 '행동하는 사람'이 되는 경우가 많다. 때로는 손으로 작업할 때 내 글에 대한 아이디어가 떠오르고 나중에 탐색할 수 있도록 메모를 한다. 그것은 대화와 같다.

Chapter 12

메타 프로그램(Meta-programme)은
어떻게 만들어지는가?

대부분의 프로파일링 시스템(profiling system)은 정돈되고 깔끔하게 보인다. 대개 너무 깔끔해서 실제 생활의 복잡성을 충분히 파악할 수 없다. 하지만 메타 프로그래밍(meta-programming)은 당신과 나, 그리고 나머지 인류라는 매우 복잡한 영역을 매핑하기 위한 일련의 지침으로 가장 잘 간주된다는 것을 우리 스스로에게 상기시켜 보자. 메타 프로그래밍은 우리의 모습에서 파생된 시스템이다. 그래서 처음 그 시스템과 마주쳤을 때, 그것은 지도에서 집이나 거리를 처음 발견했을 때와 유사한 친숙함을 가지고 있다.

① 자신과 타인의 프로필 구축

본 책에서 지금까지 한 번에 하나의 메타 프로그램에 집중해 왔지만, 실제 상황에서는 대개 둘 이상의 메타 프로그램이 사용된다. 또한, 우리 각자는 다른 상황에 따라 동일한 메타 프로그램에서 약간 또는 뚜렷하게 다른 기본 위치에서 작동할 수 있다. 예를 들어, 나의 고객들 중 한 명처럼 직장에서는 절차적으로 일을 하는 사람도 휴일에는 창의적인 사람이 될 수 있다. 또한, 공예가는 자신이 만드는 것을 디자인할 때 창의적일 수 있고(종종 큰 청크 정보 처리자와 관련이 있음), 작업을 실제로 수행할 때는 절차적이고 작은 덩어리로 정보를 처리할 수도 있다. 메타 프로그램의 차이점과 유사점 사이의 명백한 대조 중 일부는 사람들이 실제 상황, 도전 과제 및 작업에 대처할 때 사라질 수 있다.

자신의 메타 프로그램 선호도의 집합을 탐색하기 시작하고, 다른 사람들의 선호도에 대해 생각할 때 염두에 두어야 할 두 가지 고려 사항이 있다. 첫째, 특정 메타 프로그램 사이에 자연스러운 유사성이 있다. 둘째, 인간의 개성이 너무 커서 어떤 기본 설정이 실제로 함께 묶이게 될지 확실하게 추정할 수 없다!

② 자신의 메타 프로그램 선호도 ─────────────

본 책의 앞부분에 있는 설명을 읽으면서 인상 깊었던 점을 바탕으로 자연스러운 선호도를 그리는 것으로 시작하는 것이 유용하다.

메타 프로그램 내에는 몇 가지 자연스러운 유사성이 있다. 예를 들어 절차(procedural)를 따르는 많은 사람들은 작은 청크 정보 처리자(small-chunk)다. 그들 중 일부는 회피 동기(away-from)를 가지고 있을 수도 있다. 아마도 당신은 이것들 중 하나일 것이다. 절차적 초점은 종종 특정 시간(in-time)과 관련될 수 있다. 다음은 몇 가지 자연스러운 집합이다.

절차적(procedural) 작은 청크 정보 처리자(small-chunk)	창의적(inventive) 큰 청크 정보 처리자(large-chunk)
작은 청크 정보 처리자(small-chunk) 특정 시간(in-time)	접근 동기(towards) 창의적(inventive)
절차적(procedural) 회피 동기(away-from)	

다음은 존재할 수 있는 몇 가지 더 큰 선호도 집합이다.

절차적(procedural) 작은 청크 정보 처리자(small-chunk) 특정 시간(in-time) 외부 지향적(outer-directed) 직무 중심(task-focus) 행동하는 사람(doer) 유사점(similar)	사람 중심(people-focus) 외부 지향적(outer-directed) 행동하는 사람(doer) 분리됨(dissociated)
	사람 중심(people-focus) 내부 지향적(inner-directed) 연관됨(associated)
접근 동기(towards) 창의적(inventive) 전체 시간(through-time) 내부 지향적(inner-directed) 직무 중심(task-focus) 생각하는 사람(thinker)	창의적(inventive) 차이점(dissimilar) 생각하는 사람/행동하는 사람(thinker/doer)

이러한 예는 가능한 집합이 거의 무한에 가까운지를 보여주기에 충분할 것이다. 또한, 그것은 예를 들어 내부 지향적인 사람이 필연적으로 독창적일 것이고, 접근 동기를 가진 사람이 자동적으로 외부 지향적일 것이라고 확신할 수 없다는 것을 상기시켜 준다.

그렇다면 왜 굳이 프로필을 구축하려고 노력하는 것일까? 첫째, 우리는 세심한 주의를 기울임으로써 한 상황에서 때로는 골칫거리가 될 수 있는 기본 설정이 다른 상황에서 어떻게 놀라운 결과를 산출할 수 있는지 인식하도록 자신을 훈련한다. 예를 들어, 때때로 당신을 미치게 할 수 있는 세부적인 것에 대한 감각을 가진 사람들은 최고의 선택자가 될 수 있다. 왜냐하면 그들은 당신에게 꼭 맞는 무언가를 발견하기 때문이다.

둘째, 메타 프로그램의 관련성 또는 집합에 대해 생각함으로써 우리는 우리 자신과 세상을 관리할 수 있는 매우 다른 방법을 발견하고 사용하는 데 있어 세심한 주의를 기울이고, 질문을 하며, 우리가 얼마나 놀라운지 인식하는 가치를 상기시킨다.

셋째, 호기심과 인식의 혼합은 우리에게 새로운 방법을 시도하거나 평소와는 약간 다른 강조를 시도할 수 있는 가능성을 탐색할 수 있는 자신감을 준다. 그리고 넷째, 인간이 얼마나 놀랍고 다양한 존재인지 깨닫게 되면 특정한 태도나 행동 때문에 누군가를 무시하지 않을 수 있다. 나는 이것이 우리가 좀 더 관대해지도록 돕는 동시에 꽤 현실적이라고 생각한다.

다른 모든 정보와 마찬가지로, 일단 메타 프로그램을 이해한 후에는 다시 배울 수 없다. 이것은 새로 습득한 지식의 경우에도 사실이지만, 이미 마음속 깊이 가지고 있던 지식을 인식의 표면으로 가져오는 작업을 수행한 경우에는 더욱 그렇다. 이미 알고 있는 것을 알게 되면 더 많은 선택권을 얻게 된다. 당신은 이제 새로 사용 가능한 정보를 제공하는 방법을 선택할 수 있다. 당신은 원하는 방법을 선택할 수 있다. 당신은 의도적으로 실험할 것인지 아니면 무의식적인 도구 목록에 스며들도록 할지 선택할 수 있다. 당신이 어떤 선택을 하는, 지식은 사라지지 않을 것이다.

❸ 메타 프로그램 유형 관리 ─────────────

메타 프로그램 기본 설정이 쌓이더라도 결과로 발생된 유형들은 관리가 필요한 중요한 자산이다. 때로는 그것이 큰 힘이 될 수 있지만 다른 때에는 아주 똑같은 자연적인 집합이 골칫거리가 될 수 있다.

창의적인 문제 해결사 또는 아티스트가 될 수 있는 '접근 동기-창의적-큰 청크'의 유형을 가진 사람들은 때로는 그들의 재정이 기껏해야 '상자에 든 영수증 더미'의 형태를 취하고(또는 최악의 경우 바지 주머니, 핸드백 또는 자동차 글로브 박스 안의 영수증), 많은 어려움 후에도 여전히 불완전할 수 있다. 또한, 누군가를 그렇게 재미있는 사람이나 아이디어와 프로젝트의 훌륭한 창안자로 만들 수 있는 '접근 동기-큰 청크-특정 시간'의 조합은 다른 상황에서 비용이나 결과에 대한 감각 없이 충동적으로 소비를 촉진할 수 있다.

한편, 다른 사람들을 잘 챙기는 '연관됨-외부 지향적' 관점은 동시에 자신을 위한 시간을 갖는 것이 정당하지 않다고 느끼기 때문에 너무 많이 담배를 피우거나, 먹거나, 음주를 할 수 있다. 또는 그러한 관점을 가진 일을 하지 않는 어머니의 경우 자녀가 자라 집을 떠날 때 갑자기 느낄 수 있는 불안이나 우울증을 겪을 수 있다.

잠시 시간을 내어 자신이 특정 역할에 있다고 상상해 보라(예: 직장, 가정, 휴일 등). 그 역할에서 자신의 메타 프로그램 유형을 살펴보고 다음 질문을 스스로에게 해보라.

1. 이 유형의 장점은 무엇인가?

내가 ～을 하는 데 도움을 준다 / ～할 때 유용하다 / ～을 하는 것을 용이하게 해준다

- 집 또는 직장에 있는 자원을 최대한 활용하고 있는가?
- 내가 최선을 다하고 있는지 어떻게 알 수 있는가? 무엇이 내가 그렇지 않다는 것을 말해주는 가?(한 가지 중요한 지표는 현재 에너지 수준과 같은 당신이 느끼는 감정일 수 있다.)
- 더 자주, 더 완전하게 최선을 다하려면 어떻게 해야 하는가?
- 그렇기 위해 무엇을 변화/포기/시작해야 하는가?

2. 이 유형의 한계는 무엇인가?

가정이나 직장, 또는 둘 다에서 자신이 때때로 덜 효과적이라고 느끼는 상황이나 역할을 생각한 다. 스스로에게 다음과 같은 질문을 해보라.

- 나의 강점 유형들이 얼마나 자주 부담이 되는가?
- 이것은 특정 상황에서 다른 상황보다 더 많이 발생하는 경향이 있는가?(예를 들어, 집에서; 높 은 지위의 상사와 함께 있을 때; 내가 놀랐을 때)
- 언제 이런 일이 일어나는지 알 수 있는가? 나는 그것을 스스로 인식하는가, 아니면 나에게 알 려주는 다른 사람들로부터 피드백을 받는가?
- 그것은 내가 어떤 기분을 느끼게 하는가?
- 언제 이런 일이 일어나는지, 아니면 일어날 것 같은 때에 대해 더 빨리 인식할 수 있는가? 패 턴(유사점) 또는 변화(차이점)이 있거나 가능한 경고 신호로 모니터링할 수 있는 주요 트리거가 있는가?
- 이런 일이 발생할 위험을 최소화하려면 어떻게 해야 하는가?
- 내 가정(assumption), 생각 또는 행동에 어떤 변화가 포함될 수 있는가? 예를 들어, 많은 외부 지시를 받은 사람들은 다른 사람들의 인식된 가치나 필요에 반응적이고 자동으로 반응한다. 그러나 '아니오(no)'라고 말하거나 응답하기 전에 생각할 시간을 갖는 것만으로도 인식, 성찰, 때로는 다른 방식으로 응답할 수 있는 기회가 생길 수 있다.

당신은 다른 질문들보다 대답하기가 더 어렵거나 더 쉬웠던 질문을 발견했을 것이다. 생각에 대한 저항, 능숙도 또는 열의를 느끼는 것을 추가 정보로 활용하라. '무슨 일이 있었 던 거야? 왜 그런 거야?'라고 자신에게 물어보라.

이제 앞의 메타 프로그램 중 양극단 사이에서 유연하게 이동할 수 있다는 것을 인식한

메타 프로그램을 자유롭게 선택하여 다시 살펴보라. 자신만의 'How I do it(내가 하는 방법)' 상자를 만들기 위해 간단한 자기 프로필을 작성한다.

 내가 하는 방법(How I do it)

이제 개인적인 유연성을 위한 '핵심 트리거와 지렛대(핵심 요소)'가 무엇이라고 생각하는지 적어보라. 만약 당신이 하나 이상의 메타 프로그램 축을 따라 유연하다면, 유연함을 위한 방법이 동일한지 또는 서로 다른지 확인하라. 기본 위치가 분명한 메타 프로그램에서 보다 유연할 수 있도록 이 정보를 사용할 수 있는가?

또 다른 개선 사항도 있다. 당신은 특정 상황에서는 특정 기본 설정이 설정되고, 다른 상황에서는 전혀 다른 기본 설정이 설정될 수 있다. 당신은 항상 독창적이거나 항상 작은 청크 정보 처리자가 아니다. 작가 Alvin Toffler는 변화에 훌륭하게 대처하고, 다양성을 사랑하고 추구했던(접근 동기, 창의적) 많은 사람들이 그들 삶의 다른 영역에서 변화에 저항했고, 심지어 의도적으로 익숙한 일과와 절차적 습관을 고수했기 때문에 그렇게 할 수 있었다는 것을 발견했다. 이를 통해 그들은 삶에서 안정성과 예측 가능성의 영역을 만들어 다른 사람들을 자유롭게 탐색하고 실험할 수 있었다.

④ 타인 프로파일링 ────────────

다른 사람들이 어떻게 기능하는지 이해하는 것은 흥미롭고 도움이 된다. 심지어 메타 프로그램의 자연스러운 유형을 대략적으로 파악하더라도 당신은 마찰 없이 자연스럽게 서로 연관시켜 그들이 최상의 상태가 될 수 있도록 도울 수 있다. 또한, 타인의 유형을 대략적으로 파악하는 것은 그들이 최상의 상태가 아닐 때, 당신은 그들에게서 압박을 덜어주도록 도와주거나, 왜 일이 잘못되었는지에 대한 단서를 제공할 수 있다.

내 고객 중 한 명이 효율적으로 일하시 않는 것저림 보이는 팀의 누군가를 생각히면서 갑자기 다음과 같이 말했다. "나는 그가 이것을 하는 것을 어려워할 것이라고 예상했어야 했다고 생각한다. 나는 그에게 장기적인 전략적 관점(창의적, 전체 시간)을 요구했지만, 나는 그가 특정 시간의 관점을 가진 세부적인 사람이라는 것을 이제 깨달았다. 그가 어려워하는 것은 당연하다!"

대부분의 경우 다른 사람의 프로필을 작성하기 위해 관찰과 패턴 확인에 의존해야 한다. 시작하려면 자주 연락하고 꽤 잘 알고 있다고 느끼는 사람을 선택하고, 서로 마주치는 특정 상황을 생각하며, 다음에 대한 정보를 수집하기 시작할 수 있다.

- 그들이 직무에 접근하는 방법: 그것들은 체계적이고 순차적인가(**절차적 접근**)? 그들은 미리 계획하는가(**전체 시간 관점**)? 그들은 그냥 상황에 뛰어들어서 무슨 일이 일어나는지 확인하는가 (**창의적, 약간의 특정 시간 관점**)?
- 그들이 시간을 관리하는 방법: 그들은 시간을 효과적으로 관리하는가(**전체 시간 관점**)? 아니면 시간을 다 써 버리는 경향이 있는가(**특전 시간 관점**)?
- 그들이 세부사항을 관리하는 방법: 그들이 하고 있는 일의 세부사항을 전체 작업과 얼마나 쉽게 연관시키는지(**청크의 크기**) 확인한다.
- 그들이 관련되어 있는 취미 또는 스포츠: 하고 있는 취미는 성찰(생각)보다 하는 것(행동)을 선호하는 사람을 나타낼 수 있다.

메타 프로그램의 '기본 설정'이 분명한 사람은 반대되는 행동을 쉽게 보일 것 같지 않는 다. 예를 들어, 완벽한 사람은 아이디어를 생성하는 사람(창의적, 접근 동기)보다 회피적 추론에 더 반응할 가능성이 높다. '특정 메타 프로그램을 활용하여 쉽게 유연성을 발휘하는 주변 사람의 재능을 인식하고 최대한 활용하고 있는가?'라고 자문해보라.

비록 당신이 잠정적인 결론을 내리더라도 자신과 타인의 프로필을 구축하는 것은 당신이 왜 어떤 사람들과는 편안하고 다른 사람들과는 불편하게 느끼는지 설명하는 데 도움이 될 수 있다. 메타 프로그래밍이 당신과 가까운 사람들과는 훨씬 더 친밀감을 느끼지만, 당신과 대조를 이루는 사람들과는 상당한 메타 프로그램 기본 설정이 친밀감이나 이해력이 떨어질 가능성이 있다. 일단 당신이 그러한 친근감과 차이점들이 무엇인지 알아냈다면, 당신은 왜 다른 사람이 그렇게 생각하고 행동하는지 훨씬 더 잘 이해할 수 있을 것이다. 이는 그들과 더 효과적인 관계를 쌓기 위한 중요한 단계다.

Chapter 13

모델링(Modeling)으로 유연성을 어떻게 개발하는가?

NLP의 모든 발견과 마찬가지로 메타 프로그램을 이해하는 것은 '모델링(modeling)'을 통해 이루어졌다. 모델링은 무엇으로 만들어졌고, 어떻게 조합되었는지 알아내기 위해 무언가를 분해하는 것을 포함한다. 우리는 건물, 기계 또는 기타 물체와 같은 물리적 사물뿐만 아니라 사람들의 생각과 행동으로 이를 수행할 수 있다. 이제 모델링 자체를 고려하고, 유연성을 새로운 차원으로 끌어올리는 데 사용할 수 있는 다양한 방법을 볼 때다.

🎯 NLP 모델링 과정의 목적

NLP 모델링 과정의 목적은 특정 개인의 사고 과정에 대한 하나의 '올바른' 또는 '진정한' 설명으로 끝나는 것이 아니라, 우리가 모델링한 전략을 유용한 방식으로 적용할 수 있는 중요한 지도를 만드는 것이다. '중요한 지도'는 우리가 보다 효과적으로 행동할 수 있게 해주는 지도다.

ROBERT DILTS, Modeling with NLP, p.30

모델링은 두 가지 방식으로 유연성을 개발하는 데 도움이 된다. 첫째, 우리는 유연하다고 믿는 두뇌를 모델링하여 그것이 일을 어떻게 하는지 더 많이 발견할 필요가 있다. 둘째, 유연한 두뇌는 자신의 확장 및 발달을 계속 추가하기 위해 좋은 습관을 계속 모델링해야 한다.

① 유연한 두뇌에 모델링이 필요한 이유

모델링은 당신이 완료하는 것이 아니다. 모델링을 더 많이 하면 할수록 더 잘하게 되고, 그것을 통해 더 많이 배울수록 더 미묘하고 유용한 발견을 하게 된다. 이 툴은 대상(메타 프로그램 포함)의 작동 방식에 대해 더 많은 것을 발견하는 동시에 당신이 직접 사용하는 방식에 대해 더 효과적으로 만들어 준다. 이는 NLP의 궁극적인 멀티 툴(multi-tool)이다.

② 모델링에는 무엇이 포함되는가?

'모델(model)'이라는 단어에는 여러 가지 의미가 있다. (1) 관찰의 초점이 되는 것(라이프 드로잉의 모델) (2) 필수 구조 및 프로세스를 개략적으로 설명하는 추상적인 개념 또는 일련의 개념(사회적 또는 재정적 행동의 모델) (3) 과정에 대한 레이블(그들이 하는 일을 알아내기 위해 표적이 된 사람을 아주 자세하게 관찰하고 탐구하는 데 초점을 맞추는 것). 관찰자/조사자는 대상을 모델링하고, 대상의 본질적 특성 또는 행동에 대한 지도 또는 모델을 만들려고 한다. 또 다른 의미는 다음과 같다. 다른 사람들의 모범된 본보기를 기반으로 당신이 의도적으로 행동할 때, 당신은 (4) 그들을 '모델링'하는 것이다.

잠재 고객에게 의류를 '모델링'하는 사람과 마찬가지로, 우리는 '구매'하려는 사람들에게 특정 행동을 모델링할 수 있고, 그들을 위해 사용할 수 있다. 이러한 각 툴은 두뇌 재설계를 지원하고 메타 프로그램 인식 및 유연성을 높이는 데 사용할 수 있는 필수 툴의 강력하고 가치 있는 변형이 될 수 있다.

◉ 기본으로 들어가기

이 책의 초반부에 NLP의 초기 개발자들이 어떻게 뛰어난 치료사를 모델링했는지 설명했다. 언젠가 나는 John Grinder와 그의 동료 Richard Bandler가 정신과 의사이자 임상 최면의 선구자인 Milton Erickson을 모델로 삼은 방법을 설명하는 것을 들은 적이 있다. Grinder는 성공적인 모델링의 열쇠는 아무것도 당연하게 여기지 않는 것이라고 말했다. 그들은 그들의 내담자를 상담하면서 처음에는 Erickson에 대해 알아차린 모든 것을 따라했다(그의 말뿐 아니라 그의 묵직한 목소리. 움직임뿐만 아니라 두 번이나 소아마비에 걸려서 어색한 그의 자세). 그들은 심지어 Erickson이 가장 좋아하는 색인 보라색 옷을 입었다.

우리 대부분은 이 정교하고 힘든 수준의 관찰 기술을 갖고 있지 않으며, 일상적인 목적에도 필요하지 않다. 실제로 우리는 이미 배운 것을 사용하고 다듬을 수 있다. 모델링은 우리 모두가 아주 어릴 때부터 해 온 것이다. 우리는 어렸을 때 우리에게 중요한 사람들을 모델로 삼았다. 우리는 우리가 모르는 사이에 자연스럽게 그들에 대한 모든 세부사항을 배웠다.

③ 타인을 통한 학습

모델링은 의식적인 노력 없이 자연스럽게 이루어질 수도 있으며, 누군가의 성공에 대한 자세한 구조를 배우기 위해 의도적으로 사용할 수도 있다. 우리는 또한 실수를 하지 않기 위해 비효율적인 행동을 모델링할 수 있다. 만약 우리가 누군가의 스타일과 성취에 기여하는 사고와 행동의 원천을 충분히 식별할 수 있다면, 우리는 그들을 면밀히 관찰하고 머릿속에서 무슨 일이 일어나고 있는지 질문함으로써 그들에게 매우 쉬워 보이는 공식을 스스로 사용하기 시작할 수 있다. 우리는 그들의 메타 프로그램 패턴의 특정 집합이 어떻게 그들을 만드는지 발견하려고 노력한다. 그들의 고유한 기본 설정을 통해 문제를 처리하거나 일반적인 방식으로 삶을 관리할 수 있는 방법은 무엇인가?

당신이 존경하는 사람을 모델링하는 것에 대해 생각한다면, 시각적 정보가 당신의 자연스러운 방식이라는 것을 알게 될 것이다. 또는, 그 사람의 소리, 사용하는 단어 또는 억양의 속도와 높낮이가 당신과 실제로 일치한다는 것을 알게 될 수도 있다. 또한, 당신은 그들의 바디랭귀지를 따라 하고 재창조하는 자신을 발견할 수도 있다.

당신과 메타 프로그래밍이 다르고 그로 인해 특정 상황에서 더 효과적인 사람을 모델링할 때, 당신은 그들이 말하는 것과 행동하는 방식을 관찰하고 모델링할 수 있으며, 그것에 대해 질문할 수 있다면 그들이 어떻게 생각하는지 관찰할 수 있다.

사례 1 T.D.(경영 간부)

내 고객 중 한 명은 그가 정말로 존경하는 선배들의 행동, 목소리 톤, 속도 및 바디랭 귀지를 밀접하게 모델링하기 시작했을 때 자신에 대한 직장 동료들의 반응이 완전히 바 뀌었다는 것을 발견했다. 그가 가치 있다고 느낀 선배들의 진실성 및 진지함을 모델링하 고, 그들의 행동에 맞춰 상당히 미묘한 방식으로 자신의 행동을 변화시킴으로써 그는 자 신의 성실함을 더 효과적으로 투영할 수 있었고, 그의 아이디어는 이전에 그와 연관되었 던 지성과 열정이 아니라 진지함을 소유한 것처럼 받아들여졌다.

나의 고객은 자신이 존경하는 선배들과 자신을 비교할 때, 그가 그들보다 더 빨리 움 직이고, 더 빨리 말을 했다는 것을 깨달았다. 이를 통한 한 가지 영향은 예를 들어 회의에 서 다른 사람들이 번거로움을 느끼게 했다는 것이다. 그는 선배 동료들이 불편함을 느낀 다는 것을 깨달았고, 그의 지능, 자신감, 전반적인 유망함은 '거만함'으로 낙인찍혔다. 그 는 움직임을 늦추고 목소리 톤을 깊이 있게 함으로써 동료들은 그의 제안이 들을 가치가 있고 안전하게 지켜질 수 있다고 믿게 되었다. 사람들(심지어 회피 동기를 가진 사람들도)은 이제 그의 말을 들을 준비가 훨씬 더 잘 되어 있었다.

정보 수집

누군가를 모델링하기 위해 어떤 점을 주목해야 하고, 어떤 질문을 해야 할까?

- 주목해야 할 사항 -
- 움직임이 빠른지 느린지, 소극적인지 적극적인지를 포함한 신체 언어와 움직임
- 아이 컨택 및 시선
- 머리 및 손 제스처
- 자세
- 특정 움직임이 말과 어떻게 연관되거나 동시에 발생하는지
- 어떻게 세계를 매핑하는지 알려주는 모든 특징적인 구절이나 은유, 그리고 그들의 자연적인 메타 프로그램 설정을 나타내는 특별한 것

- 질문 사항 -
- 당신은 ~을 어떻게 관리하는가?
- ~을 할 때 당신의 마음에 무슨 일이 일어나고 있는가?
- ~을 할 때 당신에게 중요한 것은 무엇인가?
- 당신이 할 수 있는 능력의 본질은 무엇이라고 생각하는가?
- 당신이 따르는 특정한 단계와 순서가 있는가?
- 당신은 어떤 가정을 하는가?
- 당신은 무엇을 찾는가?

⬤ 대비 학습

모델링은 다른 사람이 반복할 수 있는 명확하고, 이해 및 반복 가능한 패턴을 식별하는 데 달려 있다. 면밀한 관찰부터 시작하면 일반적으로 질문에 대한 후속 조치가 필요한 것을 깨닫는 데 도움이 된다. 메타 프로그램의 기본 설정이 당신과 대조되는 누군가를 모델링하는 것은 당신을 확장하고 유연성을 구축하는 좋은 방법이다. 또한, 이는 서로 더 쉽게 소통하고 협력할 수 있도록 이해와 공감대를 쌓을 수 있는 좋은 방법이다.

절차적이고 작은 청크 정보 처리자들은 아마도 누군가의 순서와 패턴을 쉽게 찾아낼 것이다. 그러나 당신이 창의적이고 큰 청크 정보 처리자라도 원하는 정보를 얻을 수 있는 방법을 찾을 수 있다.

NLP 훈련을 받을 때, 우리는 짝을 지어 공원으로 산책을 가자는 요청을 받았다. 짝끼리 서로 돌아가며 서로를 이끌고, 따라오는 사람은 다른 사람이 걷는 느낌을 경험하기 위해 가능한 한 정확하게 이끄는 사람을 따라야 했다. 이것은 프레임 방식에 있어 매우 독창적이고 큰 청크 정보 처리 작업이었다. 이를 통해 우리는 경험, 과정, 순서, 그리고 간단히 말해서 작은 덩어리의 절차까지 모두 발견했다! 당신이 창의적이라면 배우고 싶거나 닮고 싶은 사람을 모델링하기 위해 어떤 절차를 생각할 수 있는가? 짝 활동은 또한 우리에게 짝과 비슷한 방식으로 행동하도록 요구하는 것으로 시작되었으며, 그렇게 함으로써 우리는 우리 사이의 차이점과 유사점에 대해 많은 것을 발견했다. 다른 사람을 집중적으로 관찰하는 것은 시간적 집중을 요구하지만, 보고 듣는 것의 의미를 고려하면 더 긴 시간 프레임에 대한 성찰이 즉시 넓어진다. 그 자체로 유연성 활동인 셈이다.

❹ 모델링 설정 ──────────────────────────

우리가 다른 누군가와 교류할 때마다 우리는 잠재적으로 그들에게 영향을 미칠 수 있는 위치에 있다. 우리가 행동하는 방식을 선택함으로써, 우리는 그들이 행동하기를 원하는 방식의 '모델'을 제공할 수 있다. 우리는 그들에게 모델링을 시작한다. 이 미묘한 효과를 얻으려면 이상적으로는 그들과 관계를 구축하여 그들이 우리를 존경하고 신뢰하거나 심지어 우러러볼 수 있어야 한다. 적어도, 우리는 그들의 관심을 끌 필요가 있다. 모든 대인관계 기술과 마찬가지로 다른 사람에게 모델링을 제공하는 것은 자기 자신이 모델링하는 것을 진정으로 믿고 수행하는 방식에 일관성이 있는 경우에만 정말 효과적이다.

시간 엄수는 간단한 예시다. 동료들이 정시에 회의에 참석하기를 원하는 경우 지속적으로 시간을 엄수하는 모범을 보이고 늦게 오는 사람을 기다리지 않고 정시에 회의를 시작하여 이를 뒷받침한다면 동료들이 회의에 정시에 참석하도록 할 가능성이 더 크다. 무언의 메시지는 다음과 같다. 시간을 지켜라! 그것은 회의의 목적과 관련된 다른 사람들에 대한 존경심을 보여준다(접근 동기). 만약 늦으면, 무례한 사람으로 간주되거나 중요한 것을 놓칠 수 있다(회피 동기). 모델링은 주어지는 무언의 또는 암시적인 메시지와 많은 관련이 있다. 이 과정을 설명하는 구식의 방법은 '하고 싶은 대로 하라'이다!

⭕ 의도하지 않은 영향

모델링은 물론 의도적일 뿐만 아니라 비의도적으로 발생할 수 있으므로 우리 자신의 고려하지 않은 행동이 집이나 직장에서 다른 사람들에게 어떤 영향을 미칠 수 있는지 주의해야 한다. 지난 몇 년 동안 텔레비전 광고는 흥미로운 부작용을 일으키기 시작했다. 광고 시간이 있는 비교적 진지한 프로그램의 진행자들은 이제 막 시청했을지도 모르는 시청자들을 위해 미니 캐치업(mini catchup)으로 모든 섹션을 시작하는 경향이 있다. 처음부터 보기 시작한 시청자들은 이것이 짜증나기도 하고 다소 유치하기까지 하다는 것을 알 수 있다. 그러나 더 심각한 것은 미니 캐치업 방식이 실제로 시청자에 대한 수동성을 모델링한다는 것이다. 그들은 더 이상 이전에 무슨 일이 일어났는지 또는 프로그램이 어디로 향하고 있는 것처럼 보였는지 기억하려고 애쓸 필요가 없다. 유치한 미니 캐치업은 이전의 시청자들에 대한 발표자들의 가정과 극명한 대조를 이룬다.

나의 아버지(1903년생)는 어렸을 때 매주 일요일에 교회에서 한 시간 동안 설교를 듣고 집에 돌아와서는 그 주요 논거를 정확하게 설명해야 했다. 이러한 기대를 통해 그에게 본보기가 된 것은 어린 아이조차도 집중력과 기억력을 가지고 있어서 주의 깊게 듣고, 지적 논의를 따르고, 그 구조와 주요 제목을 표시하고 유지하며, 얼마 후 이러한 내용을 명확히 반복할 수 있었다는 것이다.

사회적 행동의 변화는 종종 유행하기 시작했거나 긍정적인 의미에서 '전염'이 되기 시작한 모델링으로 인한 변화를 반영한다. 예를 들어, 동성애를 비범죄화하기 위해 법이 변경되었을 때, 그것은 처음에는 암시적으로 관용을 모델링한 다음 동성애 성향과 관계에 대한 수용을 모델링했다. 또한, 충분한 정보를 가진 사람들이 지구 온난화를 믿기 시작했을 때, 일부 핵심 개인과 집단의 우려와 변화된 행동은 개인 및 글로벌 수준에서 환경에 대한 새로운 사회적 규범을 모델링하기 시작했다.

⑤ 자신을 통한 학습

모델링은 단순히 다른 사람의 소중한 본질을 증류하는 것이 아니다! 당신은 또한 자신의 업무 수행 방식을 조사(모델링)할 수도 있으며, 이는 자신에게 적합하거나 덜 적합한 특정 상황에서 생각과 행동의 핵심 특징을 식별하는 데 도움이 된다.

사례 2 S.(대학교 면접관)

내가 지도했던 한 십대가 대학교 면접을 보러 갔는데, 그녀는 자기 자신이 의자 끝에 구부정하게 앉아 있는 것을 발견했다. 그녀는 본능적으로 이러면 안 된다는 것을 깨달았다. 다른 상황에서 그녀는 똑바로 앉아서 의자에 훨씬 더 깊숙이 앉아 있었을 것이다. 그래서 그녀는 위치를 조정했고, 즉시 면접을 하는 데 있어 훨씬 더 편안하고 덜 겁먹은 자신을 발견했다. 그 결과 그녀는 자신을 더 유창하게 표현하고 훨씬 더 좋은 인상을 줄 수 있었다.

이 여성은 그 차이가 너무 뚜렷했기 때문에 평소와는 다르게 행동하고 느끼는 자신을 포착했다. 그래서 그녀는 그녀의 즉각적인 행동의 핵심 특징들을 모델링하고 그것을 그녀의 평소 행동과 대조함으로써 더 좋고 더 편안한 결과를 내기 위해 그녀가 변경해야 할 사항을 찾았다. 그녀는 작동하지 않는 것을 모델링하고, 보통 하는 것을 모델링하고, 하나의 패턴에서 다른 패턴으로 조정했다. 그녀는 회피하고, 자기 보호적인 자세를 더 적극적인 태도로 바꿨고, 그와 함께 그녀의 감정도 바꾸었다.

우리는 또한 스스로 '실패를 초래할 방법'을 찾아 변경하고 요점을 재설정하여 더 이상 실패, 실망 또는 놓친 기회로 가는 길로 가지 않도록 스스로 모델링할 수 있다. 왜 한 사람은 항상 차이는가? 누군가는 새로운 상황을 잘 관리하고 있는데도 불구하고 항상 불안해 하는 이유는 무엇인가? 왜 누군가는 자신의 사업에서 시대에 뒤처지는가? 왜 다른 사람은 더 많은 일을 하면서도 점점 더 적은 성과를 거두는가? 그들은 그것을 어떻게 하는지, 그리고 기본 메타 프로그램 설정이 어떤 역할을 하는지 모델링하여 답을 찾기 시작할 수 있다.

이미지 층 구축하기

몇 년 전 나는 훌륭한 승마 트레이너인 Charles de Kunffy를 모델로 삼아 어떻게 그가 몇 분 안에 말과 기수를 평가하고, 연습을 통해 그들을 지도하고, 30분 후 그들의 경기력을 개선할 수 있는지 이해하길 원했다. 그는 어떻게 이것을 수행했을까? 그는 그가 이것을 어떻게 했는지에 대해 정확히 생각해 본 적이 없었지만, 그의 대답은 그가 매우 복잡한 평가 프로세스를 사용했음을 보여주었다.

말과 기수가 경기장에 처음 들어왔을 때, 그는 그들이 어떻게 움직이는지 지켜보았다. 동시에 그는 마음의 눈에 '위대한 사람들이 어떻게 그것을 하는지'에 대한 그림을 가지고 있었다(마치 영사기에서 두 개의 슬라이드를 겹쳐 놓은 것처럼 관찰하고 있는 지금–여기의 행동을 투영한 뛰어난 성능의 시각적 기억력). 이는 그가 현재 자신의 기수들의 수행이 '위대한 사람들'의 수행과 어떤 관련이 있는지 이해하는 데 도움이 되었다. 아직 추가 요소가 있었다. 그는 세 번째, 심지어 네 번째 정신적 이미지 층을 만들어냈는데, 이 이미지는 그의 말과 기수가 코칭이 끝난 후 어떤 경기를 할 것인지 그리고 6개월 후에 그들이 어떻게 경기를 할 것인지를 그려냈다. 이 정교한 시각적 시스템을 통해 그는 자신의 교육을 매우 정확하게 목표로 삼을 수 있었고, 매일 그가 기억했던 위대함의 청사진과 관련하여 6개월 동안 코칭했다.

이러한 복잡한 개인 평가 시스템을 통해 Charles는 기억된 모델을 사용했으며, 또한 가능성 모델도 만들었다. 당신도 성과 평가와 관련하여 비슷한 것을 시도해 볼 수 있다.

모델링은 NLP 도구 중 가장 흥미롭고, 활기차며, 보람 있는 작업 중 하나다. 모델링은 이 책의 1부와 2부를 서로 연결하는 것이다. 1부에서의 사람들이 정보를 필터링하고 정보에 반응하는 방법에 대한 탐구는 우리가 일상생활의 어려운 문제를 보다 유연하고 효과적으로 관리하기 위해 지식을 어떻게 사용할 수 있는지를 생각해보는 데 도움이 된다. 그리고 그것이 바로 2부의 주제다.

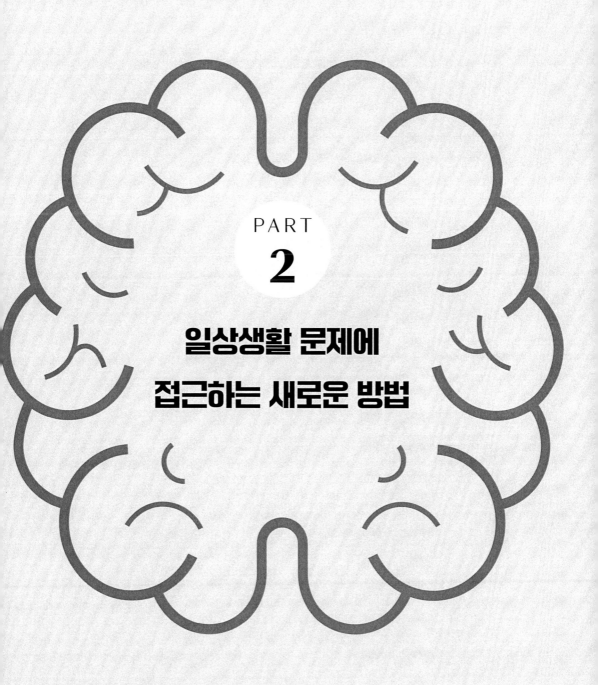

PART
2

일상생활 문제에
접근하는 새로운 방법

2부에서 나는 당신이 새롭게 확장되고 강화된 뇌를 일상생활에서 어떻게 사용할 수 있는지 탐색하도록 도울 것이다. 우리가 어디에 있든 메타 프로그램이 우리의 일상생활에 어떻게 적용될 수 있는지 알게 될 것이다.

① 가정 및 직장

비록 가정과 직장이 별개인 것처럼 보일 수도 있지만, 당신이 직면하는 선택들은 사실 비슷하다. 예를 들어, 우리는 직장에서 팀과 함께 일하지만, 가족과 우정 네트워크도 팀이다. 2부에서 나는 가정과 직장을 본질적으로 유사한 방식으로 우리의 기술을 자극하고 도전하는 맥락으로 다룰 것이다. 이렇게 생각하는 것은 우리가 가정과 직장의 분리된 맥락을 위해 개별적인 전략을 발전시킬 필요가 없다는 것을 깨닫도록 도와준다.

이후의 각 장은 도전과 가능성의 단일 영역을 선택하고, 사람들이 이를 처리할 때 경험하는 일반적인 문제를 식별하며, 어떤 메타 프로그램이 가장 많이 관련되어 있는지 정확히 파악한다. 그것은 왜 몇몇 사람들이 각각의 문제를 잘 다루는지 깨닫게 해준다. 또한, 기존의 메타 프로그램 습관이 이러한 문제를 관리하기 위해 어떤 영향을 미칠 수 있는지 파악하는 데 도움이 되며, 이를 통해 유연성과 전략성을 높일 수 있는 방법과 위치를 확인할 수 있다.

② 메타 프로그램 사용 방법

메타 프로그램을 특정 상황과 관련시키기 전에 다음 사항을 검토하라.

NLP 모델링 과정의 목적

- 자신만의 메타 프로그램과 메타 프로그램의 작동 방식을 생각해보라. 당신이 지금 처한 상황에서 당신의 장점과 골칫거리는 무엇인가?
- 이미 진행 중인 작업이 제대로 진행되지 않는 경우, 어떤 메타 프로그램이 가장 많이 관련되어 있으며, 어떻게 하면 이 메타 프로그램이 더 유연하게 작동할 수 있는가?
- 다른 사람들이 이와 같은 상황에 관련되어 있다면, 그들의 메타 프로그램 설정에 대해 어떤 것을 알고 있으며, 이것이 그들의 접근 방식에 어떤 영향을 미치는가?
- 당신에게 어떤 대조 및 잠재적인 갈등이 있을 수 있는가?
- 당신이 알고 있는 것을 감안할 때, 그것들을 어떻게 관리할 것인가?

3 성공을 위한 단계

다음 기본 구조를 사용하여 삶의 모든 측면에서 문제를 해결할 수 있다.

- 1단계(관찰): 상황을 관찰하고 '무슨 일이 일어나고 있는 거야?'라고 물어보라. 당신의 가정(assumptions)은 당신을 잘못된 길로 이끌 수 있다는 것을 명심하라. 왜냐하면 그것은 당신이 중요하다고 생각하지 않지만 중요한 것으로 판명될 수 있는 정보를 걸러내고 있다는 것을 의미할 수 있다.
- 2단계(성찰): 관찰한 것을 성찰하라. '유사점 vs 차이점' 메타 프로그램을 사용하여 상황의 요소, 패턴 및 순서를 찾는다. 그것들은 언제 적용되는가? 그것들이 적용되지 않을 때가 있는가?
- 3단계(실행): 어떤 변화를 줄 것인가? 어떻게 반응해야 하는가? 당신의 상황에서 당신이 다르게 하는 거의 모든 것이 현상을 바꾸고, 당신에게 더 많은 정보를 줄 것이다. '~는 어때?(how about...?)'라고 묻는 것을 잊지 마라. 하나의 올바른 해결책을 찾기를 바랄 필요는 없다. 대신, '내가 이것(저것)을 하거나 다른 것을 그만두면 상황은 어떻게 될까?'라고 물어보라.
- 4단계(테스트 및 평가): 선택한 행동의 영향에 대해 알아야 하므로, 행동을 중지하거나 변경하고 어떻게 되는지 확인해야 한다.
- 5단계(조정): 필요한 경우 다시 조정하라. 첫 번째 변경 사항이 제대로 작동하지 않거나 영향이 충분하지 않은 경우 다른 방법으로 실행하라.

다음은 위 단계의 예시다.

- 1단계(관찰): 한 어머니는 그녀의 어린 아이가 하굣길을 짜증내는 경향이 있다는 것을 알아차렸다.
- 2단계(성찰): 그녀는 딸이 왜 매일 하굣길에 짜증을 내는지 궁금했다. 딸은 학교에 가지 않는 날에는 짜증을 내지 않았다. 학교에 가지 않는 날에는 학교에 가는 날과 비교하여 차이점이 있는가? 학교에 가지 않는 날에는 보통 집에서 오후 1시에 점심을 먹고, 종종 오후 4시에 음료와 간식을 먹는다. 어머니는 문제를 일으키는 패턴에서 유사한 점을 식별한 후 가능한 해결책을 제공하기 위해 몇 가지 중요한 차이점을 발견했다.
- 3단계(실행): 다음날 어머니는 하굣길에 딸에게 먹을 간식을 주었더니 하굣길에 짜증을 내지 않았다.
- 4단계(테스트 및 평가): 그녀의 가설이 맞는지 시험하기 위해, 어느 날 그녀는 간식을 준비했지만 바로 주지 않았다. 그녀의 딸은 집에 가는 대부분의 여정 동안 투덜거렸지만, 먹을 것을 주자 진정되었다.
- 5단계(조정): 아이가 자라면서 혈당 수치를 유지하는 것이 성인이 되어서도 문제로 남아 있기는 했지만, 식사 사이의 더 긴 시간 동안 짜증을 내지 않았다.

다양한 상황에서 이와 같은 전략을 사용함으로써, 우리는 삶을 살아가면서 계속해서 배우고 이점을 얻을 것이다.

Chapter 14

효과적인 우선순위 정하기

당신은 가장 중요한 것을 어떻게 결정하는가? 먼저 무엇을 해야 할지, 그리고 다음에는 무엇을 해야 할지 어떻게 결정하는가? 당신은 무엇을 하지 말아야 할지 어떻게 결정하는가? 그리고 메타 프로그램 패턴이 이러한 물음에 어떤 영향을 미칠 수 있는가? 어떤 사람들은 우선순위를 정하는 것이 상대적으로 쉽다고 생각하고, 다른 사람들은 매우 어렵다고 생각한다. 그러나 우리는 가장 중요하고, 가장 가치 있고, 가장 시급한 일이 무엇인지에 대해 매일 가정과 직장에서 선택을 해야 한다. 이러한 모든 선택에는 보다 지속적이거나 중요한 가치, 원칙 또는 목표에 대한 특정 가능성을 측정하는 것이 포함된다.

1 무엇이 가장 중요한가?

효과적인 우선순위 지정에는 거의 항상 작은 청크 항목(예: 해야 할 직무, 취해야 할 행동, 봐야 할 사람, 시간 분배 등)과 큰 청크 항목(목표, 가치, 필요 및 선호도) 간의 관계를 만드는 것이 포함된다. 또한, 이렇게 하는 것은 전체적인 개요에 세부사항을 연관시키는 것을 포함한다.

효과적인 자기 관리

당신이 자신을 효과적으로 관리하는 사람이라면, 당신의 규율은 내면에서 나온다. 그것은 당신의 독립적인 의지의 기능이다. 당신은 자기 자신의 깊은 가치와 근원의 제자, 추종자다. 그리고 당신은 당신의 감정, 충동, 기분을 그러한 가치에 종속시키려는 의지와 성실성을 가지고 있다.

ROBERT DILTS, Modeling with NLP, p.30

질서 정연함(절차적)을 선호하는 사람은 여가시간을 다르게 할당하는 방법을 우선시할 뿐만 아니라 직장에서 직무에 대해 독창적인 사람과 대조적인 접근 방식을 취한다. 외부 지향적인 사람은 자신을 위해 또는 스스로 주도적으로 무언가를 할 가능성보다 다른 사람이나 사회적 또는 가족 구성원이 제안한 직무를 우선시할 수 있다.

관련된 목표와 가치를 명확히 해야만 '해야 할 일' 또는 '고려할 사항'과 관련된 목록을 적절하게 평가할 수 있다. 자신의 핵심 표준을 염두에 두면 당신은 목록에 있는 각 항목을 중요하고 일관성 있는 무언가와 비교해서 평가할 수 있게 해준다.

사례 - 일상생활 속 우선순위

주말 아침에 당신은 쇼핑과 세탁을 하고 집을 청소해야만 할 수도 있다. 그래야 다음주 평일 동안 충분히 먹을 수 있고, 깨끗한 옷을 입지 못한 채 어수선하게 지내지 않을 것이다. 여기에 내재된 근본 가치는 다음주의 삶을 더 편하게 만들기 위해 지금 기본을 관리하고 질서를 유지하는 것이다. 아니면, 오랜만에 날씨가 좋은 토요일이라 소풍을 가거나 바닷가 또는 계곡, 아니면 수영장으로 갈 수도 있다.

이 사례에 내재된 근본 가치는 애인, 가족 또는 친구와 함께 즐거움을 공유하는 '지금을 최대한 활용하는 것'이다. 물론 당신과 상황에 맞는 답을 제외하고는 정답은 없다. 우선순위를 정하면 마음이 더 명확해진다.

만약 다음 주에 일이 잘 풀리기 위해 질서정연해야 한다면, 당신은 날씨가 좋은 주말 동안 집안일을 하는 것에 대해 덜 불쾌해할 것이다. 아니면, 만약 당신이 다음 주에 어느 정도의 혼란이나 근근이 먹고 사는 생존을 견뎌낼 수 있다고 확신한다면, 당신은 지인들과 놀러갔을 때 진정으로 가벼운 마음으로 그 시간을 즐길 것이다.

우선순위를 결정할 때, 당신은 '특정 시간-전체 시간', '접근 동기-회피 동기'의 선호도, 그리고 관련된 다른 사람들의 선호도를 염두에 두어야 한다.

② 효율성 또는 효과성

우선순위를 지정하면 또 다른 상호 연결된 가치도 나타난다. 바로 효율성(efficiency)과 효과성(effectiveness)이다. 두 단어는 비슷하게 들리지만, 실제로는 상당히 다른 근본 가치와 관련되며, 상당히 다른 의미를 가질 수 있다.

효과성은 어떤 일을 하는 방식에 관한 것이다. 이는 결과와 관련된 노력의 경제성에 관한 것이며, 직무 자체를 수행하는 데 국한된 판단이다. 이는 매우 짧은 시간에 결과를 평가하는 것이기 때문에 '특정 시간' 관점과 매우 밀접하게 관련되어 있다.

효율성 평가는 '전체 시간'에 따른 직무 파악과 더욱 밀접하게 관련되어 있다. 그것은 특정 행위 또는 일련의 행위가 직무에 어떻게 영향을 미치는지에 관한 것이며, 완료된 직무가 실제로 의도한 직무를 수행하는지 여부에 대한 미래 기반 판단이 포함된다. 단기적으로는 효율적으로 수행된 것이 장기적으로는 비효율적일 수 있다. 예를 들어, 직장에서 일하는 두 사람이 서로 잘 지내지 못한다면 효과적인 해결책은 두 사람에게 다른 프로젝트를 할당하는 것이다. 그렇게 하면 갈등이 최소화되고, 표면적인 조화가 유지된다. 그러나 보다 효율적인 접근 방식은 관리자가 두 사람과 개별적으로 상담을 하여 두 사람이 서로의 차이를 인식하고, 같이 협력하여 프로젝트를 처리하게 하는 것이다.

우리 중 대부분은 어떤 상황에서는 다른 상황보다 우선순위를 정하는 것이 더 쉽다는 것을 알게 될 것이다. 비록 항상 최선의 선택을 만드는 것은 아니지만 우리가 가치, 목표, 행동 또는 사람에 전념할 때 종종 결정을 내리는 것이 더 쉬워 보인다. 우리 각자는 확립된 메타 프로그램 패터닝(patterning)에 의해 도움을 받고 방해를 받을 수 있다. 패터닝의 잠재력과 한계를 아는 것은 우리가 해야 할 선택을 할 때 자신감을 가지거나 더 신중하게 진행하는 데 도움이 될 수 있다. 그리고 다른 누군가가 무엇이 중요한지에 대해 동의하지 않는 것 같을 때, 그들의 메타 프로그램 습관에 대해 우리가 알고 있는 것을 숙고하는 것은 우리가 토론을 위한 기반을 이해하고 찾는 데 도움이 될 수 있으며, 어떤 종류의 동의를 얻을 수 있다.

상대적으로 우선순위를 정하기가 쉬운 사람은 가능한 옵션을 측정할 수 있는 명확한 가치, 요구 또는 목표가 있을 가능성이 높다. 자기에게 중요한 게 무엇인지 잘 아는 사람들은 다른 사람들이 어떤 사람인지 생각할 시간이 없다면, 지적으로나 정서적으로나 실질적으로 다른 사람들을 감당하는 위험을 감수할 수 있다.

🎯 팀 내 업무 부담 관리

직장에서 발생하는 흔한 문제는 해야 할 일이 너무 많을 때 무엇을 하느냐다. 당신은 그것을 모두 완료하려고 하는가? 마감일을 맞추기 위해 모든 것을 서둘러서 처리하여 질을 저하시키는가? 당신은 할 수 있는 일을 하고, 그것을 끝내지 못했을 때 누군가 혹은 다른 무언가를 탓하는가?

사례   제조회사 인사팀

이 팀은 우선순위를 정하는 것이 모든 사람의 문제라고 판단했기 때문에 모든 사람이 이를 관리해야 했다. 이들은 매주 월요일마다 30분의 팀 미팅을 진행하여 한 주 동안의 우선순위를 검토하고, 목표와 마감일을 얼마나 잘 지키고 있는지 평가하며, 무엇을 해야 할지 결정하는 데 할애하기로 결정했다. 이는 때로는 서로를 돕는 것을 의미했으며, 때로는 우선순위를 다시 정하는 것을 의미했다. 또한, 때로는 그들의 매니저에게 그들을 위해 결정을 내려달라고 부탁하는 것을 의미했다.

누군가가 자신이 뒤처지고 있다고 고백하는 것이 항상 쉬운 일은 아니지만, 정보를 공유함으로써 압박감과 과부하를 감당해야 하는 혼자가 아니라는 것을 깨닫게 되었다. 그들은 이제 공통의 딜레마를 관리하기 위해 협력했기 때문에 죄책감과 좌절감을 느끼지 않았다. 비록 달리 할 수 있는 일이 없더라도, 팀원들은 사기가 덜 떨어졌고, 높은 에너지를 가지고 일에 헌신할 수 있다고 느꼈다. 그래서 때로는 모든 사람이 할 수 없다고 생각했던 직무도 결국 실제로 마무리하였다.

◎ 우선순위 선택을 위한 계획

모든 종류의 선택은 일종의 우선순위와 관련이 있다. 본 장에서 나는 상황에 대해 어떤 메타 프로그램이 가장 많이 관여하는지 보여주고, 당신이 마주하게 될 상황이 어떤 것이든 효과적으로 대처할 수 있는 방법을 찾는 데 도움을 줄 수 있는 중요한 활동에 대해 설명하면서 사람들이 우선순위를 매길 때 발생하는 여러 가지 문제 패턴에 대해 알아보려고 한다. 활동은 항상 시간이 걸리고, 다음과 같은 유혹이 있다. "하지만 저는 너무 급해요 / 난 이미 할 일이 너무 많아 / 연습을 하기 위해 어떻게 더 많은 시간을 할애할 수 있나요?" 우선순위가 그리 시급하지 않은 시기에 이러한 패턴을 숙지함으로써 향후에 대비하는 전략을 수립할 수 있을 것이다. 또한, 당신의 정신은 낯선 지시를 이해하는 것보다 이미 이해한 패턴에 따라 유연하고 반응하는 능력이 훨씬 더 빠르다는 것을 기억하라!

③ 우선순위 지정 관련 일반적인 문제

문제 1 우선순위 지정에 실패하는 것

당신은 하루, 일주일, 한 달을 바쁘게 보내면서 모든 민원에 응답하기 위해 자신의 업무를 중단하게 될 수 있다. 당신은 이것이 매우 '특정 시간' 관점의 대응이라는 것을 알 수 있다! 그것을 멈추는 법을 배워라.

해결책

1. 우선순위를 정할 규칙적인 시간을 정하라(또는, 원하는 경우 시간과 에너지를 가장 효과적으로 전달할 수 있는 창의적인 방법을 탐색할 시간을 확보하라). 아침 이동 시간, 아이들을 학교에 데려다준 후의 시간 또는 책상에 앉은 후 처음 10분을 사용하여 오늘의 우선순위를 바로 정하거나 내일을 위해 재구성하라.

2. 가능하다면, 쉽게 방해받을 수 없는 집이나 조용한 직장 공간에서 하라. 나의 내담자 중 한 명은 일주일에 하루는 집에서 일하고 업무 이메일을 보지 않는다. 그는 나에게 그의 동료들이 이메일을 보지 않은 것에 충격을 받았다고 말했지만, 흥미롭게도 그는 요즘 집에서도 전화를 받지 않았고, 이는 그의 동료들이 긴급함과 중요성의 차이를 인식하고 있다는 것을 암시한다. 집에 있는 누군가에게 이메일을 보내는 것은 긴급함에서 나온다. 이메일을 보낸 사람이 전화를 걸지 않는다는 것은 메일의 내용이 진정으로 중요하다는 것을 확신하지 못했다는 것을 의미한다.

문제 2 서로 다른 일로 상호 비교하는 것

이 문제를 해결하기 위해 어느 것부터 해야 하는가? 이 문제를 만족스럽게 해결하는 유일한 방법은 각각의 직무를 그것들보다 능가하는 것과 비교하는 것이다(상위 목표 또는 기준). 시각적으로 이 과정을 계획할 수 있는 간단한 방법이 있다.

나의 내담자 중 한 명은 해야 할 일 목록을 너무 많이 작성하여 종종 아무것도 하지 않고 소파에 앉아 TV를 시청하는 전업 주부였다. 그녀는 좋은 엄마와 주부가 해야 한다고 생각하는 일에 이끌렸지만 여기에 관련된 모든 작업 중에서 선택할 수 없었다. 그녀는 목록에 있는 직업 중 어느 것이 더 중요하거나 덜 중요한시를 평가할 방법이 없었기 때문에 시간을 가장 잘 보내는 방법을 결정할 방법이 없었다. 그녀의 모든 목록에서 중요한 항목이 누락되었을 수도 있다. 그것은 바로 자신을 위한 시간이다. 내담자는 작은 청크 정보 처리자, 특정 시간 및 외부 지향적인 사람이었다. 그녀의 해야 할 일 목록에 있는 모든 항목은 그녀의 가장 중요한 가치와 관련이 있는 것 같았기 때문에 그녀의 가치는 그녀가 매일 해야 하는 선택을 하는 데 도움이 되지 못했다. 그녀는 특정 시간 관점을 가지고 있었기 때문에 그녀는 계획이 매우 어렵다는 것을 알았고 목록에 있는 수많은 작업에 쉽게 압도당했다.

해결책

> 코칭은 그녀가 가정과 가족을 위해 어떤 종류의 기준을 설정하고 싶은지 알아내는 데 도움이 되었다. 그것은 그녀가 어떤 집안일이 얼마나 중요한지를 측정할 수 있는 기준이 되었다. 마찬가지로 중요한 것은, 그녀가 이전에 소홀히 했던 무언가의 중대한 중요성을 이해했다는 점이다. 그것은 바로 그녀의 가족은 소파에 앉아 있거나 완벽한 집을 만드는 것을 최우선으로 생각하는 어머니보다 자신을 위한 시간을 갖는 어머니로부터 훨씬 더 많은 이점을 받을 수 있다는 것이다.

문제 3 | 중요성보다는 긴급함에 반응하는 것

긴급함은 느낌이지만 그 자체로 충분한 행동 이유는 아니다! 많은 조직이 총체적인 긴급함에 사로잡혀 따라잡기 위해 달려가고 있다. 긴급함은 당신 내부에서 올 수도 있고, 다른 사람으로부터 전달될 수도 있다. 시작되는 곳마다 이것은 전염성이 강하다. 긴급함은 '특정 시간' 관점을 활성화하기 때문에 자연스럽게 이러한 관점을 가진 사람들에게 특히 강력한 원동력이 된다. '전체 시간' 관점을 가진 사람들은 이것에 대해 다른 사람들에게 참을성이 없을 것이다. 두 종류의 사람들은 두 가지 관점 모두 가치가 있다는 점을 염두에 두어야 한다.

절박한 느낌을 잠깐 멈춰 우선순위를 지정하는 신호로 존중하면, 이는 잠재적으로 가치가 있을 수 있다. 휴가를 마치고 직장에 돌아왔을 때 받은 편지함이 잔뜩 쌓여 있었던 것을 생각해보라. 첫 번째 일과 그다음 일을 처리하기 위해 바로 업무를 시작하였는가? 아니면 항목을 정렬하고 가장 중요하다고 생각되는 항목을 먼저 처리하려고 했는가? 나의 내담자 중 한 명이 그녀의 이메일을 분석한 결과 약 3분의 1은 삭제가 필요하고, 약 3분의 1은 회신이 필요하지만 우선순위가 높지 않으며, 나머지 3분의 1만이 세심한 주의와 빠른 처리가 필요하다는 것을 발견했다. 당신이 받은 편지함은 그녀의 편지함과 어떤 차이가 있는가? 아마 당신만의 분석을 해 볼 가치가 있을 것이다.

문제 4 · 업무 요청을 거절하지 않는 것

당신에게 어떠한 일이 주어진다고 해서 그것을 인정하고 추가 부담을 받아들여서는 안 된다. 상사나 파트너 또는 자녀가 모두 당신에게 해야 할 일을 전달할 수 있다. 그런 것들은 관습을 통해 당신의 책임이 되었을 수도 있고, 아니면 상대방이 자신의 짐을 덜고 싶었을 수도 있다. 만약 당신이 외부 지향적인 사람이라면, 생각하는 것을 멈추고 쉽게 그 일에 동의할 수 있다. 만약 당신이 직무 중심적이고, 상대방의 요청이 분명히 해야 할 일이라면, 아마 알겠다고 대답할 것이다.

또한, 만약 당신이 사람 중심적이고, 상대방의 요청이 누군가를 돕고, 안심시키고, 중요하다고 생각하는 것이라면, 당신은 어느 경우든 나중에 후회할 수 있지만, 행복하게 동의할 수 있다. 어떤 종류의 요청을 받고 어떤 종류의 메타 프로그램 습관을 가지고 있든, 다른 사람이 제공하는 것을 선택하는 것이 가능한지 또는 적절한지 결정할 수 있는 것은 오직 자신뿐이라는 것을 기억하라.

문제 5 · 우선순위를 정할 때 도움을 구하지 않는 것

당신의 해야 할 일 모든 것이 정말로 필요하고 당신이 해야 한다고 확신하더라도 여전히 당신은 과부하가 걸릴 수 있다. 여기서 치명적인 오류는 자신의 투쟁을 계속하는 것이다. 외부 지향적인 사람들은 특히 자신감이 부족한 경우 이러한 경향이 나타날 수 있다.

당신은 상사, 동료, 자녀 및 친구 모두에게 정당하게 도움을 요청할 수 있다. 특히 당신이 그들을 위해 기꺼이 도움을 제공할 의사가 있다는 것을 분명히 한다면, 그들은 기꺼이 당신을 도울지도 모른다. 당신은 심지어 서로의 도움을 직접 교환하는 것을 제안할 수도 있다. 예를 들어 '오늘 밤 기니피그에게 먹이를 주고, 기니피그 집을 청소해 주면 내일 너의 옷을 다림질해줄게', '당신이 각 보고서의 내용을 쓸 의향이 있다면, 나는 그 보고서에 대한 몇 가지 제목을 제안할게'와 같이 제안할 수 있다. 문제를 제기할 수 있는 방법(접근 전략)을 계획할 때 사실이든 허구든, 분명하지만 공격적이지 않은 자신감을 모델로 삼을 수 있는 누군가를 생각해보라. 그들은 어떻게 했는가?

　내가 그녀에게 사용한 기술은 (1) 종이 한 장의 중앙에 좋은 아내와 엄마로서 기본적인 목표를 작성하도록 요청하는 것이었다. 다음으로 (2) 그녀는 목표(행성) 주위에 주요 메타 프로그램 패턴(행성 주위를 도는 달)을 표시했다. 그 다음에 (3) 그녀는 별도의 스티커 메모에 우선순위를 지정하려는 모든 것을 적어 중앙 행성 주위에 붙였다.

　그녀를 가장 먼저 놀라게 한 것은 그녀가 내려놓은 모든 항목이 '작업'이라는 것이었다. 거기에는 사람에 관한 것이 아무것도 없었다. 그러나 그녀는 실제로 메타 프로그램 용어로 '직무를 중시하는 사람'이 아니므로 충격을 받았고, 즉시 '사람 중심의 항목'을 추가하고 싶었다. 예를 들어, 남편과 아이들을 편안하게 해주는 것, 그들이 머물 수 있는 편안하고 재미있는 집을 만드는 것, 그들과 함께 여유로운 시간을 보내는 것 등이다. 촉진과 장려로 그녀는 또한 가족과 함께 있는 것과 자기 자신을 위해 시간을 보내는 것을 덧붙였다.

　일단 그녀가 이러한 항목들을 포함시키자 그녀의 별자리는 꽤 복잡해졌다. 이 활동의 또 다른 단계는 (4) 큰 차이를 만드는 것이다. 나는 그녀에게 어떤 항목이 중심 행성에 더 가까이 있어야 하는지에 따라 스티커 메모를 중심 행성에서 더 가까이 또는 더 멀리 옮기도록 요청했다. 사람 중심의 항목들은 모두 가까이 옮겨졌다. '좋은 건강식 제공', '집을 깨끗하게 유지하기'도 마찬가지였다.

　그녀의 우선순위를 이렇게 물리적으로 매핑한 덕분에, 그녀는 무엇이 그녀를 살아가게 하는지, 메타 프로그램의 기본 설정이 무엇인지에 대해 생각하게 되었고, 그녀가 자신의 하루를 관리하는 데 있어 정말 중요한 것이 무엇인지를 쉽게 정리할 수 있게 되었다.

　당신은 별자리 매핑을 똑같이 잘 활용하여 개인으로서든, 팀을 위한 것이든, 실제로 조직 전체를 위한 것이든 직장에서 해야 할 일 목록을 매핑할 수 있다. 추가할 수 있는 단계는 (5) '이 작업을 수행하지 않으면 발생할 수 있는 최악의 상황은 무엇일까?'를 확인하여 더 많은 항목을 실행하는 것이다. 때로는 이렇게 하면 별자리에서 일부 스티커 메모 항목을 완전히 제거할 수 있다!

활동을 위해 별자리 매핑 패턴을 조금 다르게 사용하라.

1 이전과 같이 모든 항목을 포스트잇에 써라.

2 하나가 아닌 두 개의 행성 중심을 만든다. 하나는 '긴급함', 다른 하나는 '중요함'으로 표시하라. 중요한 행성의 중심은 장기적으로 중요하지만, 지금은 절박하지 않은 문제와 관련이 있다.

3 이제 행성 중심에 적절한 항목을 할당한다.

4 우선 '긴급함'이 표시된 미니 별자리부터 보자. 각 스티커 메모 항목을 차례로 가져와 각 항목에 대해 아무 조치도 취하지 않고 오늘 하루를 마무리하는 자신을 상상해보라. 그것이 얼마나 문제가 되는가? 만약 당신의 대답이 '그렇게 문제가 되지 않는다.'라면, 금요일 퇴근 전에 조치하지 않은 자신을 상상해보라. 여전히 당신의 대답이 '그렇게 문제가 되지 않는다.'라면 그 항목을 '중요함'이 표시된 행성으로 옮긴다. 모든 항목을 검토할 때쯤에는 진정으로 긴급한 항목만 남아 있어야 한다.

5 이제는 '중요함'이 표시된 행성을 본다. 우리는 '중요성'이 '장기(long-term)'를 의미한다고 가정해 왔다. 하지만 전화를 걸거나 이메일을 보내거나 다른 사람에게 문제를 제기하는 경우라도 지금 바로 이 문제에 대해 조치해야 하는가? 그렇다면 해당 항목을 '긴급함' 행성으로 이동시킨다.

6 이제 '긴급함'이 표시된 행성을 다시 본다. 각각 얼마나 많은 시간을 주어야 하는가? 오늘, 내일 또는 이번주에 그것들 모두에 대해 어떠한 조치를 할 수 있는가? 그렇지 않은 경우, 다른 사람에게 당신의 목록 중 일부 항목에 대해 도움을 요청하라.

④ 관계 관리 차원인 우선순위

정의에 따르면 우선순위 지정은 중요한 가치나 신념이 관련되거나 시간이 중요한 경우에만 문제가 된다. 어떤 가치들이 관련되어 있는지, 그리고 당신의 내면에 어떤 갈등이 있을 수 있는지, 혹은 당신의 삶에서 한 부분을 차지하는 다른 사람들 사이에 어떤 갈등이 있는지 인식하는 습관을 가져라. 위의 별자리 전략을 사용하여 비선형 패턴과 관련된 내용을 작성한다. 뇌가 스스로를 분류하고 정보를 표시하는 비선형 방식을 모방함으로써, 이것은 하나의 가치와 다른 가치, 하나의 직무와 다른 직무, 한 사람과 다른 사람, 하나의 초점과 다른 것, 하나의 시간 프레임과 다른 프레임 사이의 갈등을 관리하는 데 도움이 될 수 있다. 요약하자면 효과적인 우선순위 지정은 본질적으로 관계 관리의 문제다.

Chapter 15

협상하기

어느 날 국제상업은행의 거래자들을 지도할 때, 나는 현장에서 그들이 모두 떠들썩한 것을 발견했다. 그들 중 몇몇은 직전에 협상 강의를 들었었는데, 강의를 진행한 남자가 인질 협상가였기 때문에 많은 사람들에게 깊은 인상을 주었다. 매일 협상을 하는 사람들은 수백만 파운드 또는 달러가 필요할 수 있기 때문에, 그들은 이런 사람을 정말로 존경했다. 그들은 그가 위험의 의미를 알고 있는 것과 그들의 남성적인 세계에서는 이 남자가 그들 모두를 능가했다는 것을 깨달았다. 게다가, 그는 협상이 단순히 단기적인 거래를 하는 것이 아니라는 것을 이해했다. 그는 장기적으로 양 당사자를 만족시켜야 했는데, 그렇지 않으면 물론 더 많은 문제가 발생할 것이다.

대부분의 사람들이 가정과 직장에서 경험하는 삶의 경험에서, 협상은 생명과 수백만 파운드의 무게만큼 위태롭지 않은 것 같다. 그러나 실제로 이것은 잘못되었을 때 미칠 수 있는 영향과 제대로 진행이 될 때 가질 수 있는 잠재력을 극도로 과소평가하는 것이다. 평화, 화합, 협력, 진전은 우리의 협상이 성공했을 때 얻어질 수 있다. 한편, 분노, 짜증, 그룹 내 분열, 노력과 자원의 낭비, 성취 실패는 우리가 협상이 잘못되었을 때 결과의 일부가 될 수 있다.

협상은 이미 존재하는 차이점을 해결하는 것만큼이나 동맹과 팀워크를 구축하는 데 중요하다. 또한, 3가지 메타 프로그램을 통해 유연성을 개발하면 훨씬 더 효과적인 협상가가 될 수 있다.

① 주요 메타 프로그램

가 회피 동기와 접근 동기를 고려하여 협상하기

합의에 도달하기 위해 사람들은 항상 무엇인가를 원하지만, 다른 일이 발생하지 않기 위해 피하거나, 도피하고자 하는 것일 수 있다. 목표가 항상 긍정적인 것은 아니다. 8장에서 보았듯이, 사람들은 회피 동기와 접근 동기에 의해 움직인다. 조직도 마찬가지로 회피 동기에 기반한 목표가 있으며, 여기에는 리스크 관리(risk-management)와 품질 관리(quality control)가 해당된다.

가정이나 직장에서 협상할 때 자신의 동기에 대해 생각하고, 다른 사람의 동기를 이해하려고 노력하라. 이것은 당신이 그들을 이끌기 전에 그들과 관계를 구축하는 데 정말로 도움이 될 수 있다. 그들이 어떠한 위치에 있는지 확실하지 않다면 물어보라. '당신이 여기서 성취하고자 하는 것에 대해 좀 더 설명해 주시겠어요?'와 같은 질문은 그 사람이 피하고 싶은 것에 의해 움직이고 있는지 또는 긍정적으로 구성된 결과에 끌리고 있는지에 대한 몇 가지 유용한 지표를 제공한다. 진정한 진전을 이루려면 원하는 실제 결론이 무엇인지 알아야 한다.

나 큰 청크 가치를 활용하여 작은 청크 해결하기

세부사항에 대한 작은 청크의 차이는 다른 사람과 협상하기 위한 즉각적인 촉진제가 될 가능성이 크다. 조직적인 측면에서 볼 때, 사람들이 동의하지 않는 특정 부분(작은 청크)에만 초점을 맞출 경우 팀 간 또는 업무 준비에 대한 갈등은 매우 분열적일 수 있다. 만약 논의가 세부사항에 머무른다면, 큰 진전이 있기 어렵다. 성공적인 협상에는 일반적으로 서로 다른 당사자가 차이점을 반복하는 것을 중단하고, 공통점이 무엇인지 인식하도록 돕는 것이 포함된다. 아마도 대부분의 사람들이 공유하는 가치(큰 덩어리)가 있을 것이다. 예를 들어, 조직의 효과성 또는 수익 증대, 목표 달성을 위한 개인적인 기여 등이 해당된다.

그래서 누군가는 당사자들이 골칫거리인 차이점보다 더 높은 질서의 합의를 찾을 수 있도록 도와야 한다. 협상에는 갈등 당사자를 나누는 세부 항목에서 논쟁의 여지가 없는 더 큰 가치 또는 목표 문제로 초점을 이동하는 것이 포함된다. 이는 NLP에서 '청킹업(chunking up)'으로 알려진 과정이다. 협상가가 외부인일 필요는 없다. 메타 프로그램 유연성을 높이면 관련된 당사자 중 하나라도 이를 직접 수행할 수 있다.

사례 P.B.(사회 서비스 분야의 관리직)

　　P.B.는 바쁜 관리직을 억누르면서 동시에 업무와 관련된 시간제 원격 교육 과정을 공부하려고 했기 때문에 많은 압박감을 느끼고 있었다. 그는 주말에 공부할 시간을 확보하기 위해 더 많은 시간을 일하고 있다는 사실을 알게 되었다. 과거에 그는 종종 주말에도 집에서 일을 하였다. 그러나 이것은 실제로 문제를 해결하지 못했다. 그의 상사는 그에게 다른 사람들에게 더 많은 업무를 위임하고 더 일찍 퇴근해야 한다고 말하면서도 동시에 새로운 프로젝트를 계속 주면서 짧은 마감 기한을 정했다.

　　P.B.는 일, 학업, 가정생활이 모두 엉켜 있다고 느꼈고, 직장에서 10일 중 9일을 야근해서 마지막 10일 하루는 출근하지 않고 집에서 자신의 교육 과정을 이수하기를 원했다. 그는 상사가 그날 자신이 출근하지 않으면, 회의에 참석하지 못하거나 업무상의 문제와 질의에 대처할 수 없다는 이유로 반대할 수 있다는 점을 인지하고, 자신과 상사가 공통으로 가지고 있는 목표와 가치를 강조하기로 했다. 두 사람 모두 부서가 잘 돌아가기를 원했기 때문에 P.B.는 직무와 교육 과정을 좀 더 명확하게 분리하면 업무 효율이 높아질 것이라고 주장했다. 그는 자신이 교육 과정을 이수한 후 얻게 될 추가 자격이 부서에 큰 도움이 될 것이라고 주장했다. 수업에만 전념할 수 있는 자기만의 시간은 그가 더 효과적으로 공부하고 더 나은 성적으로 과정을 완료하는 데 도움이 될 것이다. 그의 상사는 실제로 동일한 목표와 가치를 공유했기 때문에 주장의 타당성을 인정했으며, P.B.가 온전히 교육에만 전념할 수 있는 시간을 마련해주었다.

1 의견이 일치하지 않았던 항목(일반적으로 행동이나 상황에 대한 구체적인 사항)을 나열하라. 모든 사람의 견해는 그들이 처한 입장에서 타당하다는 것을 기억하라.

2 그리고 의견이 서로 일치했던 영역(일반적으로 양 당사자가 동의하는 원칙, 가치 또는 목표)을 생각해라. 당신이 갈등 당사자 중 하나라면, 이것은 당신의 감정에서 한발 물러서서 당신이 원하는 것과 그 이면에 깔려 있는 원칙이나 가치를 훌륭하고 냉정하고 객관적으로 바라보는 것을 의미한다.

3 대안을 브레인스토밍한다. 예를 들어, 당신과 당신의 아이들이 그들의 숙제로 말다툼을 한다면, 아이들과 당신이 공통적으로 가질 수 있는 문제는 무엇인가? 당신이 청킹업을 할 때, 당신와 아이들 모두 자기 일에 대한 책임을 지고, 당신이 그들을 귀찮게 하지 않는 것이 최선이라는 것에 동의할지도 모른다. 그렇다면 아이들의 숙제 습관에 어떤 변화를 주어야 하며, 부모의 책임감을 행사하는 방식에 어떤 변화를 주어야 하는가? 당신과 아이들 모두 변화해야 하지만, 변화하면 개인으로서 그리고 가족의 구성원으로서 성숙해질 것이다.

※ 창의적인 사람에게 도움을 청하거나 양측 모두가 문제에 대해 브레인스토밍한다면, 큰 도움이 될 것이다.

◉ 타협이 항상 좋은 것은 아닌 이유는 무엇인가?

때로는 협상이 타협을 수반해야 한다고 생각하지만, '타협'을 통해 사람들이 이해하는 것을 조금 더 깊이 파헤치면, 보통 동맹이나 평화의 형태를 위해 누군가가 자신이 믿거나 소중히 여기는 것을 포기해야 함을 의미한다고 믿는 경우가 많다. 누가 그렇게 하겠는가? 그리고 만약 그렇게 한다면, 특히 압박을 받는 상황에서 그러한 가짜 휴전이 얼마나 오래 지속될 것이라고 생각하는가? 공유된 가치를 기반으로 협상을 하는 것은 협상 당사자들에게 근본적으로 중요한 어떤 것을 포기하는 타협을 하지 않도록 하는 데 도움이 된다.

협상의 자세

협상의 참가자들은 서로를 공격할 것이 아니라 공동으로 마주하고 있는 문제를 해결하기 위해 협상해야 한다.

ROGER FISHER AND WILLIAM URY, Getting to Yes, p.11

다 '특정 시간' 및 '전체 시간' 관점의 영향

거래를 바라보는 두 가지 방법이 있다. 그것은 단기적, 그리고 장기적으로 효과가 있는가? 단기적 거래는 당신을 곤경에서 벗어나게 하고 상황을 개선하는 것처럼 보인다. 그러나 그것은 장기적으로는 어떤가?

나는 은행의 영업사원들을 통해 그들이 항상 장기적인 관점을 염두에 두어야 한다는 것을 알게 되었다. 왜냐하면 그들은 할 수 있다면 모든 거래에서 수익을 내야 하지만, 그들은 고객이 앞으로도 은행과 거래를 계속하길 원했기 때문이다. 이것은 때때로 은행에 즉각적으로 이익이 되지 않는 거래를 하는 것을 의미할 수 있다. 그들은 단기적인 이익 부족을 고객과 장기적으로 수익성 있는 관계를 유지할 것이라는 전망을 통해 상쇄하고 있었다.

당신의 아이에게 그들이 한 다림질, 잔디 깎기, 자동차 청소에 대한 대가를 지불한다면, 양측 모두에게 거래가 주는 단기적인 혜택(특정 시간 관점)은 명백하다. 그러나 당신이 '전체 시간'의 관점을 가진다면, 그것은 옳은가? 당신의 아이는 노동에 대한 대가를 지불받을 때만 집안일을 해야 한다는 것을 배우고 있지는 않은가? 그리고 그것이 당신이 그들이 배우고 기억하고 계속 행동하기를 바라는 것인가?

단기적 의미와 장기적 의미를 비교하는 데 도움이 되도록 카메라의 줌 렌즈를 사용하여 '지금-여기'와 '미래' 사이를 빠르게 전환한다고 상상해보라. 당신은 그들의 상대적인 장단점을 확인하기 위해 카메라 줌을 사용하는 것처럼 두 가지 모두에 초점을 맞추고자 한다. 만약 시간과 공간이 있다면, 당신은 현재 있는 곳에서 '지금(now)' 장소와 '미래(future)' 장소를 정한 후 두 장소 사이를 왔다 갔다 하면서 현재와 미래의 보상과 결과를 확인함으로써 비교할 수 있다.

② 왜 '옳고 그름(right and wrong)'이 잘못된 것일까?

당신과 협상 파트너의 메타 프로그램 차이점이 무엇이든 간에, 당신 스스로에게 물어볼 수 있는 몇 가지 질문들이 있는데, 그것은 당신과 협상 파트너가 일을 처리하는 방식과 관련이 있고, 당신의 협상의 진행과 결과에 중요한 영향을 미칠 수 있다.

○ 당신은 누가 옳고 그른지 논쟁하고 있는가?

누가 옳은지에 대해 논쟁하는 것은 패배자가 있어야 하는 방식으로 상황을 프레이밍(framing)할 수 있다.

🎯 프레이밍(Framing)

어떤 것이 어떻게 인식되는지를 미리 결정하는 방식으로 문맥을 맞춰 놓는 것. 프레이밍은 언어적일 수 있다. 예를 들어, "우리는 오늘 몇 가지 어려운 결정을 내려야 합니다."라고 말을 하면 2가지 의미가 담겨있다. (1) 오늘 결정을 내려야 한다는 것 (2) 그 결정은 하기 어려울 것이라는 것. 이는 결정을 내리지 않는 것이 유효한 선택이 될 수 있거나 결정이 쉽고 조화롭게 이루어질 수 있다는 가능성을 암묵적으로 배제한다.

또한, 프레이밍은 비언어적일 수도 있다. 영국 내각의 테이블의 가늘고 긴 모양은 불가피하게 몇 몇 각료들을 수상(긴 변의 한가운데에 앉은 사람)과 더 가깝게 만들고(몇몇 각료들은 더 멀게 만듦), 그와 대화를 더 많이 할 수 있기 때문에 가까이 있는 각료나 건너편에 있는 각료들과의 상호작용을 장려한다. 그러한 배치(설정)는 고의적이고 전략적이거나 매우 무의식적일 수 있다.

옳고 그름의 개념은 아직 뇌의 발달과 사회적 이해 모두가 완전히 시작되지 않은 시기에 우리가 어린 시절에 배우는 개념이며, 사고는 자연히 흑백의 단계에 있다. 유년시절을 벗어나면서부터 우리는 성인의 삶의 복잡성을 더 정확하게 반영하기 시작한다. 하지만, 성인 생활에서 옳고 그름에 대한 언급(특히 바로 그 단어를 사용하는 것)은 어른이 어린아이 같은 굴욕감, 분노, 반항심, 완고함 또는 독선적인 감정으로 되돌아가게 하는 버튼을 쉽게 누를 수 있게 한다. 이들 중 어느 것도 성인 협상을 위한 좋은 근거가 되지 못한다.

◉ 당신은 다른 사람에 대해 도움이 되지 않는 가정을 하고 있는가?

NLP 개발자들은 관계를 관리하는 데 숙달된 사람들이 타인에 대해 중립적이거나 호의적인 가정을 하고 그에 따른 접근방식에 기반을 두는 경향이 있음을 발견했다. NLP는 이러한 가정들을 전제(presupposition)라고 부른다. 왜냐하면 가정들은 특정한 조건들을 전제로 하고, 이를 통해 우리가 상호작용하는 방식에 대한 토대를 마련하기 때문이다.

우리가 부정적인 전제를 가지고 직장에서나 가정에서 협상에 들어간다면, 우리는 부정적인 것들이 발생할 가능성이 높음을 발견할 수 있다. "이것은 어려울 것입니다."와 같은 문구를 사용하면 그렇게 될 가능성이 높다. "저는 이것이 어떻게 될지 궁금합니다."와 같은 문구는 더 중립적이지만, 상대방이 적극적으로 행동하기보다는 수동적으로 행동하도록 유도한다. "저희가 오늘 논의에서 뭘 얻었으면 하는지는 알지만, 어떻게 거기에 도달할지는 모르겠습니다."는 보다 명확한 진행 프레임(frame)을 갖춤과 동시에 상황을 어떻게 관리해야 하는지에 대한 문제를 남겨둔다.

🎯 전제(Presuppositions)

우리가 어떤 상황을 받아들이고 우리가 예상하기 시작한 것을 다른 사람들로부터 이끌어 내기 위해 언어적 행동과 비언어적 행동을 하는 가정(종종 무의식적).

◎ 실제로 어떤 메타 프로그램이 관련되어 있는가?

협상은 종종 둘 이상의 메타 프로그램을 포함한다. 가정을 예시로 들어보자. 부모와 아이들은 종종 아이의 방이 지저분하다는 이유로 갈등을 겪는다. 부모에게 있어 집을 정돈하는 것은 긍정적인 목표(접근 동기)다. 대부분의 아이들은 방을 정돈하는 것에 관심이 없기 때문에 아이에게 있어 정리는 기껏해야 회피 동기 기반 행동이다. 부모들은 아이가 게으르거나, 어수선하거나, 고의적이거나, 비협조적이라고 가정할 수 있다. 또는, 그들은 세탁하지 않은 옷, 오래된 콜라병, 더러운 접시를 치우기를 원할 것이다(회피 동기, 작은 청크 목표). 아이들은 음악을 듣거나 친구들에게 문자를 보내는 것과 같은 작은 청크와 관련된 일에 자기들이 더 관심이 있다는 것을 부모가 이해하지 못한다고 생각하기 때문에 잔소리도, 도덕적 협박도, 보상도 통하지 않는다.

흥미롭게도 실제로 여기에는 공유된 가치(큰 청크 또는 메타 수준)가 있다. 각 당사자는 상대방의 간섭 없이 자신에게 중요한 일을 계속할 수 있는 자유와 독립을 원한다. 그들이 실제로 가지고 있는 더 큰 청크 가치에 근거하여 작은 청크와 관련된 것을 이해 및 양보함으로써, 각 당사자 모두 더 많은 감정적 공간을 제공했기 때문에 서로를 이해할 수 있다.

❸ 평등을 기반으로 협상하기

마지막으로 모든 좋은 협상의 근간이 되는 가장 중요한 원칙 중 하나는 평등의 원칙이다. 당신의 감정이 어떻든 간에, 당신은 협상의 상대가 자신이 원하는 것을 요구할 동등한 권리가 있다고 가정해야 한다. 이 가정을 구축하는 것은 정말 결실을 맺는다. 당신이 사람들을 동등하게 대한다면 그들은 당신을 그들의 편으로 대할 가능성이 훨씬 더 높다. 왜냐하면 우리의 행동은 실제로 우리가 가정하는 것에 의해 형성되기 때문이다.

또한, 동등하다고 가정하면 협상 당사자 모두 결과에 동등하게 만족해야 한다는 공통된 믿음으로 협상할 것이다. 실제적인 차이와 강한 감정이 관련될 때 좌절스러운 협상이 될 수 있지만, 이러한 차이가 두 당사자 모두를 만족시키고 오래 지속되는 합의에 대한 유일하고 유효한 근거라는 것을 자신과 서로에게 상기시키는 것은 단순히 논쟁을 합의하려고 하기보다 차이점을 해결하는 가장 좋은 방법이다.

Chapter 16

스트레스 극복하기

외부의 힘, 인간관계에 대한 문제, 마감일 또는 서로 상충되는 내부의 중요한 일로 압박을 받을 때 우리는 스트레스를 받는다. 스트레스는 우리가 느끼는 것이고, 모든 수준에서 피하고자 하는 것이다. 그러나 당신의 삶에 스트레스가 없다고 보장할 수는 없다. 스트레스는 종종 필요하고 가치 있는 경고 신호로, 당신이 살아 있고 당신 또는 당신 주변의 어떤 것이 현재 잘못되었다는 것을 알려준다. 그것을 처리하려면 그 기저에 무엇이 있는지 정확히 찾아내기 위해 참을성 있는 작업이 필요하다. 스트레스를 줄이는 것은 또한 당신이 가치 있게 여기는 것을 명확히 하고, 그것을 향한 길을 닦는 것과 관련이 있다.

❶ 새로운 관점에서 스트레스 보기

스트레스를 줄이는 것은 일반적으로 상황과 그에 대응하는 방식 사이의 관계를 관리하는 새롭고 더 효과적인 방법을 찾는 것을 의미하므로, 당신은 비효율적인 상태가 되거나 감정에 의해 무력해지지 않고 적절하게 행동할 수 있다. 그것은 또한 다른 사람들이 자신만의 의제를 갖고 있으며, 당신과 다른 방식으로 사물을 인식하고 관리할 수 있다는 사실을 받아들이는 것과도 관련이 있다. 다른 사람의 입장에서 상상력을 발휘하는 능력은 그 사람과 상황을 더 잘 이해하도록 도와줄 수 있는 부분이다. 내적으로 발생하는 스트레스는 유사한 관리(자기 인식 및 내부 협상)가 필요하다.

◎ 스트레스는 물리적이다.

스트레스는 마음과 몸을 모두 포함하는 반응이다. 어떤 것이든 압박감을 받거나, 짜증이 나거나, 걷잡을 수 없이 불안을 느끼게 하는 경우 무엇이든 당신은 어떤 것에 대해서도 스트레스를 느낄 수 있다. 당신의 반응은 초기 인류의 원시적 투쟁-도피 또는 동결 반응의 모든 요소를 포함하지만, 오늘날 스트레스가 많은 우리의 생활 방식은 비물리적 자극에 대한 반응으로 두통, 복통, 두근거림 및 현기증, 자극 또는 분노의 느낌을 경험하게 한다.

② 스트레스와 메타 프로그램 ───────────

일상의 불안감, 드라마, 그리고 가끔 일어나는 위급한 상황이 없는 삶은 아마도 불가능할 것이다. 그러나 당신은 당신 안에서 그리고 주변에서 일어나는 일에 대한 반응의 정도와 강도를 조절할 수 있다. 당신 스스로 모니터링하고 조절하기로 선택하였다면, 자신의 상황의 희생자가 될 필요가 없다. 당신의 반응에 귀를 기울여라. 그 반응들은 당신의 스트레스가 어디에서 오고 어떤 메타 프로그램이 관련되어 있는지 알려줄 것이다.

◎ 한 걸음 물러서기

당신은 스트레스 상황에서 물러서서 해결하기 위해 숙고하거나(분리, dissociation) 상황이 당신에게 영향을 미치도록 내버려 둘 것(연관, association)이다. 만약 당신이 자신에게 정직하다면, 티핑 포인트(당신이 화를 내거나 화를 내기 직전이었던 포인트)를 느꼈거나 그 한계를 넘어서는 것이 정당하다고 느꼈던 순간은 없었는가?

나는 '자유롭게 행동하라'라는 말을 중시한다. 왜냐하면 우리는 대부분 선택권이 있고, 선택권이 있다는 것을 알고 있기 때문이다. 그것이 항상 충분하다고 느끼는 이유가 있으며, 종종 우리는 우리 자신을 위한 것이든 다른 사람에게 보내는 메시지로든 티핑 포인트를 만들기 위해 실제로 스트레스를 받도록 허용한다. 하지만 위급한 상황뿐만 아니라 일상적인 긴장 상태에서도, 아무리 순간적으로라도, 자신의 감정을 객관화하는 능력은 당신이 그 상황을 냉정하게 평가하고 적절하게 대응하는 데 도움이 될 수 있다.

자신의 감정과 연합하거나 전략적으로 분리하는 정도를 관리하는 방법을 아는 것은 스트레스를 받는다고 느끼는 불쾌감을 줄이는 데 도움이 될 수 있으며, 자신의 주장을 보다 직접적이고 일반적으로 더 효과적인 방법으로 만드는 선택권을 유지할 수 있다. 비록 당신의 감정이 당신을 압도했더라도 당신은 선택을 할 수 있다. 단지 그것들이 있다는 것을 인식하는 것은 당신의 거리두기 과정을 시작하는 신호일 수 있다.

◉ 타인 이해하기

이는 다른 사람들도 마찬가지다. 누군가의 감정이 그들 자신이나 주변 사람들을 힘들게 할 때, 먼저 그들이 겪고 있는 것을 당신이 존중한다는 것을 그들이 알도록 하고, 그들이 상황을 평가하고 더 효과적으로 관리하기 시작할 수 있는 더 냉정한 장소로 이동하도록 도우려고 노력해라. NLP에서는 이 과정을 '지각적 위치의 전환'이라고 부른다.

 지각적 위치의 전환(Shifting perceptual positions)

다른 관점에서 상황을 살펴보는 것. 나의 위치(첫 번째 위치), 타인의 위치(두 번째 위치), 그리고 객관적인 관찰자의 위치(세 번째 위치).

지각의 위치를 바꾸는 것은 당신이나 주변 사람들이 좌절할 때 정말 도움이 될 수 있다. 누군가의 직장이나 가정에서, 일상이 방해되거나, 규칙이 깨지거나, 해야 할 일이나 생각해야 할 일을 실패할 때가 있을 것이다. 절차적인 사람들은 이것에 대해 불안해하고, 짜증이 나고, 화가 날 것이다. 창조적인 사람들은 예상치 못하거나 원하지 않는 것을 그들이 해결할 수 있는 도전으로 간주할 가능성이 더 높다. 하지만 창조적인 사람들도 사소한 한계에 좌절을 하고 스트레스를 받을 수 있다. 사람들이 자신의 방식대로 반응하는 데에는 나름의 이유가 있음을 기억하는 것이 도움이 된다.

◉ 시간 관리 및 스트레스 줄이기

특정 시간(in-time)을 중시하는 사람들은 종종 시간을 지키는 것과 시간 관리에 스트레스를 받을 것이다. 왜냐하면 이러한 것들은 그들이 가지고 있지 않거나 충분히 가지고 있지 않은 전체 시간(through-time) 기술을 요구하기 때문이다. 반면에, 그들은 전체 시간을 중시하는 사람들보다 순서와 계획에 대해 훨씬 덜 압박을 받을 수 있다. 당신이 어떤 유형이든 간에, 대처하기 어려운 상황에 빠지는 것을 최소화하도록 삶을 정리하는 것이 중요하다. 직장에서, 사람들은 단기 마감일을 지켜야 하는 필요성으로 인해 압박감을 느낄 수 있지만, 만약 당신이 단기적인 업무와 요구를 더 장기적인, 전략적인 맥락 안에 둘 수 있다면, 당신은 더 편안함을 느낄 뿐만 아니라 더 나은 우선순위를 매길 수 있을 것이다.

③ 스트레스 관련 일반적인 문제

다음의 스트레스 관련 문제들은 둘 이상의 메타 프로그램을 포함할 수 있다.

문제1   시간을 잘못 관리하는 것

서두른다고 느끼는 것은 시간을 관리할 수 없는 자신의 능력 때문이든, 아니면 다른 사람이 당신에게 과도한 업무를 주거나 당신의 일정을 망쳤다는 사실 때문이든 그냥 그렇게 느끼는 것이다. 하루에 시간이 충분하지 않은 경우 자신과 다른 사람들이 기대하는 바를 확인하고, 자신이 시간을 관리하는 방법을 고려하고, 우선순위를 다시 지정하라. 효과적인 조치를 취할 수 있는 기회는 지금이다. 과거에 대해 초조해하거나 미래에 대해 걱정하는 대신 이것을 고수할 수 있다면 현재의 기회를 더 잘 활용할 수 있을 것이며, 그 과정에서 스트레스를 덜 받는 자신을 발견하게 될 것이다.

문제2   너무 많이 또는 적게 신경 쓰는 것

감정은 항상 어떤 상황에서든 적절하다. 스트레스는 항상 어떤 것에 비례한다. 만약 당신이나 다른 사람들이 정말로 정당하다고 생각하는 것보다 무언가에 대해 더 많이 신경 쓰고 있는 것 같다면, 구체적인 것에서 벗어나 어떤 문제 또는 어떤 히스토리(history)가 관련되어 있는지 확인해라. 우리는 비록 그 문제가 그 자체로 사소하게 보일지라도 종종 자기 자신에 대한 감정이나 깊이 간직된 가치관이 개입될 때 화가 나곤 한다. 마찬가지로, 오늘 일어난 일이 우리 중 누구라도 몇 년 전에 했던 것과 같은 느낌을 쉽게 갖게 할 수 있다. 스트레스가 어떤 것과 합법적으로 연관되어 있다는 것을 인정하는 것은, 비록 어떤 것이 즉시 명백하지 않더라도, 당신이 자신이나 다른 사람들에 대해 그것이 무엇인지 질문하기 시작할 수 있게 하고, 명백한 원인이 아닌 진짜 원인을 다룰 수 있는 가능성을 열어준다.

반면에 너무 신경 쓰지 않는 것이 문제인 것 같다면, 그것은 아마도 당신이 다른 누군가와 다른 우선순위를 가지고 있거나 상대방의 기분이 어떨지 상상하는 데 충분한 노력을 기울이지 않았기 때문일 것이다. 또는 당신이 그들의 감정에 반하는 행동을 해야 할지라도 당신이 그들의 감정을 존중한다는 것을 그들이 알고 있는지 확인하지 못했을 수도 있다. 타인의 입장에서 그들이 왜 그런 생각과 행동을 했는지 이해하려고 노력한다는 것을 그들에게 알려주면, 당신은 상황 자체에 내재되어 있지 않은 스트레스의 원인을 제거할 수 있다. 이렇게 하면 모두 진정으로 그 상황에 속하는 스트레스를 자유롭게 처리할 수 있다.

이 시나리오는 반대 방향으로도 적용된다. 십이나 식상에 있는 누군가가 당신의 감정이나 경험을 고려하지 않아 스트레스를 느낀다면 침묵 속에서 고통스러워할 필요가 없다. 우리는 다른 사람들이 아무리 자신에게 친절하고 도움이 된다고 해도, 그들을 마음을 읽는 사람이라고 가정할 권리가 없다. 그냥 그들에게 본인의 감정에 대해 말하라.

만약 당신이 그 상황에서 너무 신경 쓰지 않는다고 생각한다면, 그것은 당신이 불쾌한 감정을 경험하는 것을 방지하기 위해 분리하는 것일 수 있다. 자신을 힘들게 하지 마라. 지금 해야 할 일을 하고 필요한 경우 나중에 숙고하는 시간을 가져라.

(문제 3) 부족하다고 느끼는 것

우리는 종종 타인으로부터 무언가를 할 것을 기대받을 때 스트레스를 받고, 우리의 능력에 대해 회의감을 느낀다. 이런 종류의 스트레스는 우리가 경험이 부족하거나, 숙련되지 않거나, 과부하가 걸리거나, 그저 겁에 질려 있다고 누군가에게 말할 때 우리가 어떻게 판단될지에 대한 두려움의 복합체이다. 다시 말해, 그것은 보통 내적 대 외적 방향성의 어떤 측면을 포함한다. 상대방에게 당신이 어떻게 느끼는지 듣고 이해할 수 있는 기회를 주는 것이 일반적·장기적으로 더 낫다. 내가 치료사이자 코치로 활동하면서 배운 것 중 하나는 세상은 우리가 믿는 것보다 능력 있고, 유능하고, 책임감 있고, 권위 있고, 심지어 중요한 사람들로 가득 차 있다는 것이다. 만약 우리가 우리 자신과 다른 사람들에게 불충분하다고 느끼는 것이 인간의 일부라는 것을 인정하고 우리가 원하거나 해야 하는 일을 계속 하라.

(문제 4) 거절하기 힘들어하는 것

많은 사람들은 거절을 두려워하기 때문에 안돼(no)라고 말하는 것에 대해 불안해한다. 당신의 입이 "네"라고 말하려는 동안 가슴은 "아니오"라고 말하는 그 순간은 갈등으로 인한 스트레스를 줄일 수 있는 짧지만 중요한 기회지만, 당신은 당신의 마음이 당신에게 주는 메시지를 관찰하고 인정해야만 그것을 할 수 있다. 이는 마음은 "예"라고 말하지만, 머리는 "아니오"라고 말할 때도 비슷하다. 비록 당신이 거절의 단어를 즉시 꺼내지 못하더라도, 당신은 보통 대답을 하기 전에 좀 더 신중하게 생각할 시간을 벌 수 있다.

스트레스는 불편한 것이지만 현재에 주의를 기울이거나 현재를 수정해야 한다는 경고인 경우가 많다. 메타 프로그램에 대한 이해와 유연성을 활용하여 스트레스가 어디에서 오는지, 무엇을 신호로 전달하는지 파악하는 것이 스트레스를 줄이는 가장 효과적인 방법이다.

사례 Jo&Jim(내담자와 그의 파트너)

　　나의 한 코칭 내담자는 그의 파트너의 시간에 대한 부주의한 접근이 그를 화나게 한다는 것을 알게되었다. 그의 파트너는 약속이나 사교 행사를 위해 떠날 시간이 될 때 전혀 준비가 되지 않아 항상 늦었다. '진체 시간'을 중시하는 피트너는 이러한 상황에 대해 태연한 '특정 시간'을 중시하는 파트너와 강한 불일치를 느꼈다. 잔소리는 효과가 없었고, 시간 엄수가 실제로 즉각적인 문제가 아닌 경우 대화를 고려하지도 않았다. 결국 나의 내담자는 파트너를 바꿀 수는 없어 자기 자신을 바꾸기로 결정했다.

　　그는 이것을 가능하게 하는 여러 가지 실용적인 전략을 세웠다. 첫째, 그는 자신이 다른 여러 면에서 자신의 파트너를 얼마나 소중하게 여기고 고맙게 여겼는지 스스로에게 상기시켰고, 이러한 것들이 실제로 그에게 더 깊고 더 중요하다는 것을 인정했다. 둘째, 그는 파트너에게 가능한 한 특정 마감일을 맞추려는 시도를 피해야 한다고 제안했다. 파트너와 서로 다른 시간 접근 방식에 대해 공개적으로 이야기함으로써 그들은 종종 더 유연한 마감 시간을 협상할 수 있었고 다른 사람들을 실망시키는 일을 피할 수 있었다. 이러한 전략들로 그들은 서로 다른 시기들이 야기한 많은 실제적인 어려움들을 제거했고, 스트레스를 크게 줄였다.

Chapter 17

고용 및 해고하기

'고용 및 해고하기'가 직장 내에서 일어나는 문제로 인식되기 쉽지만, 우리는 사람들을 우리의 사생활로 끌어들이거나 다시 내보낼 때 비슷한 문제와 전술적 선택에 직면할 수 있다. 파트너, 친척, 친구에 대해 생각해보라. 그들과 관계를 맺거나, 그들을 당신 삶의 일부로 만들거나, 더 이상 그들과 관계를 맺고 싶지 않다고 결정하는 선택은 직장에서 하는 선택과 실제로 다르지 않다.

이와 같은 문제를 고려하는 업무상 고객을 많이 보았고, 사생활에서도 비슷한 문제를 해결해야 한다는 것을 깨달은 고객도 있었다. 이러한 문제들 중 가장 극적인 것은 파트너, 자녀 또는 부모와 헤어질지와 관련된 문제다. 또한, 많은 사람들은 육아, 재정적 지원 및 교육 등에 대한 결정을 관리하기 위해 장기적으로 동일한 사람과 계속 관계를 유지해야 하는 동안 누군가와는 헤어지거나 이혼해야 하는 추가적인 복잡성을 경험한다.

① 객관적인 관점 찾기

처음에 가까운 관계에 대해 객관적인 관점을 찾는 것이 이상하고 심지어 냉정하게 느껴질 수 있다. 하지만 이 분석적 접근법을 취하는 것의 가치는 당신과 다른 사람들이 경험할 수 있는 복잡하고 강력한 감정들 중 일부로부터 당신을 분리시키는 것을 도울 수 있다는 것이다.

직장에서 누군가의 성과는 대개 합의된 기준과 비교해서 측정되며, 많은 회사에서는 그들이 어떻게 하고 있는지 평가하기 위해 매니저와 함께 연간 또는 6개월에 걸쳐 검토가 있을 것이다. 그러한 검토는 또한 종종 다음 해의 PDP(개인개발계획, personal development plan)에 무엇이 있어야 하며, 어떤 지원, 훈련 또는 목표 설정이 그들의 역할 내에서 개선하는 데 도움이 될지에 대한 논의를 포함한다. 계약에 명시된 기준을 충족하지 못할 경우 공식적 및 비공식적인 경고를 받을 수 있으며, 지속적인 기준 불이행은 해고로 이어질 수 있다.

그러한 과정이 우리의 가장 가깝고 소중한 사람들, 그리고 그들과 우리의 관계에 있는 우리 자신에게도 이익이 될 수 있다는 대담한 생각을 한다면, 이는 실제로 우리가 관찰하고, 숙고하고, 실험하는 문제 해결 과정의 단계 동안 더 명확해지도록 도울 수 있다. 핵심 요소는 설정하고 상호 공유하는 것을 고수하는 것이다. Peter Senge는 다음과 같이 말했다.

🎯 공유된 비전의 가치

인간사에서 공유된 비전만큼 강력한 힘은 거의 없다. 가장 단순한 수준에서 공유된 비전은 '무엇을 창조하고 싶은가?'라는 질문에 대한 답이다. 공유된 비전은 자신의 개인적인 비전을 반영하기 때문에 많은 사람들이 진정으로 헌신하는 비전이다.

Peter Senge, The Fifth Discipline, p. 206

이는 직장과 가정에서 좋은 관계를 맺을 때도 마찬가지다.

⭕ 계약

어떤 관계의 기본은 그것이 말로 명시되어 있든 아니든 또는 상세하게 명시되어 있든 간에 당사자 사이의 계약이다. 그러한 묵시적 동의는 비록 그 아이디어가 처음에는 부적절하거나 충격적으로 보일지라도 우리의 개인적인 관계의 기초가 된다. 그 계약의 본질은 실제로 무엇인가? 계약 당사자는 상대방에게 무엇을 기대하고 있는가?

남편과 나는 한 번은 서로의 친구들에게 무엇을 부탁할 수 있는지, 그리고 그들을 위해 무엇을 할 수 있는지 등에 대해 이야기를 나눈 적이 있다. 누가 공항 픽업을 해 줄 수 있는가? 누가 자신의 차를 자신 있게 빌려줄 수 있는가? 누가 서로에게 돈을 빌려주거나 빌릴 만큼 충분히 믿을 수 있는가? 직장에서도 팀 내에서 또는 매니저와 직원 간에 서로에게 기대하는 것에 대해 유사한 논의를 할 수 있다.

계약에 대해 얼마나 잘 이해하고 있는가? 계약서에 얼마나 많은 내용이 명시되어 있는가? 당사자 모두 그들이 기대하는 것을 이해하고 있는가? 그들은 그러한 기대에 동의하고 그것을 충족시킬 수 있는가? 이 영역의 문제는 종종 '그러나 나는 …라고 생각했다' 또는 '그들은 내가 …하기를 기대하는 것 같았다'와 같은 주장으로 나타난다. NLP에서 이러한 암묵적인 의미 묶음을 복합 등가물(complex equivalents)이라고 한다.

복합 등가물(Complex equivalents)

복합 등가물은 저울의 양쪽에 있는 어떤 것과 같다. 한편에는 추상적인 생각이 있고 다른 한편에는 이것이 실제로 무엇과 동일하다고 믿는지에 대한 구체적인 생각이 있다. 예를 들어, '충성(loyalty)'은 '문 뒤에서 일어나는 일에 대해 다른 사람에게 알리지 않는 것', '우리 가족/팀 중 누군가가 잘못했다는 것을 알면서도 옹호하는 것', '영업 비밀을 아무에게도 말하지 않는 것', 또는 '40년 동안 하루도 쉬지 않고 일하는 것' 등과 같은 의미일 수 있다. 사람들이 같은 단어를 사용하여 서로 다른 것을 동일시할 수 있기 때문에 '충성'이나 '노력'이 중요하다고 서로 동의하면서도 세부사항에서 서로를 꽤 깊게 오해할 가능성이 있다. 모든 문제는 세부사항의 차이에서 발생하는 경향이 있다!

- 만약 어느 한쪽이 계약상 자신의 편을 지키지 못하면 어떻게 되는가? 만약 결혼의 암묵적인 '계약'이 원래 여자가 아이들을 돌보기 위해 일을 포기해야 한다는 것이었다면, 그녀가 시간제 학위를 받기로 결정한다면 어떻겠는가?
- 계약 당사자들은 기술과 가치 면에서 서로 얼마나 잘 맞는가? 만약 당신의 팀이 모두 비슷한 가치관과 태도를 가지고 있다면 그것은 좋은 것인가 아니면 제한적인 것인가? 이러한 공유된 가치관과 태도의 장단점이 무엇인지 생각해 본 적 있는가? 계약을 할 때마다 이러한 것에 대해 생각해 본 적 있는가?
- 팀의 직원들은 서로 다른 부분에서 서로를 존중하고 소중히 여기는가? 계약은 어떻게 유지되거나 진행되는가?

이 모든 문제들은 언젠가 공개적으로 논의될 수 있고, 논의되어야 할 것이다. 아마도 다른 누군가가 그들 사이의 묵시적인 합의를 어김으로 인해 좌절하기보다는 모두가 차분하고 숙고하는 시간이 필요하다. 문제가 발생하였을 경우 상호 기대했던 것을 설명하고, 그들이 어떻게 생각했는지 물어보는 것은 묻혀 있는 가정들 중 일부를 표면화시킬 수 있고 향후 당사자 모두의 계약에 대해 더 명확한 이해와 더 근거 있는 합의에 도달하는 데 도움이 될 수 있다.

가족은 종종 상당히 복잡한 암묵적 계약 체계를 가지고 있으며, 그들이 종종 구현하는 핵심 가치는 '공정성'이다. 만약 누구는 직접 설거지를 하고, 누구는 식기세척기를 사용하는 상황이 발생한다면 사소하지만 불공정할 수 있는데, 이는 보통 그들이 해야 할 것보다 덜 하는 것으로 느끼기 때문이다. '해야 한다(should)'라는 단어는 보통 어떤 종류의 계약이 관련되어 있다는 것을 암시한다. 아이들은 자라면서 계약에 관여하게 된다. 예를 들어, 그들이 집안일을 한다면 이후 그들은 무엇인가(용돈 등)가 주어질 수 있다는 묵시적인 교환을 기대할 수 있다.

당신은 관계에서 무엇이 위태로운지 살펴봐야 할 때 언제든지 상황에 대해 명확해지기 위해 뒤로 물러설 수 있다. 이와 같은 즉각적인 감정에서 분리하는 것은 자신의 '당위와 의무' 또는 다른 사람의 강제력에 의해 지배되거나 압도될 위험이 있다고 느끼는 경우에도 도움이 될 수 있다. 또한, 당신이 원하는 것이 무엇인지 항상 정확히 알고 있고 그것을 성취하기 위해 자기 자신의 길을 무리하게 나아가는 경향이 있다면, 당신이 어디서 어떻게 타인과 마주칠 수 있는지 확인하기 위해 관련된 다른 사람들을 제3의 공간으로 배치하는 것은 당신으로 하여금 그들의 세계에 대한 충분한 감각을 얻을 수 있게 해줄 것이다.

② 계속 나아갈 용기 가지기

인간은 다른 어떤 것과 마찬가지로 관계에서도 습관의 동물이며, 다양한 이유로 우리는 우리에게 도움이 되지 않는 관계에 매달릴 수 있다. 당신의 삶에 이러한 관계가 있는지 한 번에 알 수 있다. 직장에서 아마도 당신은 충성스럽긴 하지만 더 이상 일을 제대로 하지 못하고, 세상이 변하고 있다는 사실을 깨닫지 못하고, 다른 동료의 시간을 빼앗거나 그들을 험담하는 경향이 있는 사람을 고용하거나 그들과 함께 일할 수 있다. 그들이 제기하는 근본적인 '고용과 해고' 관련 문제를 해결하지 않고 계속해서 이런 사람을 곁에 두는 것은 당신을 고갈시키고 쇠약하게 만들 수 있으며, 당신의 기분을 우울하게 하고 에너지와 열정을 소모시킬 수 있다. 그들은 당신을 우울하게 만들 수도 있다. 직장 생활에서 누군가를 해고하는 것은 결코 간단하지 않으며 당신은 불공평하거나 심지어 부당하다고 느낄 수 있다.

그들은 또한 당신이 성취, 흥분, 만족, 야망, 목적, 만족과 같은 긍정적인 것들을 향해 나아가기 위해 이용할 수 있는 잠재적인 에너지와 추진력을 고갈시킨다. 만약 당신이 원래 타인에게 상냥한 사람이라면, 그들은 정말로 당신에게 찬물을 끼얹을 수 있다. 만약 당신이 누군가와 계약 및 연락을 끊은 것에 대해 죄책감을 느낀다면, 양 당사자 모두가 관계를 끊지 않는 한 그 누구도 그러한 관계에서 진정한 이익을 얻을 수 없다는 사실을 명심하라. 즉, 상호 관계에서 이익을 얻기 위해서는 이러한 상황에서도 관계를 끊지 않고 계속 나아갈 용기가 필요하다.

❸ 비슷한 성향과 대조되는 성향

가족, 친구, 직장에서와 같이 사람들이 정기적으로 서로 밀접하게 관련되어 있을 때 주요 분류 메커니즘의 차이로 인해 문제가 발생할 수 있다. 회피형 사람들은 접근형 사람들에 대한 이해가 부족할 수 있다. 창조적인 사람은 그들의 생각이 절차적인 동료나 상사에 의해 좌절된다고 느낄지도 모른다. 성향이 서로 다른 사람들은 같은 상황을 경험하고 그것으로부터 대조적인 정보를 얻을 것이다. 반면에, 대조적인 접근은 신선함, 활력, 새로운 관점, 그리고 즐거움을 직장이나 가정에서의 삶에 가져다줄 수 있다. 모든 것은 그러한 차이를 어떻게 관리하느냐에 달려 있다.

직장에서 사람을 고용할 때 그들이 어떤 역할을 해야 하는지, 당신과 그들이 이에 대해 어떤 기대를 갖고 있는지, 그리고 그들이 계약 관계에 대한 당신의 기여도를 기대하고 있는지 알아야 한다. 당신과 같은 운영 방식을 가진 사람들을 선택하는 것은 스트레스를 최소화할 수 있지만, 그것은 잠재적으로 삶을 더 싱겁게 만들고 자극이 부족하게 만들 수 있다. 반면, 메타 프로그램 기본값 크게 대조되는 사람들을 고용하면 시간이 지남에 따라 점점 더 양극화될 위험이 있다.

이러한 위험은 내가 한때 함께 일했던 연인들에게 일어났다. 남자는 차분하고 이성적이었고 여자는 따뜻하고 활기차고 도전적이었다. 세월이 흐르면서 남자는 여자가 지나치게 감정적이라는 이유로 경멸하게 되었고, 여자는 남자의 냉정함과 감정 부족을 혐오하고 동정하기 시작했다.

개인의 차이를 관리하여 진정으로 서로를 보완할 수 있다면 서로의 성향을 맞추려는 노력은 차이를 관리하는 좋은 방법이 될 수 있다. 마찬가지로 중요한 것은 자신의 일과 가정 구성원의 개인 장점(메타 프로그램 기본 설정 포함)을 확인하고, 존중하며, 가능하면 자신의 한계를 벗어나도록 노력해야 한다는 것이다. 이것은 당신 자신에 대한 상당한 요구이지만, 그것은 또한 가정과 직장 생활을 덜 좌절하고 더 조화롭게 만들 수 있다.

고용 및 해고 관련 일반적인 문제

　모호한 계약은 양 당사자 모두에게 어려움을 야기한다. 명확한 것을 준비하고 자신의 직관에 귀를 기울이면 어려운 결정을 협상하는 데 도움이 될 수 있다.

문제 1 ▶ 명확하지 않게 계약하는 것

　당신이 누군가를 고용할 때, 당신은 그들에게 무엇을 기대하며, 그들은 당신에게 무엇을 기대한다고 생각하는가? 고용 계약서를 작성하지만, 그조차 쌍방이 만족스러운 업무 관계를 구축하는 데 필요한 명확성이 부족한 경우가 많다. 개인적인 관계가 관련되어 있는 곳에서, 많은 사람들은 그들이 서로에게 무엇을 원하고 기대하는지를 확실히 함으로써 계약을 명확히 하는 것을 꺼릴 수 있는데, 이것은 단지 계약이 법률적인 의미를 가질 수 있기 때문만이 아니라 그렇게 하는 것이 상호간 신뢰의 부족을 암시할 수도 있기 때문이다. 이것은 절대 그렇지 않다. 누군가에게 당신이 필요로 하고, 원하고, 기대하는 것을 명확하게 말하는 것은 실제로 그들에게 성공의 비법을 알려주는 것이다.

　어떤 종류의 계약이 포함되든, 불명확함을 유발하는 복합 등가물은 명확해야 한다. 왜냐하면 피고용자는 그들이 채용을 위해 충족해야 하는 기준을 알 수 있고, 고용인은 피고용자를 고용함으로써 자신의 일이 원하는 대로 이루어질 것이라는 확신을 가질 수 있어야 하기 때문이다. 친구간의 우정과 부모-자식 간 관계는 상황이 변화하고 시간이 지남에 따라 다시 수정하는 암묵적인 계약이 필요할 수 있다.

문제 2 ▶ 당신의 직관에 귀를 기울이지 않는 것

　계약이 구체적이고 기준이 충족되더라도 잘못된 동료를 선택할 수 있다. 우리는 모든 정보를 가지고 있지는 않지만 무시할 수 없는 또 다른 출처가 있다. 그것은 우리의 직감 또는 한 사람에 대한 무의식적인 요약이며, 그것은 당신이 구체적으로 생각하지 않았던 문제와 기준을 알려줄 수 있다. 그 한 사람은 당신의 요구에 부응하는 것처럼 보이지만, 결정에는 다른 것들도 관여할 수 있고, 그것들은 모든 것을 변화시킬 수 있다. 예를 들어, 그들의 에너지 수준은 어느 정도인가? 그들은 활동적인 당신과 적극적인 팀 또는 조용하고 항상 조심하는 팀과 얼마나 잘 어울리는가?

당신의 특별한 삼삭은 이 사람이 당신의 팀에 잘 어울릴지 아니면 어울리지 못하는지 알려주는가? 비이성적인 판단은 단지 비이성적인 판단이다. 하지만 이는 그러한 판단이 무시되어야 한다는 것을 의미하지 않는다. 즉각적인 판단은 그것을 뒷받침할 수 있는 어떤 증거보다 훨씬 먼저 당신의 의식에 도착한다. 그럼에도 불구하고 어떤 직감 뒤에는 항상 증거가 있다. 당신은 단지 시간이 주어진다면, 그 증거가 표면화될 것이고 당신이 내려야 할 모든 결정에 고려되어야 한다는 것을 믿으면 된다.

이제 메타 프로그램과 그 작동 방식을 알게 되었으므로, 당신은 사람들에게 효과적이고 지속적인 선택을 할 수 있는 좋은 위치에 있다. 어떤 메타 프로그램이 당신의 친구를 기쁘게 하고, 잠재적으로 채용될 사람에게는 유용하며, 파트너의 삶의 질을 향상시킬 수 있는가? 당신의 주위에, 그리고 당신 사이에 어떤 사람과 함께하고 싶은가?

5 가족 내에서의 NLP

지금까지 우리 주변에 누군가를 둘지 말지 선택할 수 있는 상황에 대해 이야기했다. 그러나 가정에서 우리는 종종 더 어려운 선택을 한다. 자신과 다른 사람들이 정보를 분류하는 방법에 대해 더 많이 알면 차이점과 잠재적 갈등의 원인을 정확히 찾아내는 데 도움이 되며, 그 자체로 자신을 관리하는 방법과 다른 사람을 이해하는 방법에 대해 더 많은 선택을 할 수 있다.

물론 시아버지가 당신의 아이들을 '나의 아이'라고 부르는 방식에 계속 짜증이 날 수도 있다. 그가 단지 그들에 대한 그의 헌신을 표현하고 있는지 혹은 그가 정말로 그들을 통제하려고 하는지 스스로에게 물어보는 것은 진정한 유사점 및 차이점에 대한 증거를 찾게 하고, 그것은 당신이 무엇을 할 수 있고 미래에 어떻게 그에게 다르게 접근할 수 있는지에 대해 생각하게 한다.

당신은 당신과 시아버지 두 사람 모두에게 긍정적인 결과를 도출하기 위해 상황을 어떻게 관리하겠는가? 당신은 시아버지를 당신의 삶에서 제거하는 것에 대한 선택권이 없다고 느낄 수도 있고 원하지 않을 수도 있다. 하지만 당신은 참고 입을 다물 필요가 없다. 당신의 메타 프로그램에 대한 이해는 상대방과 당신에 대한 존중의 기반을 가지고 접근하기 위한 기초이며, 이는 당신이 함께 상황을 효과적으로 해결할 수 있는 최고의 기회를 제공한다.

⑥ 문제 해결 절차 사용

당신의 인생에서 누군가를 정말로 잃어야 할 필요가 있을 때, 이 절차는 당신의 해고를 고용만큼이나 효과적으로 만드는 데 도움이 될 수 있다. 당신의 출발지는 똑같다. 제3자의 관점에서 상황을 관찰하고 이해하여 자신의 감정에 대해 분리된 시각을 갖고 문제를 일으키는 경우에도 차이점을 존중할 수 있다. 관찰한 내용을 숙고하면 해야 할 일을 결정하는 데 도움이 된다.

인간적인 측면에서 실제 또는 잠재적인 관계는 양 당사자 모두에 해당하므로 해고의 정당한 이유는 채용의 정당한 사유 못지않게 긍정적인 조치가 될 수 있다. 직원을 해고하거나, 파트너와 헤어지거나, 우정을 끝내는 것이 당신의 심장을 더 빨리 뛰게 하고, 손바닥에 땀이 나게 한다고 해도, 두 사람 모두 만족스럽지 못한 것을 바꾸거나 끝내는 것에서, 그리고 아마도 그것이 왜 어떻게 잘못되었는지 이해하는 것에서 궁극적으로 이점을 얻을 것이다.

누구나 길러야 할 귀중한 기술은 상황에 대한 당신의 냉정한 평가를 관련된 다른 사람과 나누는 것을 의미하는 '핵심 요약하기(bottom-lining)'의 기술이다.

🎯 핵심 요약하기(Bottom-lining)

이익과 손실 측면에서 상황이 어떤지 명확히 하는 것. 원래 회계에서 파생된 이 은유는 상황의 단순한 '숫자'가 사실의 진술이라는 것을 이해하는 데 도움이 된다.

'핵심 요약하기'의 기술은 두 가지다. 사실관계를 최소한으로 유지하는 것과 감정적인 부담이 없도록 하는 것이 그것이다. 이는 추가 조치를 구축할 수 있는 이해의 기준을 제공해야 한다. 그것의 본질은 사실의 정확성, 명확성, 간단함, 그리고 상대방에 대한 명확하게 전달되는 존경이다.

지금까지의 사적인 평가를 그 자체로 명시적으로 만드는 것은 당신이 누군가에게 당신의 삶에서 왜 그들을 원하는지 또는 왜 당신이 그것을 선호하는지와 관계없이 관계의 역동성을 변화시킨다. 어느 쪽이든, 그들은 응답할 것이므로 곧 판단의 적절성과 상황을 처리하는 방법의 효율성에 대한 더 많은 증거를 얻게 될 것이며, 조정해야 할 것이 있다면 무엇인가를 알려줄 것이다.

당신이 누군가를 해고했을 때 해고의 이유를 명확하게 요약하여 전달을 했다면, 당신이 나중에 해고한 사람을 다시 만나도 당신과 그 또는 그녀는 다시 협상을 이어갈 가능성이 있다. 만약 당신이 누군가를 고용했을 때 그 이유를 명확히 전달했다면, 당신은 그들이 당신 삶의 일부로 그들을 선택하게 만든 것이 무엇이었는지, 그리고 그들의 자존감과 자신감을 풍부하게 할 수 있는 이해를 돕게 될 것이다.

요약은 업무만을 위한 것이 아니다. 당신이 다른 사람에게 가치 있는 것을 강조할 때, 그것은 관계를 깊게 할 수 있고, 어려움을 야기하고 있는 것을 지적할 때 그것은 깨달음과 변화의 기회가 될 수 있다.

본질적으로, 고용과 해고는 모든 인간관계에 내재된 참여와 해체의 과정을 관리하는 것이다. 메타 프로그램을 이해하면 두 가지 이점이 있다. 당신은 다른 사람들이 어떻게 정보를 필터링하는지 더 잘 알게 될 것이고, 당신은 또한 사람들을 선택하는 데 수반될 수 있는 도전과 함정을 관리하기 위해 특정한 메타 검색 기술을 사용할 수 있을 것이다.

나는 이 챕터를 '고용과 해고'라고 부르며, 관계에는 선택이 수반된다는 것을 강조했다. 양 끝에서 우리는 선택을 하거나 선택을 하지 않을 수 있다. 우리가 통제할 수 있는 범위 내에서 두 가지 가능성이 모두 있다는 사실을 인식한다는 것은 우리가 가장 원하고 해야 하는 일, 즉 중간 지점을 관리하는 데 더 자유로워진다는 것을 의미한다. 우리는 직장에서든 집에서든 이 관계를 맺는다. 이제 어떻게 하면 최선을 다할 수 있는가? 모델링의 개념과 이를 수행하는 도구를 제공함으로써 NLP는 관계를 작동시키는 전략을 발견, 개발 및 사용하는 데 대한 자신감을 높일 수 있다. 우리가 그리는 모범 사례는 책, 친구 또는 다른 사람들을 주의 깊게 관찰함으로 찾을 수 있다. 메타 프로그램이 작동하는 방식을 이해하고 이를 스스로 사용하는 방식이 더욱 유연해지면 선택의 폭이 더 넓어진다.

사례 좋은 이혼

한 부부는 결혼한 지 여러 해 동안 자녀가 없었다. 두 사람은 하루 종일 일했기 때문에 관계에 약간의 긴장이 있었지만 꽤 잘 지냈다. 그러나 아이가 태어난 후 상황은 더욱 어려워졌다. 아내는 직장을 포기했고, 그들은 일에 대해 이야기히는 것이 그들의 관계에 많은 일상적인 작은 변화를 제공했다는 것을 깨닫기 시작했다. 딸이 3살이 되었을 때 서로 간의 애정이 식은 것이 분명했다. 그들은 어떻게 지내야 할지 결정하기 상의를 하였고, 딸의 삶에서 각자가 계속해서 중요한 역할을 할 수 있도록 방안을 고안했다. 남편은 몇 마일 떨어진 곳에 별도로 아파트를 구했고, 정기적으로 집을 방문해서 딸을 돌볼 수 있었고, 주말 내내 어린 딸과 함께 시간을 보낼 수 있었다. 그는 이전 집에 문제가 생기면 종종 수리하러 왔다.

두 부모는 따로 또는 함께 학교 행사에 참석했으며, 교대로 딸을 교외 활동에 데려갔다. 그것이 항상 쉬운 것은 아니었지만, 그들은 그들이 할 수 있는 최고의 부모가 되기를 원했고, 더 이상 서로 함께 살 수 없다고 느낀다고 해서 그들의 딸이 손해를 보지 않도록 하기 위해 단결했다. 수년에 걸쳐 두 사람은 금혼식 및 장례식과 같은 가족 행사에 참석하여 좋은 관계를 유지하고 있는 시댁과 정기적으로 연락을 유지했다. 몇 년 후 남편은 재혼했지만 크리스마스 때마다 전처와 딸과 함께 시간을 보냈다. 그들의 차이점에도 불구하고, 그들은 좋지 않은 결혼 생활을 좋은 이혼으로 바꾸기 위해 함께 노력했다.

Chapter 18

팀워크(Teamwork) 구축하기

팀을 구성하는 것은 17장에서 탐구한 많은 문제와 전략을 추진하는 것이다. 당신은 개인을 고용하고 해고하는 방법을 알고 있을 수도 있지만, 팀을 구성하는 것은 어떠한가? 일 대 일 관계에서는 항상 어느 정도 통제할 수 있지만 일단 그룹(가족, 친구 또는 직장)을 모으면 대부분의 상호 작용이 그들 사이에서 진행된다. 당신은 당신이 관여하지도 않고 알지도 못하는 과정에 영향을 미칠 수 있는가? 그렇다면 메타 프로그램에 대한 이해가 어떤 도움이 되는가?

처음부터 전체 팀을 구성할 수 있는 경우는 거의 없다. 친구는 파트너, 자녀 또는 가족 전체 및 소셜 네트워크와 함께 제공되며, 이들 각각은 친구와 당신의 관계에 직간접적으로 영향을 미친다. 당신은 한 가족(부모, 친척, 형제)을 물려받으며, 파트너를 선택할 때 그들과 함께 제공되는 사람들의 구성원을 획득한다. 직장에서도 처음부터 팀을 꾸릴 수 있는 경우는 드물다. 이 모든 것은 당신이 통제할 수 없는 것이 많다는 것을 의미한다.

① 좋은 영향력

사실, '통제'는 해서는 안 되는 개념이다. '영향력'은 더 정확하고 달성이 가능하다. NLP는 우리가 다른 사람에게 영향을 줄 수 없다는 것을 상기시킨다. 유일한 질문은 '어떻게(how)'다. 원하는 종류의 팀워크를 설정하고 궤도를 유지하는 데 도움을 주기 위해 할 수 있는 중요한 일들이 많이 있다. 당신은 당신의 기대, 의도 및 목표를 명시할 수 있다. 당신은 팀 구성원이 서로 관계를 맺기를 원하는 방식을 모델링할 수 있다.

또한, 당신은 사람들이 자신과 다른 사람의 장점을 인식하고 일하도록 권장하는 팀빌딩, 팀워크 및 팀 유지 등 모든 측면에서 작용하는 기본적인 규칙을 정할 수 있고, 여기에는 물론 메타 프로그램 선호도도 포함될 수 있다. 팀 구성원과의 모든 상호작용에서 이러한 행동을 반복적으로 모델링하면 팀 네트워크를 통해 유익한 방식으로 파급될 수 있는 습관과 기대를 만들어 내기 시작한다. 좋은 습관은 나쁜 습관과 마찬가지로 자주 반복함으로써 형성된다.

- 무례함을 만날 때마다 지적하거나 그 행동을 요약해서 알려주면 팀 결속과 지원을 위협하는 행동을 극복하는 데 도움이 된다. 모든 사람이 최선을 다하는 데 인정과 감사가 얼마나 도움이 되는지 팀원들에게 얘기하라. 당신은 이것을 하기 위해 공식적인 팀 리더가 될 필요도 없고, 주요 논쟁을 위해 스스로 노력할 필요도 없다. 종종 짧은 일회성 멘트가 효과를 발휘할 수 있다. 예를 들어, "나는 당신이 그녀의 능력을 발견했을 때 그 능력이 팀에 얼마나 도움이 되었는지 그녀가 듣고 싶어할 것이라고 확신해요."라는 말은 상호 간에 칭찬의 파동을 일으키고 주는 사람과 받는 사람의 자존감을 높이는 데 도움이 될 수 있다.

- 회피형의 사람들에게 "나는 당신들이 팀에 방해가 되어 스스로 자신감이 낮은 사람으로 생각되는 것을 원하지 않아요"라고 말하며 그들을 위로하고, "그가 얼마나 많은 시간을 들인 것을 감안할 때 그가 일이 뜻대로 되지 않았을 때 실망할 것이라고 생각하나요"라고 말하며 그들의 마음가짐을 바로잡을 수 있도록 하라.

② 강점을 바탕으로 한 팀 구성

최근 몇 년 동안 20세기의 마지막 25년 동안 두 번의 대규모 연구 결과로 갤럽 기구 (Gallup Organization)에 의해 개발된 강점을 기반으로 한 연구와 저술이 등장했다. 그들은 직원들이 직장에서 원하는 것이 무엇인지 조사하고 있었고, 수천 시간의 인터뷰와 수천 개의 설문 응답을 수집했다. 그 결과 그들은 첫 번째 '강점 기반' 책을 출판했다. '먼저 모든 규칙을 깨라 – 세계 최고의 경영자들이 다르게 하는 것(First Break All the Rules - What the World's Greatest Managers Do Differently)'과 '이제, 당신의 강점을 발견하라(Now, Discover Your

Strengths)' 가 그것이나. 이 연구는 사람들의 '약점'을 바로잡기 위해 노력하는 것이 거의 가치가 없다는 것을 분명히 보여주었고, 관련된 모든 사람들이 누군가의 타고난, 내재된 재능을 확인하고 그들이 가장 완전하게 사용될 수 있는 곳에 배치하는 것이 훨씬 더 가치가 있다는 것을 보여주었다.

강점 기반 책들은 내재된 것처럼 보이는 특정 타고난 재능의 범위를 식별하도록 이끌었으며, 나는 이것이 실제로 본 책이 탐구하는 특정한 메타 프로그램 패턴을 통해 작동한다고 생각한다. 예를 들어 강점 측면에서 '맥시마이저(maximizer)'인 사람은 패터닝에 강한 경향이 있다. 맥시마이저는 이미 좋은 것에 자연스럽게 끌리고 그것을 더 좋게 만들기 위해 노력한다. 다른 사람들을 설득하는 재능이 있는 누군가는 그들 자신이 원하는 것에 대한 내적인 명확성과 같은 목표가 어떻게 다른 사람의 이익에도 부합될 수 있는지에 대한 외적인 이해 사이에서 미묘한 균형을 유지할 가능성이 있다.

나는 사람들의 개별적인 메타프로그래밍 패턴이 그들의 독특한 강점 '프로필'의 일부이며, 따라서 그들이 속한 모든 팀의 업무에 영향을 준다고 생각한다. 메타 프로그램이나 강점은 그 자체로 중립적이다. 잘못된 위치에서는 팀의 효율성을 왜곡하거나 차단할 수 있지만 올바른 위치에서는 번창하는 데 도움이 될 수 있다. 메타 프로그램 스펙트럼의 한쪽 끝에서 뛰어난 사람은 일반적으로 대조되는 성향을 가진 사람과 팀 내에서 균형을 맞출 필요가 있다. 각 접근 방식은 잠재적으로 가치가 있지만 일반적으로 그 자체로는 충분하지 않다. 서로 다른 개인의 복잡한 메타 프로그램 패턴 유형이 직장 및 가정에서 어떻게 작동하는지 알아채고, 벤치마킹하고, 적절한 경우 다른 사람들이 이해할 수 있도록 지원함으로써, 당신은 팀의 일부로 이들을 선택하고, 관리하고, 지원할 수 있다.

자신 및 타인에 대한 신뢰 구축

자신의 프로필을 이해하는 것은 매우 중요하다. 또한, 다른 사람의 프로필을 인식하고 이해하는 법을 배우는 것은 다시 한 걸음 더 나아가게 한다. 팀에서 당신의 지위나 역할이 무엇이든, 사람들이 행동하는 유사하고 다른 방식에 주의를 끄는 자연스럽고 비공식적인 멘트를 함으로써 다른 구성원들에게 이러한 인식을 심어줄 수 있다. 각자의 프로필이 재능 기반이든 메타 프로그램 기반이든 사람들이 자신의 고유한 강점 프로필을 식별하는 데 도움을 받을 때 그들은 더 자신감을 느끼고 더 많이 그것을 받아들인다.

그들은 더 이상 자신이 아닌 것을 시도할 필요가 없다. 그들은 자신의 약점으로 간주되는 것을 고치기 위해 시간과 에너지를 소비하라는 요구를 받지도 않고, 서로에게 요구하지도 않는다. 이로 인해 모든 사람에게서 많은 불안, 스트레스 및 좌절을 없앤다. 또한 그들이 단지 그들의 노력과 그들의 독특한 관점과 기술을 헌신함으로써 팀의 삶과 일에 기여할 수 있는 공헌에 대해 신중하고 종종 깊이 생각하도록 격려한다. 이것은 직장 동료와 마찬가지로 친구, 가족, 파트너 및 자녀에게도 해당된다.

당신은 친구, 가족 및 동료에게 메타 프로그램 패터닝의 개념에 대해 이야기하거나 이 책을 보여줌으로써 소개할 수 있다! 사람들은 당시의 일과 관련하여 소개를 받으면 '절차적' vs '창조적' 또는 '개괄적' vs '세부적'이라는 개념을 쉽게 받아들인다. 일반적으로 그들은 그 아이디어가 매력적이라고 생각하고 더 많은 것을 알고 싶어 할 수도 있다.

③ 팀워크 구축 관련 일반적인 문제 ────────

성공적으로 팀을 구축하려면 여러 가지 중요한 사항이 필요하다. 적절한 기술과 조합을 얻고, 가치와 원칙을 공유하는 사람을 선택하고, 팀이 지원하거나 홍보하기 위해 존재하는 사람을 선택하고, 팀이 하나의 사회적 실체가 되도록 지원하는 것이 중요하다. 특히 직장에서의 팀 빌딩은 종종 기술이나 기술 및 윤리 부분에만 초점을 맞추기 때문에 이를 올바르게 하는 것은 복잡하다. 그 결과 여러 가지 문제가 발생할 수 있다.

(문제 1) 명확하지 않게 계약하는 것

문제는 팀 간의 적합성 또는 보완적 특징과 관련하여 팀을 구성하지 않았을 때 발생한다. 대부분 팀원 업무 관련 기술을 기준으로만 선택된다. 팀은 살아있고 역동적인 존재다. 그것은 모든 부분이 다른 사람들에게 영향을 미치고 영향을 받는 사회 시스템이다. 이를 이해하지 못하면 어떤 종류의 죄송 결과가 나올지 전혀 알 수 없다. 일단 결성된 팀은 각자의 기능 방식에 정착하기 때문에, 누구든 떠나거나 합류할 때마다 익숙한 균형이 무너질 것이다. 이러한 변화는 나머지 팀원들이 직접적이고 공개적으로 해결해야 한다.

문제 2) 비슷한 성향을 가진 팀

나의 고객 중 한 명으로서 국제 미디어 팀의 매니저가 나에게 다음과 같이 말했다. "우리 팀은 모두 성향이 비슷하기 때문에 마찰이 거의 없어요. 모두가 다른 사람들과 잘 지내고 임무를 잘 완수해요. 현재 이러한 비슷함이 우리에게 효과가 있지만 어떤 상황에서는 그것이 우리를 제한할 수도 있다는 것도 알고 있어요." 기존 상황에서 분명히 효과가 있었던 것이 상황이 바뀐다면 그렇게 성공적이지 않았을 수도 있다. 그러한 상황은 유연성이 없다. 현대 사회에서는 협소하게 비슷한 기술을 가진 팀원으로 팀을 구성하는 데에 내재된 위험이 있다. 왜냐하면 그들이 대응해야 할 변화를 예고하는 미세한 신호에 민감하지 않기 때문이다. 반응이 느리면 그들이 하는 일과 그들이 하는 방법이 바뀐 상황에서 덜 적절해질 수 있다.

문제 3) 서로의 다름을 존중하지 않는 팀

구성원들이 서로 존중하지 않는 한 어떤 팀도 최선을 다할 수 없다. 이는 그들이 어떤 것을 같은 방식으로 보아야 한다는 의미는 아니지만, 서로 다른 관점이 그 자체로 유효하다는 것을 인식해야 함을 의미한다. 이는 타당성(validity)과 유효성(effectiveness)을 분리하는 것을 의미한다.

예를 들어, 회사의 미래를 위한 비전 있는 목표를 개발할 수 있는 사람은 그것이 성취되기 위해 필수적이며 실제적인 세부 사항을 배치하는 것에 대한 관심이 부족할 수 있고, 이 정도의 사소한 것들을 지루하다고 무시할 수 있다. 반면 세부 사항과 절차에 능숙한 팀원은 더 큰 책임성 또는 투명성에 대한 비전이 직장에서의 일상적인 행동과 목표에 어떻게 영향을 미치는지 이해하는 데 어려움을 겪을 수 있으며, 그 비전을 비현실적이거나 공상적인 것으로 무시할 수 있다. 두 집단 모두 직장 또는 가정에서 서로를 보완하고 이점을 얻기 위해 차이점을 존중하는 더 넓은 틀을 활용해야 한다.

문제 4 · 서로를 당연하게 생각하는 팀

서로를 당연하게 생각하면, 구성원들은 팀과 업무에 대한 서로의 기여를 인식하지 못한다. 많은 가족 및 직장 문화에서 말로 사람들을 칭찬하고 보상하는 것은 일상적으로 서로 관계를 맺는 중요한 부분으로 간주되지 않는다. 그들은 특별한 경우니 누군가가 특별히거나 뛰어난 일을 했을 때 그렇게 할 수 있다.

대규모 국제 은행에서 수년간 코칭을 하면서 사람들이 다음과 같이 말하는 것을 한 번 이상 들었다. "아무도 나를 칭찬하지 않는다. 팀원들은 단지 '당신이 내키지 않았다면 여기에서 일하지 않았을 것이다. 당신은 더 많은 인정을 받길 원하는가?'라고 말한다." 당신이 팀원들에게 자기 자신이 얼마나 특별하거나 가치 있는지 계속 이야기하면 거만해 보일 수 있다는 근본적인 가정이 있는 것 같다.

문제 5 · 일하는 방식에 대한 이해가 부족한 팀

팀 구성원(관리자 포함)은 사람들이 정보를 처리하고 사물에 접근하는 방식의 차이를 이해하고 활용하지 못할 수 있다. 칭찬은 좋으며, 특히 업무를 하는 방식과 관련된 칭찬은 더욱 좋다. '당신의 버킷은 얼마나 꽉 찼나요(How Full is Your Bucket)?'의 저자인 Tom Rath와 Donald Clifton은 "우리가 다른 사람들이 업무를 하는 방식을 인식하는 것은 그들의 정체성과 미래 성취를 형성하는 데 도움이 됩니다."라고 했다. 누군가가 생각하고 행동하는 방식(직장이나 집에서 일을 하는 방식에서 메타 프로그램이 실행되는 방식)을 구체적으로 강조하는 칭찬은 개인으로서 그들에게 기여하고 매우 유용한 방식으로 팀에 대한 기여를 강화한다. 팀에서 어떤 종류의 정체성과 어떤 성취를 장려하고 싶은가?

문제 6 · 문제 발생 시 해결하지 못하는 팀

사람들은 미리 문제를 제기하는 데 실패하고 일이 터질 때까지 방치한다. 여기에는 매우 강력한 동기 부여가 작동하고 있다. 대부분의 사람들은 '부정적인 피드백'을 제공함으로써 발생할 수 있는 잠재적인 '갈등'을 두려워한다. 부정적인 피드백, 갈등 등은 아무 말도 하지 않는 이면의 회피형 동기를 보여준다. 모든 종류의 팀워크는 종종 사람들이 마지못해 업무를 하거나 수익 창출을 시도하는 기술이 부족함으로 인해 고통을 받는다. 그들은 나른 누군가로 인해 짜증을 낼 때, 대개 물러서서 그 상황을 참는다. 불행히도, 이것은 그들의 감정이 처리되지 않는다는 것을 의미하며, 상대방이 그 감정에 대해 듣지 않았거나 그들이 할 수 있는 다른 조치에 대한 지침을 받지 않았기 때문에 기분을 상하게 하는 행동이 반복될 수 있다. 누군가에게 현재 상황이 어떤지에 대한 결론을 제시하고 무엇이 더 좋을지 이야기하면 상황을 바로잡을 수 있는 기회가 주어진다.

문제 7 과업이나 습관에 너무 집중하는 팀

팀은 종종 과업 중심(또는 습관 중심)으로 운영되며, 주의와 유지 관리가 필요하다는 사실을 잊는다. 직장, 가족 및 사교 관계 모두 너무 바쁜 일상 활동으로 그 관계를 유지해야 하는 장기적인 필요성을 소홀히 할 수 있다.

대기업은 종종 팀을 역동적인 존재로 다루기 위해 워크숍이나 심지어 팀을 결속하기 위한 행사를 계획한다. 가족들은 긴장을 풀고 서로 좋은 시간을 보내기 위해 나들이와 휴가를 간다. 일반적으로 이러한 이벤트는 드물고 특별하다. 이는 마치 사람들이 유대감, 양질의 시간 및 긴장 완화를 위하 이벤트가 팀 존재의 일반적인 특징이 될 수 없다고 가정하는 것과 같다. 팀은 모든 재료 구조와 마찬가지로 유지 관리가 필요하며 유지 관리는 자주 정기적으로 수행하는 것이 가장 좋다.

팀원들은 업무를 위한 시간이 부족하기 때문에 팀원 결속을 다지기 위한 미팅을 취소하는 것을 선호하는 경우가 많다. 외부 이해관계가 많은 가족들도 똑같을 수 있으며, 매일 시간을 중요하게 여기지 않기 때문에 함께 하는 시간을 우선시하지 않을 수 있다. 내가 아는 한 가족은 이 사실을 알고 그들이 무엇을 하든 매일 함께 아침 식사를 하기로 동의했다.

팀 유지 관리는 개방성과 감사에 관한 것이다. 일상적인 압박, 좌절, 사람이나 행동을 당연하게 여김으로 인해 발생하는 사기와 에너지 저하를 멈추거나 다시 회복하는 데는 많은 시간이 필요하지 않다. 기름이 없으면 메커니즘이 마르고 멈춘다. 물이 없으면 식물은 시들어 죽는다. 인정이나 칭찬이 없으면 사람들도 똑같다. 당신은 협력과 도움의 가장 작고 일상적인 행동에 대해 감사하다고 말하는 습관을 들일 수 있다. 모두 작은 것일 수 있지만 유효하다. 티끌 모아 태산이다! 팀이 신뢰와 인정을 기반으로 운영되고, 마찰이나 문제가 발생할 때 이를 처리하고, 내부 관계를 구축, 검토 및 유지하는 데 시간과 노력을 들이는 경우 실제로 각 부분의 합 이상으로 효과가 발생할 수 있다.

사례 Leo의 가족

　　나의 남편 Leo는 뉴질랜드에서 태어나고 자란 여섯 자녀 중 장남이다. 그는 자신의 엄마 Alice가 훌륭한 매니저라고 말했다. 그들이 어렸을 때, 모든 아이들은 그들의 나이와 능력에 관련된 일을 하고 동시에 할 필요가 있었다. 그 결과 그들은 말 한마디 없이 팀워크를 이해하며 성장했다. 층수가 다르고 어린 아이들에게 잠재적인 장애물이 있을 수 있는 큰 홀에서 열리는 엄마와 아빠의 결혼 기념 파티에 우리 모두가 참석했을 때, 레오와 나는 그 다음 세대에서도 팀워크가 어떻게 작동하는지 알아차렸다.

　　아주 최근에 엄마가 돌아가셨을 때 Leo는 12,000마일 떨어진 이곳 영국에 있었지만 가족은 계속 전화로 연락을 하고 있었다. 다른 형제자매들과 그들의 성인 자녀들이 그녀의 장례식 관련 이야기를 하는 것을 들었을 때, 그들 중 많은 사람들은 가족 모두가 '팀'이라는 것을 깨달았다. 모두가 그녀와 관련된 사진을 제공하였는데 150개 이상이 수집되어 그녀 삶의 여러 부분을 서로 공유했다.

Chapter 19

기회 포착하기(Spotting Opportunities)

사업이나 개인 생활에서 정상으로 가려면 먼저 기회를 포착해야 한다. 당신은 순간을 포착하고, 틈새를 공략하고, 패턴이 어떻게 구축 또는 변경되는지 감지해야 한다. 당신에게 필요한 지렛대는 힘이 아니라 적재적소에 충분한 추진력을 가하는 것이다. 사람들은 종종 기회를 포착하는 것이 잠재적인 이익을 추구하는 것이라고 생각하지만, 이는 또한 위험을 피하고 오류를 수정하며 다시 좋은 결과를 만들어 내는 것이기도 한다.

 ## 기회에 대한 기민함 유지

우리가 주의를 기울이기만 하면 기회는 매일 우리에게 제공된다. 비즈니스에서 잠재적인 경향, 연합 및 틈새를 개발하고, 관계의 중요성을 구축, 심화, 개선 또는 변경하고, 건강과 웰빙을 구축하는 데 도움이 되거나 관계의 악화를 방지하는 데 도움이 되는 작은 조치를 취할 기회가 있다. 당신에게 요구되는 모든 것은 경각심 또는 기민함이다. 이는 경보, 경계, 흥분 또는 야망 등과 관련된 경계가 아니라 들어오는 감각 정보에 대한 열린 마음의 반응과 그 의미를 고려하기 위한 정신적 준비다.

3가지 메타 프로그램은 이를 위한 기본이다. 유사점 및 차이점, 회피형 및 접근형, 그리고 전체 시간 및 특정 시간이 바로 그것이다.

가 유사점 및 차이점: 패턴 인식 및 신호 수신

밀(horse)은 NLP 개발지, 트레이너 및 컨설턴트인 Robert Dilts가 '피부 민감성'이라고 부르는 것을 가지고 있으며, 따라서 말들이 세상을 관리하는 방식은 '피부 주도적'이다. Deering, Dilts 및 Russell은 그들의 책 Alpha Leadership에서 이것을 비즈니스 생존 용어로 번역한다.

불안정한 환경에서 운영되는 기업들이 전략에 의해 이끌려서는 안 된다면, 그들은 무엇에 의해 이끌려야만 하는가? 우리의 대답은 시장을 직면하는 직원들이 끊임없이 받는 약하고 강한 신호들을 받아들이는 그들의 '피부'가 그들을 안내해야 한다는 것이다. 조치는 중앙을 경유하지 않고 시장과의 직접 접촉에서 나와야 한다.

알파 리더십(Alpha Leadership), p.23

다시 말에 대한 얘기로 돌아가 보자. 말의 피부는 파리가 몸에 착륙하는 것을 감지하고 몸의 어디에 착륙하는지를 알 수 있을 만큼 민감하다. 파리가 무엇인가 변했다는 것을 알려주는 신호다. 말은 어깨를 으쓱하기 위해 자동으로 몸을 비틀 것이다. 이것은 말 그대로 피부에 의한 반응이다. 인간적인 맥락에서, Dilts는 이것을 '미세한 신호에 반응하는 것'이라고 부를 것이다.

미세한 신호(Weak signal)

Dilts는 다음과 같이 말했다.

"기대는 미세한 신호를 감지하는 것에서 시작된다. 누구나 큰 고함소리를 들을 수 있지만, 예외적인 감각 체계를 가진 사람들만이 대부분의 기회와 시기적절한 경고가 있는 곳에서 거의 들리지 않는 속삭임을 들을 수 있다."

인간은 행동하기 전에 종종 두 번째, 세 번째 또는 그 이후의 신호를 기다리는데 이로 이해 즉각성을 잃고 기회를 놓칠 수 있다. 말은 첫 번째 신호에 반응한다. 이는 몸에 파리가 앉은 경우처럼 적절할 수 있지만 즉각적인 대응도 문제를 일으킬 수 있다.

현명하거나 경험이 많은 말은 우리 중 한 명이 트레일러를 몰다가 미끄러져 넘어졌을 때처럼 다음에 무슨 일이 일어날지 지켜보는 것이 더 낫다는 것을 깨닫는 경우가 있다. 그 말은 일어서려고 하지 않고 우리가 멈추고 구출할 수 있을 때까지 그 자리에 참을성 있게 누워 있는다. 그 말은 첫 번째 정보(떨어짐) 이후 추가적인 위험 신호가 올 것인지 확인하기 위해 기다린다.

◉ 첫 번째 신호를 확인하라

당신은 첫 번째 다름의 신호를 경고로 받아들일 수 있다. 그 의미를 이해하고 적절하게 행동하기 위해 일반적으로 추가 신호를 기다릴 여유가 있다. 상황에 따라 추가 신호를 강화하거나 확인하면, 당신은 패턴이나 추세가 있음을 알 수 있다(유사점). 유사점-차이점 필터를 유연하게 사용하면 1991년 *Faith Popcorn Report*에서 캐스터 Faith Popcorn이 작성한 것처럼 정점에 도달하려는 트렌드에 대해 반응하는 데 도움이 될 수 있다.

조직적 또는 비즈니스적 측면에서 피부 인식을 개발하는 것은 정말 비용이 많이 든다. 실제 피부가 무엇인가에 의해 가려지면 덜 민감해지는 것처럼 조직의 리더는 피부 인식이 사라질 때까지 자신이 관리하는 계층 구조로 인해 고립될 수 있다. Dilts와 그의 동료는 다음과 같이 말한다. "미래의 성공적인 기업은 최고의 계획을 가진 기업이 아니라 최고의 피부 중심 계획 시스템을 갖춘 기업이 될 것이다." 대기업에서도 정보를 수집하고 보고하는 구조를 구축하여 피부(고객 및 일선 직원 등)에서 받은 정보를 리더와 관리자에게 신속하게 전달함으로써 기업의 경쟁력을 유지하거나 업계 선두를 유지하는 데 필요한 즉각적인 의사결정을 내릴 수 있다.

지금 유사한 것이 더 많다는 것이 유사한 상황이 계속된다는 것을 의미하는지 확인하려면, 발견한 추세를 확인하거나 반박할 수 있는 추가 정보가 필요하다. 스펙트럼의 다른 쪽 끝에서 서비스 또는 시장에 없는 것을 알아차리면 서비스 또는 제품으로 채울 수 있는 틈새시장이 나타날 수 있다.

◉ 당신의 개인적인 삶에 주목하라

좀 더 개인적인 맥락에서, 바디 랭귀지, 보이스 톤 및 언어 사용에 대한 민감성은 다른 사람들이 어떻게 반응하는지뿐만 아니라 어떻게 느끼는지 알 수 있게 해주는 중요한 유사 기반 정보를 제공할 수 있다. 말하거나 했을 수도 있지만 하지 않은 것과 같은 차이 기반 정보, 예상되거나 정상적인 행동의 변화, 대화나 관계가 갑자기 빗나가는 시간과 같은 차이 기반 정보는 모두 스스로에게 '무엇이 바뀌었나요? 어떻게 하면 가장 잘 대처할 수 있을까요?'와 같이 물어보도록 경고할 수 있다.

관계에서 실망, 좌절, 고통, 관심 또는 매력의 미세한 신호를 받는 것은 당신에게 관계를 시험할 기회를 주고, 적절하다면 당신의 관계에 대해 조치를 취할 기회를 준다. '관계에 변화를 주어야 하는가? 아니면 관계를 더 발전시킬 준비를 해야 하는가?' 가능한 메시지를 듣고 응답할 준비가 되었다는 미묘한 힌트를 주는 것은 아직 문제를 해결할 수 있는 동안 결함을 복구하는 데 도움이 되거나 더 나아가 문제를 해결하려는 자신의 관심을 확인하는 데 도움이 될 수 있다.

건강은 유사하고 다른 모니터링이 중요할 수 있는 또 다른 분야이며, 미세한 신호를 감지하는 능력이 현재 상태를 회복하고, 생명을 향상시키며, 때로는 생명을 구할 수 있는 수정의 기회를 제공할 수 있다. 오늘날 의사들은 질병 예방이 질병을 치료하는 것보다 개인적으로나 사회적으로나 더 낫고 비용 효율적이기 때문에 환자에게 더 많은 자각을 하도록 권장한다. 평소의 신체 기능 기준선에서 약간의 편차를 알아차리도록 자신을 훈련하면 무언가 잘못되기 시작하는 가능한 지표를 발견할 가능성이 더 크다. 이후의 신호는 당신이 알아차린 것을 확인하거나 반박하는 역할을 할 것이다.

마찬가지로 웰빙이나 기능의 예상치 못한 개선점을 발견하면 좋아보였던 것을 훨씬 더 좋게 만들 수 있다. 예를 들어, 이미 자신이 건강하다고 생각한 내담자는 때때로 마마이트(Marmite, 영국인이 주로 빵에 발라 먹는 이스트 추출물로 만든 제품)를 먹기 시작했고, 얼마 후 그녀가 더 활기차고 기민하다는 것을 알게 되었다. 그녀는 마마이트를 먹는 것을 다시 중단하여 자신의 이론을 확인하기로 결정했고 몇 주 후에 다시 활력이 떨어졌다는 것을 알게 되었다. 이론을 형성하고 그것을 확임함으로써 그녀는 우연한 개선을 그녀의 건강을 향상시킬 긍정적인 기회로 바꿀 수 있었다.

나 회피형 및 접근형: 올바른 결정 내리기

종종 기회는 좋은 것을 잡기 위한 것이라고 가정한다. 하지만, 당신이 필요할 때 혹은 할 수 있을 때 후퇴하는 것, 적절한 시기에 회피 행동을 취하는 것, 그리고 일이 그릇되기 전에 해결하는 것에 대해 이해하는 것 등이 중요하다. 이것들은 모두 회피형 상황들이다. 때로는 다른 기회를 잡기 위한 시간과 에너지를 남겨두기 위해 기회를 거절할 수도 있다. 이는 접근형이 되기 위해 회피형이 되는 것이다.

심리학자 Abraham Maslow는 자신의 책 'Towards Psychology of Being'에서 인간은 두 가지 강력한 동기 사이에서 끊임없이 진동한다고 지적했다. 안전(회피형)과 성장(접근형)이다. 안전이 지루해질 때 우리는 성장의 설렘을 향해 손을 뻗는다. 성장하는 것이 위험해질 때 우리는 다시 안전을 추구한다. 이러한 패턴은 실제로 '기회'라고 이름 붙일 특정 항목에 대한 반응과는 상당히 별개로 대부분의 사람들의 삶에서 작동한다.

다 전체 시간 및 특정 시간: 기회 포착 및 문제 해결

과거의 시간, 현재의 시간, 미래의 시간에 대한 감각이 없다면 우리는 우리의 행동을 이전 경험이나 희망 및 목표와 연관시킬 방법이 없기 때문에 기회의 관점에서 생각할 수 없다. 특정 시간을 중시하는 사람들은 현재의 기회처럼 느껴지는 것을 움켜쥐고 나중에 후회할 수 있다. 내 고객은 골동품에 대한 안목을 가지고 있었지만 시장을 확인하고 경매에서 더 큰 기회를 기다리기보다 첫 번째 잠재적 구매자에게 골동품을 판매하는 경향이 있었다. 그래서 그는 종종 한때 자신이 소유했던 물건이 경매로 팔린 후 훨씬 더 높은 가격에 팔릴 수 있었을 깨달았다. 그는 첫 잠재 구매자를 보고 기회를 잡았지만 그렇게 함으로써 더 나은 기회를 놓쳤다.

반면에 전체 시간을 중시하는 사람들은 지금 여기에서 행동할 수 있는 능력이 억제될 정도로 장기적인 관점을 취할 수 있다. 이 관점은 당신이 당신의 장기적인 코스를 선택할 때 중요하지만, 실제로 지금 무엇인가를 시작하는 것은 오직 현재의 행동의 결과로 일어날 수 있다.

Milton은 초점 기술을 사용하여 자신이 알고 있는 줄도 모르고 알고 있었던 정보를 활용하여 고객이 문제를 해결하도록 도왔다. 그는 미래에 문제가 해결되었을 때를 상상해보라고 한 다음 거기에 도달하기 위해 무슨 일이 일어났는지 물어본다. 대다수의 고객은 무슨 일이 일어나야 하는지 정확히 알고 있었지만 관점을 바꾸기 전까지는 그들에게도 그러한 지식과 정보가 숨겨져 있었다. 전체 시간을 중시하는 관점을 가짐으로써 그들은 필요한 것을 찾는 데 도움이 되었고 변화를 시작할 지금 여기의 기회에 눈을 뜨게 되었다.

❸ 기회 포착 관련 일반적인 문제

우리는 기회를 포착하지 못할 수도 있고 포착할 수도 있지만 잡지는 못할 수 있다. 정신적 유연성을 높이면 더 나은 관찰자와 더 나은 수용자가 되는 데 도움이 될 수 있다.

문제 1) 미세한 신호를 놓치는 것

우리는 미세한 신호가 행동의 충분한 근거가 되지 않는다고 가정할 수 있지만, 당신은 그것을 활용하기 위해 얼마나 달라져야 하는가? 돌이 결국 어디에서 마모될지 알려면 같은 장소에 얼마나 많은 물방울이 필요한가? 이것은 피부 기반 신호를 증거로 존중하고 그것이 무엇에 대한 증거인지 물어보도록 스스로에게 장려하는 것이다. 신호를 강화해야 하는 경우 당신은 언제든지 기다릴 수 있다. 하지만, 종종, 일단 신호가 의식 속으로 나타나게 하면, 당신의 직감 반응은 어쨌든 당신이 무의식적으로 그것을 알고 있었다고 말해준다!

문제 2) 기회를 놓치고 포기하는 것

첫 번째 기회를 놓치면 무엇인가를 하기에는 너무 늦었다고 가정하는 것은 실수일 수 있다. 정신적 유연성의 궁극적인 테스트는 돌아설 준비가 되어 있는 것이다. '이미 많은 돈을 낭비한 것에 돈을 더 쓰는 것(throwing good money after bad)'은 당신의 원래 결정을 정당화할 것이라는 희망으로 당신이 같은 일을 더 오래 그리고 더 크게 하게 만드는 일종의 정신적 경직성을 묘사한다. 모든 사람이 공에서 눈을 떼면 기회를 놓칠 수 있다. 뛰어난 선수들은 여전히 운동적이고 정확한 도약을 통해 공을 포착하고 잡을 수 있지만, 나머지 선수들도 다음에 더 많은 관심을 기울임으로써 충분히 잘할 수 있다.

문제 3) 당신이 상황을 바꿀 만큼 강력하지 않다고 가정하는 것

우리는 순차적인 시간 속에 살고 있기 때문에 모든 것은 무언가를 따르고 다른 것에 선행하므로, 반복되는 패턴에 다르게 반응하면 아무리 작더라도 그 차이가 역사의 흐름을 바꿀 것이다. 이것은 사업에서든, 사생활에서든, 더 나은 건강으로 가는 길에서든 다른 방항으로 시작하는 작은 단계일 수 있다. 그러한 중요한 작은 단계는 물론 행동 방식뿐만 아니라 생각하는 방식에서도 발생할 수 있다.

문제 4) 행동하기 전에 완전히 실현된 전략을 가지고 있어야 한다고 가정하는 것

비록 당신이 어디로 가고 싶은지에 대한 감각과 들어오는 정보에 대한 민감한 '피부 인식'을 개발함으로써 그것에 대비할 수 있지만, 기회의 본질 때문에, 기회는 그렇게 준비될 수 없다. 많은 사람들이 적절한 조치를 취하려면 더 많은 정보가 필요하거나 완전히 개발된 전략이 필요하다고 믿기 때문에 미세한 신호에 대한 조치를 취하지 않는다. 반면에, 만약 당신이 확신하기를 기다린다면, 다른 누군가가 당신의 기회를 잡을 수 있고, 아니면 그것은 지금 잡아야 하거나 절대로 잡히지 않아야 하는 것이었기 때문에 단순히 사라졌을 수도 있다. 이것이 당신이 직면한 딜레마다.

이 딜레마에 대한 해결책은 Dilts와 그의 동료들이 설명하는 것처럼 관련된 것에 대한 이해를 바꾸는 것이다. 그들은 *Alpha Leadership*에서 뛰어난 리더(비즈니스와 정치 모두에서)는 궁극적인 목표를 확고히 고수하지만 목표 달성에 있어 문제에 유연하게 대응한다고 지적한다. 그들은 전략을 생각하지만, 무슨 일이 있어도 그것을 고수하지 않는다. 그들은 상황에 따라 조정하고 적응한다.

당신이 선택한 기회를 향해 나아갈 때, 당신은 단지 차이점의 신호(문제 또는 장애물)는 다른 경로를 따라 동일한 목표에 적응하고, 접근하기 위한 촉발점으로 간주될 수 있다는 점을 명심하면 된다. 기회를 포착하는 것은 첫 번째 단계일 뿐이다. 비즈니스, 대인 관계, 건강 창출 및 유지 관리의 효과적인 운영자는 발견한 기회를 목표로 삼고 목표에 도달할 때까지 접근 방식을 계속 모니터링하고 수정한다. 그들은 변화와 발전이 단지 상자를 체크하고 완료할 수 있는 일이 아니라는 것임을 안다. 접근형 사람들에게 이는 도전과 성장의 즐거움이다. 회피형 사람들에게 이는 보안과 안전을 유지하는 데 필요한 것이 무엇인지 인식하는 것이다. 우리 모두에게 변화하는 세상에서 성공적으로 자신을 관리하는 것은 가장 큰 기회다.

몇 년 전에 자신의 사업을 시작했지만 실패한 고객이 있었다. 그는 새로운 제품에 대한 흥미로운 아이디어를 가지고 있었고 스스로 개발하려고 노력했다. 그것은 힘든 일이었고 그는 타고난 세일즈맨이 아니었다. 내가 그를 처음 만났을 때 그는 파산한 상황이었다. 그러나 그는 자신의 아이디어를 시장에 내놓기로 결심했고 그것이 사람들의 관심을 끌고 유지될 수 있다고 정말로 믿었다. 온갖 실패를 겪으면서도 유연하게 생각했다. 그는 투자할 돈과 판매 실적이 입증된 비즈니스 파트너를 찾았다.

결국 그의 발명품에 믿음은 정당화되었다. 그것은 좋은 제품이었고 대중은 그것을 받아들였다. 이후 그가 모든 것을 스스로 할 필요가 없다는 것을 인식하고 시장에 더 잘 적응한 기술과 경험을 가진 사람을 고용한 것이 엄청난 성공의 열쇠이자 그와 그의 재능에 훨씬 더 잘 맞는 삶의 방식이었다. 이제 이 제품은 세계적인 명성을 얻었다. 유연한 사고 덕분에 그는 자신이 가장 잘하는 일을 계속할 수 있고 파트너도 자신이 가장 잘하는 일을 할 수 있었다.

Chapter 20

의사결정 하기

어떤 의미에서, 의사결정은 이 책 전체에 관한 것이다. 사람들은 종종 의사결정의 요점은 '자신이 올바른 결정에 얼마나 충분히 빨리 도달하는지'라고 생각한다. 하지만 사실, 좋은 의사결정은 결과만큼이나 과정에 관한 것이다. 그리고 그 과정은 종종 자신과의 논쟁의 형태를 취하기 때문에 상당히 불편하게 느껴진다. '결정적 순간(The Decisive Moment)'이라는 책의 저자인 Jonah Lehrer는 그 이유 중 하나는 뇌의 서로 다른 부분이 서로 다른 종류의 물질을 처리하는 데 관여하고, 따라서 특정 종류의 결과에 대한 역할을 하는 데도 관여하기 때문이라고 설명한다. 사람들은 이런 일이 일어난다는 것을 본능적으로 알고 있다. 그로 인한 불편함은 실제로 좋은 의사결정을 방해할 수 있다. 문제는 논쟁을 끝내고 싶은 충동이 종종 중요한 정보를 무시하게 만든다는 것이다.

그러한 갈등을 관리하거나 올바른 결정을 내리기 위해 심리학자나 연구자가 될 필요는 없다. 우리에게 필요한 것은 피부 민감성을 키우는 것이다. 내가 치료사로 훈련할 때 트레이너들은 이렇게 말하곤 했다. "내담자가 혼란스럽다고 하면 항상 안심시키고 혼란이 얼마나 중요한지 알려주세요. 새로운 성장과 이해가 올 수 있는 것은 불확실성에서만 가능합니다." 이 말과 Lehrer의 연구에 따르면 우리는 확신하는 것이 더 편할 수 있지만 위험할 수 있음을 알 수 있다.

최선을 다한다는 것

NLP의 가능한 전제 중 하나는 사람들이 사용 가능한 정보를 사용하여 당시에 할 수 있는 최선의 결정을 내리는 것이다. 그런 의미에서 모든 결정은 상대적으로 말해서 '최상의' 결정이다. 과거의 결정이 잘못되었다고 느낄 때 이를 상기할 가치가 있다. 결과가 어떻든 당신은 그때 최선을 다했다. 그럼에도 불구하고 우리는 의사결정을 더 잘할 수 있다.

🧠 우리는 왜 결정을 내리는가? ─────────

결정은 우리가 매일 내리는 일이며 때로는 많은 생각을 하고 때로는 아주 적은 생각으로 내리는 것이다. 우리의 결정은 신중한 평가, 습관, 직관 및 충동과 같은 여러 가지 대조되고 때로는 상충되는 요소를 기반으로 한다. 이 모든 것의 공통점은 무엇인가? 바로 우리의 이익을 어느 정도 희생하는 것이다. 이것은 NLP가 유용하다고 생각하는 또 다른 전제 중 하나다. 비록 어떤 결정들은 부정적인 결과를 낳거나 자기희생적인 것처럼 보일 수 있지만, 적어도 표면적으로는 실제로 자립, 자기 보호 및 강화를 위한 기본 의도다.

나의 초기 고객 중 한 명은 가치 있는 관계를 모두 망쳐 자신의 삶을 망가뜨리는 패턴에 빠졌었다. 그는 여자 친구와 헤어졌고, 개와 사별했으며, 직장 동료와 헤어질 뻔했다. 그는 이러한 부정적인 관계에 대해 작동하는 패턴이 있음을 알 수 있었지만 그 이유는 알 수 없었으며, 이러한 관계가 중지되기를 원했다. 그는 그 패턴이 실제로 유용한 목적에 도움이 된다는 것을 믿을 수 없었지만, 우리가 패턴을 알아냈을 때 그것은 우리의 목적에 도움이 되었다.

그의 어린 시절, 일련의 좋은 일들은 모두 다른 사람들의 결정으로 끝이 났다. 그에게 행복은 있었지만, 그가 모든 것이 괜찮다고 생각할 때마다 누군가가 그들만의 좋은 이유로 그의 삶에 개입했고, 이로 인해 그의 행복은 끝이 났다. 여기서 그가 배운 것은 나에게 말했듯이 '모든 좋은 것은 끝이 난다'는 것이었다. 그렇기 때문에 그가 가질 수 있다고 느꼈던 유일한 힘은 그들을 스스로 끝내는 것뿐이었다. 하지만 그가 과거의 이러한 패턴이 작동하고 있다는 것을 인식했음에도 불구하고, 그는 자신의 선택과 행동의 결과로 그에게 오는 좋은 경험을 신뢰할 수 있게 해주는 올바른 결론을 도출하기 위한 성인 동기에 대한 충분한 정보를 가지고 있지 않았다. 그가 접근할 수 없는 중요한 정보가 있었기 때문에 그는 그것을 고려할 수 없었다.

② 올바른 정보 얻기

우리가 도달한 결정의 기초가 되는 자기 관리 의도를 존중하는 동시에, 우리는 우리가 선택을 하기 전에 정보를 수집하고 처리하는 것을 더 잘하도록 도울 수 있다.

- 당신은 더 나은 정보를 얻을 수 있다. 즉, 이전 장에서 설명한 것처럼 미세한 신호에 주의를 기울이고 조치를 취할 준비가 되어 있어야 한다. 이를 위해서, 당신은 패턴을 발견하는 것(유사성을 위한 분류), 패턴 간 차이를 확인하는 것(차이를 위한 분류), 그리고 바디 랭귀지를 알아차리고 읽는 것에 대한 당신의 예리함을 기를 필요가 있다.

- 당신은 전체 시간 및 특정 시간 관점 모두에서 가능한 옵션을 고려할 수 있으며, 이들 사이에 거의 대화에 가까운 역동적인 관계를 만들 수 있다. 이를 통해 바람직하거나 바람직하지 않은 가능한 결과를 예상하고 평가하여 더 많은 정보를 얻고 준비할 수 있다.

- 당신은 자신과 다른 사람들의 기본 메타 프로그램 선호도를 이해하고 추정하는 방법을 배울 수 있으며, 그들에게 얽매일 가능성이 있는 것보다 그들과 함께 일하는 법을 공부할 수 있다.

- 당신의 메타 프로그램 선호도의 본능적인 집합 내에서 당신은 당신의 강점을 신뢰하는 법을 배울 수 있으며, 당신의 한계에 대한 부담을 덜 수 있다. 메타 프로그램 선호도 집합들은 당신이 적절한 정보를 목적에 맞게 수집, 평가 및 분류할 수 있도록 지원한다. 그리고 다른 사람들의 지지, 대조 또는 보완적인 강점을 활용하여 이를 뒷받침할 수 있으며, 정보 기반과 스킬이 향상되어 더 나은 품질의 선택과 의사결정을 내릴 수 있다.

③ 주요 메타 프로그램

모든 메타 프로그램은 당사자가 원하는 정보를 선택하는 방법을 결정하기 때문에 중요한 역할을 한다. 그러나 의사결정은 특히 네 가지 메타 프로그램의 영향을 받는다.

1. 회피형–접근형
2. 분리–연관
3. 특정 시간–전체 시간
4. 내부 지향–외부 지향

가 회피형-접근형: 당신의 결정 촉진제

연료는 어떤 방향으로든 당신을 움직이는 연료다. 어떤 사람들은 결정을 내리는 데 어려움이 없다. 그들은 암시된 즐거움(접근) 또는 위협(회피)에 긍정적으로 반응한다. 그러한 즉각적이고 원시적인 처리는 일생에 한 번뿐인 기회나 생명을 위협하는 위험이 수반되는 곳에서는 잘 작동하지만, 실제로는 그러한 경우가 얼마나 자주 있는가? 비록 정서적 위험은 경고처럼 느껴질 수 있지만, 육체적 위험만큼 치명적인 경우는 드물다. 삶을 관리하는 방법으로, 즉각적인 충동을 따르는 것은 장기적으로 모든 종류의 문제를 일으킬 수 있다.

나 분리-연관: 감정적 연관과 거리두기

모든 결정은 그 기반이 되는 정보의 질만큼만 우수하며 여기에는 논리 또는 감정 기반에 기반하여 두뇌 처리를 활용하는지 여부를 포함한다. 분리-연관 메타 프로그램은 우리가 감정적 참여와 거리 두기의 시소 가능성을 관리하는 데 도움이 된다. 우리는 우리가 좋아하거나 두려워하는 것이 무엇인지 알아야 하지만 매번 감정에 따라 행동할 필요는 없다. 하지만 우리는 무엇이 논리적으로 이치에 맞는지 알 필요가 있지만, 때때로 우리는 결정적인 것으로 판명될 수 있는 감정적 또는 직감 수준의 정보를 무시한다. 좌뇌의 논리와 우뇌의 직관을 모두 참고하는 습관을 들이면 더 나은 결정을 내릴 수 있다.

다 특정 시간-전체 시간: 충동적 vs 계획적

특정 시간을 중시하는 사람들은 종종 충동적일 수 있고, 그들의 결정은 그들의 뇌의 감정적인 부분에 의해 더 자주 영향을 받을 수 있다. 때때로 이러한 성급함은 장기적으로 불행한 결과를 초래한다. 충동성과 직관은 별개의 것이다. 비록 충동적인 것과 '지금 당장 행동하라!'라는 메시지는 같아 보이지만, 실제로 관련된 처리의 종류에는 중요한 차이가 있다. 당신은 충동과 직관을 구별할 수 있는가? 직관적인 정보는 충동성만큼의 강력한 힘과 약간의 예비 추론으로 인식에 도달할 수 있다. 이 둘을 어떻게 구별할 수 있을까?

당신이 필요로 하는 단서는 관련된 감정의 정도 또는 선택을 지지하기 위해 자기 자신을 발견하는 합리화의 정도에 있을 수 있다. 전반적으로 특정 시간을 중시하는 사람들의 충동이 강하게 느껴지고, 우리는 결정을 내린 후에 이를 바탕으로 결정을 합리화하는 경향이 있다. 직관 또한 우리에게 맞는 것처럼 보이지만, 다른 점은 직관의 메시지가 종종 이상하게 감정이 부족하다는 것이다. 내 경험상 직관은 무의식적 수준에서 빠른 정신 처리의 결과다. 그것은 그것을 뒷받침할 수 있는 좋은 지원 정보를 가지고 있지만, 이 정보는 나중에 의식의 화면에 나타나는 경향이 있다. 그것이 감정적인 부담 없이 오는 이유는 그것이 뇌의 다른 부분에서 나오기 때문이고, 이미 증거를 평가한 것이기 때문이다!

라 내부 지향-외부 지향: 당신을 움직이게 하는 것

실제로 또는 잠재적으로 우리가 원하는 것과 다른 사람이 원하는 것 또는 우리가 원하는 것과 우리의 믿음이 우리에게 해야 한다고 말하는 것 사이의 선택을 포함하기 때문에 우리는 종종 결정에 대해 망설이거나 심지어 갈등을 겪는다. 행동을 하는 기반이 내부 및 외부 지향 메타 프로그램의 양쪽 끝에 있는 사람들은 프로그래밍에 따라 행동할 가능성이 높지만 때때로 나중에 후회할 수 있다. 그러한 딜레마를 가장 강하게 경험하는 사람들은 이 스펙트럼의 기본 설정이 극단 사이 어딘가에 있는 사람들인 경향이 있다. 당신을 지시하는 것이 무엇인지 알아내는 것은 이것을 풀 수 있는 방법을 제공한다. 가끔은 '누가 나를 운전하고 있지?'라고 스스로에게 물어보는 것으로 충분하다.

 ## 4 의사결정 관련 일반적인 문제

의사결정은 과학이 아니며 예술도 아니다. 우리는 그것을 신비화하고 모든 종류의 문제와 관련하여 우리가 매일 하는 일이라고 생각해야 한다. 걷는 것처럼 각 결정은 단계다. 단계와 마찬가지로 결정은 방향과 진행에 추가될 수 있다. 중요한 것은 그것을 어떻게 하고 인생 여정이 가고 있는 방향을 확인하거나 수정하기 위해 각 결정을 어떻게 사용하는지다. 각 결정은 차이가 있지만 일반적으로 모든 차이를 만들지는 않는다! 이것을 기억하면 의사결정이 빗나간 것처럼 보이는 순간에서 살아남는 데 도움이 될 수 있다. 발생하는 보다 일반적인 문제 중 일부를 살펴보자.

문제 1 사소한 결정이 원치 않는 습관이 되도록 놔두는 것

너무 많이 먹고, 너무 많이 마시고, 너무 많이 돈을 쓰는 것은 메타 프로그램의 특정 시간, 접근형 및 내부 지향 집합에 기반한 수백 개의 개별 작은 청크 결정의 결과다. 물론 그 효과는 배가 될 수 있다. 누군가가 변화를 원한다면 종종 그들은 한 번에 하나의 작은 결정으로 패턴을 뒤집을 수 있다. 익명의 알코올 중독자 모임은 회원과 그 가족에게 '한 번에

한 잔씩' 생각하고 '하루에 한 번씩' 마시라고 가르친다. 왜냐하면 술을 마시고 싶은 유혹을 느낄 때마다 단 한 번의 '예/아니오' 결정을 내리는 것은 길고 방대한 자기 부인 프로그램에 단계적으로 대처하고 있다고 느낀다는 것을 의미하기 때문이다. 흥미로운 점은 작고 건강한 선택을 많이 쌓으면 큰 덩어리 결과가 나온다는 것이다.

하루는 살이 찐 나의 친구가 차와 커피를 마시는 시간에 비스킷을 먹지 않기로 일련의 결정을 내렸다. 비스킷을 먹지 않는 습관은 점차 자연스러운 체중 감소로 이어졌다. 옷 사는 것을 즐겼던 고객은 쇼핑을 하는 데 돈을 많이 소비한 이후 저렴한 옷을 판매하는 카탈로그에서 옷을 선택하는 것을 즐기는 법을 배웠다. 그녀는 자신이 필요한 만큼의 옷을 선택할 수 있다는 것을 발견했고, 그중 몇 개만 구입했다.

문제 2) 결정하는 것이 어렵다고 생각하는 것

> 당신의 마음이 너무 많은 상충적인 부분들로 구성되어 있을 때 당신의 마음을 결정하는 것은 쉽지 않다.
>
> *JONAH LEHRER, 결정적 순간(The Decisive Moment), p.201*

일반적으로, 우유부단함은 상충되는 정보뿐만 아니라 다른 종류의 정보를 처리할 필요성을 나타낸다. 섣부른 결정을 내리도록 스스로에게 강요하는 것은 답이 아니다. 감정과 이성 또는 단기 및 장기적 보상과 같이 서로 다른 기반을 가진 것들은 어떻게 평가할 수 있는가? 먼저 고려해야 할 것은 어떤 종류의 정보를 처리하려고 하는지, 뇌의 각 부분이 당신을 위해 처리하려는 것이 무엇인지다.

현재의 기쁨: 미래에 발생하는 문제는 어떻게 해결할 것인가?	현재의 희생: 영원히 기회를 상실할 것인가?
현재의 리스크(risk): 미래의 새로운 방향과 보상을 고려하고 있는가?	현재의 안전: 장기간의 안정과 지루함을 견뎌낼 수 있는가?

이러한 질문에 답하려면 마음이 사물에 접근하는 방식을 염두에 두고 전체적으로 자신에게 적합한 결정을 내리기 위해 접근 방식의 강점과 역할을 알아내야 한다.

5️⃣ 잘못된 결정을 내리는 순간 ━━━━━━━━━━━━

당신이 내리려는 결정이 옳을 것이라는 확신을 갖는 것이 좋다. 그러나 확신할 수 있는 것은 현재로서는 최선을 다할 수 있다는 것이다. 최상의 정보에 기초하여 최선의 의도로 이루어진 결정은 여전히 다른 사람들의 결정을 포함한 사건에 의해 무효화될 수 있다.

잘못된 결정에 대한 최선의 후속 조치는 잘못을 인정한 다음 되돌아가는 것이다. 당신이 결정을 내렸다는 이유만으로 그 결정을 냉정하게 고수하거나 다른 사람이 결정을 내렸다는 이유만으로 다른 사람에게 강요하는 것은 좋지 않다. 잘못된 결정에 직면하는 때는 스스로를 일으켜 세우고 먼지를 털고 처음부터 다시 시작해야 할 때다. 변화된 상황과 새로운 정보에 비추어 목표를 업데이트하거나 목표를 달성하기 위한 전략을 업데이트하는 것이다.

6️⃣ 검토되지 않은 가정에 따라 행동할 때 ━━━━━━━━

종종 우리는 우리가 가정한 것에 근거하여 어떤 것을 하느냐 마느냐를 결정한다. 종종 가정에는 숨겨진 대상이 포함된다. 예를 들어 '그들은 ~~한 같은 경우 찬성하지 않을 거야.' 당신은 여기에 가정이 있다는 사실조차 깨닫지 못할 수도 있다. 당신이 깨닫지 못한 채 넘어간 것은 당신의 '정신적인 포장도로 사이의 틈'이다. 결정에 대해 망설이고 있다면 무엇이 당신을 멈추게 하는지 스스로에게 물어보라. 일반적으로 이것은 당신이 할 수 있는 부정적인 가정을 드러낼 것이다. 당신은 또한 그 결정을 한다면 어떤 일이 일어날 것이라고 생각하는지 그리고 그 결정을 하지 않는다면 어떤 일이 일어날 것이라고 기대하는지 스스로에게 물어볼 수 있다. 이와 같은 질문은 뇌 표면 아래에서 진행되는 처리 과정을 더 깊이 파고들어 실제로 자신을 가로막고 있는 것이 무엇인지 발견하는 데 도움이 된다. 당신은 보통 당신의 자기 질문에 대한 대답이 얼마나 빨리 오는지, 그리고 그것이 얼마나 드러날 수 있는지에 놀라게 될 것이다.

매일 당신은 눈을 뜨는 것부터 다시 눈을 감는 것까지 끊임없는 결정의 일정에 직면한다. 현재와 미래를 위한 결정이 필요한 아침 식사, 직장, 가정 및 여가의 도전과 기회에 직면할 때 자동으로 가능한 가장 포괄적인 분류 장비(당신의 메타 프로그래밍 두뇌)를 갖추게 된다. 수년 동안 동료 및 고객과 함께 일하면서 실제 결정은 사람들이 결정을 내린 후에 일어나는 일에 대처하는 방식보다 훨씬 더 중요하다는 것을 알게 되었다. 이러한 관계는 당신의 새로운 이해와 더 발달된 정신적 유연성에 도움이 된다.

결론

개인 성장과 조직 목표 달성

우리는 우리가 세상을 바꿀 수 없다고 느낄지도 모르지만, 우리 자신을 바꾸면 세상에 미치는 영향을 바꿀 수 있다. 그리고 기존과는 다른 파문이 발생한다. 변화하는 세상에서 살아남기 위한 도구가 아니라 실제로 번영하기 위한 도구로 메타 프로그램에 대한 이해와 이를 관리하는 유연성을 사용한다면 어떨까? 메타 프로그램이 사물을 이해하고 활용하는 자신만의 고유한 방식을 인식하는 데 도움이 되는 도구인가? 아니면 피할 수 없는 인간관계를 받아들이고 해결하는 데 도움이 되는 도구인가? 다른 사람의 수수께끼를 파헤치고 가족, 팀, 조직의 위험 요소를 보다 자신 있고 효율적으로 탐색하는 데 도움이 되는 도구인가? 사물의 역동적인 복잡성에 실제로 참여할 수 있는 흥미롭고 재미있고 끝없는 가능성에 눈을 더 크게 뜨게 해주는 도구인가?

급속한 사회, 기술, 정치 및 생태적 변화의 시기에 우리는 얻을 수 있는 모든 도구가 필요하다. 놀라운 것은 이 도구가 이미 여러분의 뇌에 있다는 것이다. 나는 이 책을 읽는 것이 당신이 이미 얼마나 놀라운 사람인지 깨닫는 데 도움이 되기를 바란다. 그리고 당신이 이것을 알게된 지금 얼마나 더 많은 일을 할 수 있는지를 깨닫는 데 도움이 되었기를 바란다. 진화론적 관점에서 변화는 계속되는 것이다. 우리는 그 변화를 멈출 수 없고, 시도조차 할 필요가 없다. 왜냐하면 우리가 인간의 뇌에 대해 더 많이 알고 그 가능성을 다루는 데 더 유연해질수록 변화를 더 많이 활용할 수 있기 때문이다. 그보다 더 나은 것은 우리 자신을 형성할 때 실제로 그 변화를 이끌어 낼 수 있다는 것이다.

참고문헌

Allingham, Margery, *More Work for the Undertaker* (Heinemann 1949), Penguin
   edition (1963)

Claxton, Guy, *Hare Brain, Tortoise Mind*, Fourth Estate (1998)

Covey, Steven R., *The 7 Habits of Highly Effective People*, Simon & Schuster (1999 edn)

Deering, Anne, Robert Dilts and Julian Russell, *Alpha Leadership*, John Wiley (2002)

Dilts, Robert, *Modeling with NLP*, Meta Publications (1998)

Fisher, Roger and William Ury, *Getting to Yes*, Penguin (1991)

Gallwey, Timothy, *The Inner Game of Tennis*, Pan (1986 edn)

Grinder, John and Richard Bandler, *The Structure of Magic II*, Science and Behavior
   Books (1976)

Jenner, W.J.F., *The Tyranny of History*, Penguin (1992)

Lehrer, Jonah, *The Decisive Moment*, Canongate (2009)

Leon, Donna, *Wilful Behaviour*, Arrow (2003)

Popcorn, Faith, *The Popcorn Report*, Doubleday Currency (1991)

Pratchett, Terry, *Monstrous Regiment*, Doubleday (2003)

Rath, Tom and Donald Clifton, *How Full is Your Bucket*, Gallup Press (2004)

Sayers, Dorothy, 'The Vindictive Story of the Footsteps that Ran'(1928), in *Lord Peter
   Views the Body*, New English Library (1974)

Senge, Peter M., *The Fifth Discipline*, Century Business (1990)

Soros, George, article in *New York Review of Books* (November 2008)

Spurgeon, Caroline, *Shakespeare's Imagery and What it Tells Us*(first published 1935),
   Cambridge University Press (1958 edn)

Toffler, Alvin, *Future Shock*, Pan (1974 edn)

색인

저자에 관하여

Wendy Jago는 1980년대 초에 심리치료사로 교육을 받았지만, 시도 교수가 Richard Bandler와 John Grinder가 최근 출간한 두 권의 책(Trance-formations과 Frogs into Princes)을 읽으라고 제안했을 때 처음 NLP에 관심을 갖게 되었다. 이를 계기로 워크숍과 강의에 참석하며 NLP에 대해 배우기 시작했다. Wendy는 곧 내담자와 다른 치료사 교육에 NLP를 사용하기 시작했다. 그녀는 NLP 실무자(NLP Practitioner), NLP 마스터 실무자(NLP Master Practitioner), 그리고 마침내 NLP 코치(NLP Coach)의 자격을 얻었고, 현재 개인, 그룹, 국제 기업 및 공공 부문 기관과 함께 일하고 있다. 그녀는 NLP에 관한 5권의 책을 공동 집필했으며, 이를 기수들(riders)과 말들(horses) 사이의 의사소통 향상에 최초로 적용하였다.

역자약력

신재한

- 국제뇌교육종합대학원대학교 뇌교육학과 학과장
- 경북대학교 교육학 박사(교육공학)
- 한국교육개발원 연구위원
- 한국교육과정평가원 교수학습센터 운영위원
- 인성교육연구원 원장
- 교육부 연구사

논문
- 뇌과학적 고찰을 통한 뇌교육 기반 인성교육 방향 탐색
- 뇌교육 기반 인성놀이 프로그램이 초등학생의 인성지수에 미치는 효과
- 뇌교육 기반 인성계발 통합프로그램이 아동의 자아존중감 및 사회성에 미치는 영향
- 뇌교육 기반 인성교육과정이 청소년의 인성지수에 미치는 영향
- 에너지집중력 스톤을 활용한 자석놀이가 초등학생의 집중력과 두뇌활용능력에 미치는 영향
- 테니스 운동 경력자와 비경력자의 뇌파와 두뇌활용능력의 차이 분석
- 두뇌활용능력의 이론 및 원리 탐색

학술연구
- 인성교육 평가 모형 및 지표 개발 연구
- 2015개정 교육과정 및 교과서 개발 연구
- 학교폭력 예방을 위한 학교장 연수프로그램 개발 연구
- 진로캠프 프로그램 개발 연구
- 집중력 향상 프로그램 개발 연구

저서
- 인성교육의 이론과 실제
- 뇌기반 자기주도학습의 이론과 실제

- 교육 프로그램 개발의 이론과 실제
- 창의인성교육을 위한 수업 설계 전략
- 융합교육의 이론과 실제
- 자유학기제의 이론과 실제
- 구조중심 협동학습 전략
- 수업컨설팅의 이론과 실제

신승훈

- 국제뇌교육종합대학원대학교 뇌교육학 석사
- 한국브레인코칭상담협회 사무국장
- 브레인융합교육연구회 사무국장
- 뇌활용행복교육 전문강사
- 인성교육연구원 연구원

논문
- 보드게임을 활용한 뇌기반 놀이프로그램 개발 및 적용에 관한 실행연구

학술연구
- 보드게임을 활용한 뇌기반 공감교육 프로그램 개발 연구

저서
- 뇌기반 교육상담 프로그램의 이해와 실제
- 교육신경과학 용어 사전

역서
- 신경과학 기반 상담의 이론과 실제
- 교육신경과학을 활용한 효과적인 교수법

두뇌 계발 및 새설계를 위한 NLP

초판발행	2023년 8월 3일
지은이	Wendy Jago
옮긴이	신재한·신승훈
펴낸이	노 현
편 집	김민조
기획/마케팅	허승훈
표지디자인	이소연
제 작	고철민·조영환
펴낸곳	㈜ 피와이메이트
	서울특별시 금천구 가산디지털2로 53, 210호(가산동, 한라시그마밸리)
	등록 2014. 2. 12. 제2018-000080호
전 화	02)733-6771
f a x	02)736-4818
e-mail	pys@pybook.co.kr
homepage	www.pybook.co.kr
ISBN	979-11-6519-428-4 93180

* 파본은 구입하신 곳에서 교환해 드립니다. 본서의 무단복제행위를 금합니다.

정 가   16,000원

박영스토리는 박영사와 함께하는 브랜드입니다.